"十四五"时期国家重点出版物出版专项规划项目

碳中和交通出版工程·氢能燃料电池动力系统系列

国家出版基金项目
NATIONAL PUBLICATION FOUNDATION

氢能及质子交换膜燃料电池动力系统

燃料电池复合电源系统

魏学哲　王学远　王超　刘旭东　李伟松　著

我国车用燃料电池经过二十多年的发展，性能有了长足的进展，已经可以满足交通工具用动力系统的大部分性能需求，但围绕进一步提高燃料电池性能、延长寿命和降低成本的研究仍然任重而道远。本书系统介绍了氢能及燃料电池动力系统基础知识，从能量转换角度完整介绍了燃料电池汽车的动力系统各个环节能量转换和变换的基本原理，提出了燃料电池汽车动力系统中电化学复合电源这一重要概念，介绍了电化学电源的原理、质子交换膜燃料电池和锂离子电池的结构，深入介绍了基于机理的电化学电源建模的方法、氢电复合及多模块复合的电源设计技术、复合电源状态估计及管控技术等。在车用燃料电池技术和产业发展的牵引下和可再生能源发电技术的推动下，氢能的重要性日益凸显，本书介绍了支撑燃料电池汽车所需的氢能的制备、存储、运输、加注等关键技术的发展现状、存在的重大挑战等。最后，对基于可再生能源发电制氢及氢电二元网络的构建做出了展望，并提出了基于绿氢和绿电的零碳交通能源系统的构思。

本书适合从事燃料电池技术、锂离子电池技术、氢能技术及新能源汽车动力系统研究和开发的科研人员和工程师学习参考，也可作为高等院校汽车相关专业师生的参考用书。

图书在版编目（CIP）数据

氢能及质子交换膜燃料电池动力系统：燃料电池复合电源系统 / 魏学哲等著 . —北京：机械工业出版社，2023.8

国家出版基金项目 "十四五"时期国家重点出版物出版专项规划项目 碳中和交通出版工程 . 氢能燃料电池动力系统系列

ISBN 978-7-111-73674-5

Ⅰ.①氢… Ⅱ.①魏… Ⅲ.①汽车 – 氢燃料 – 燃料电池 – 动力系统 – 系统开发 Ⅳ.① U463.63

中国国家版本馆 CIP 数据核字（2023）第 154329 号

机械工业出版社（北京市百万庄大街 22 号 邮政编码 100037）
策划编辑：何士娟 王 婕 责任编辑：何士娟 王 婕 丁 锋
责任校对：潘 蕊 徐 霆 责任印制：常天培
北京铭成印刷有限公司印刷
2024 年 1 月第 1 版第 1 次印刷
180mm×250mm・17.75 印张・2 插页・336 千字
标准书号：ISBN 978-7-111-73674-5
定价：189.00 元

电话服务 网络服务
客服电话：010-88361066 机 工 官 网：www.cmpbook.com
　　　　　010-88379833 机 工 官 博：weibo.com/cmp1952
　　　　　010-68326294 金 书 网：www.golden-book.com
封底无防伪标均为盗版 机工教育服务网：www.cmpedu.com

丛书编委会

顾　问	钟志华
主　任	余卓平　魏学哲
副主任	王雨晴　史翊翔　明平文　屈治国　戴海峰
委　员	王　宁　王　婕　王　超　王文凯　王兴宇
	王学远　史继鑫　包　成　朱跃强　刘旭东
	孙　立　李　冰　李成新　李伟松　杨海涛
	何士娟　张扬军　张国宾　范峻华　胡宝宝
	袁　浩　涂正凯　涂宝峰　梁　波　曾泽智
	赖　涛　蔡宁生

（以上按姓氏笔画排序）

丛书序

2022年1月，国家发展改革委印发《"十四五"新型储能发展实施方案》，其中指出到2025年，氢储能等长时间尺度储能技术要取得突破；开展氢（氨）储能关键核心技术、装备和集成优化设计研究。2022年3月，国家发展改革委、国家能源局联合印发《氢能产业发展中长期规划（2021—2035年）》，明确了氢的能源属性，是未来国家能源体系的组成部分，充分发挥氢能清洁低碳特点，推动交通、工业等用能终端和高耗能、高排放行业绿色低碳转型。同时，明确氢能是战略性新兴产业的重点方向，是构建绿色低碳产业体系、打造产业转型升级的新增长点。

当前我国担负碳达峰、碳中和等迫切的战略任务，交通领域的低排放乃至零排放成为实现碳中和目标的重要突破口。氢能燃料电池已经体现出了在下一代交通工具动力系统中取代传统能源动力的巨大潜力，发展氢能燃料电池必将成为我国交通强国和制造强国建设的必要支撑，是构建清洁低碳、安全高效的现代交通体系的关键一环，也是加快我国技术创新和带动全产业链高质量发展的必然选择。

本丛书共5个分册，全面介绍了质子交换膜燃料电池和固体氧化物燃料电池动力系统的原理和工作机制，系统总结了其设计、制造、测试和运行过程中的关键问题，深入探索了其动态控制、寿命衰减过程和优化方法，对于发展安全高效、低成本、长寿命的燃料电池动力系统具有重要意义。

本丛书系统总结了近几年"新能源汽车"重点专项中关于燃料电池动力系统取得的基础理论、关键技术和装备成果，另外在推广氢能燃料电池研究成果的基础上，助力推进燃料电池利用技术理论、应用和产业发展。随着全球氢能燃料电池的高度关注度和研发力度的提高，氢燃料电池动力系统正逐步走向商业化和市场化，社会迫切需要系统化图书提供知识动力与智慧支持。在碳中和交通面临机遇与挑战的重要时刻，本丛书能够在燃料电池产业快速发展阶段为研发人员提供智力支持，促进氢能利用技术创新，能够为培养更多的人才做出贡献。它也将助力发展"碳中和"的国家战略，为加速在交通领域实现"碳中和"目标提供知识动力，为落实近零排放交通工具的推广应用、促进中国新能源汽车产业的健康持续发展、促进民族汽车工业的发展做出贡献。

丛书编委会

序（一）

　　降低碳排放、实现碳中和是当今世界能源领域面临的重要议题之一，正深刻影响着不同行业。汽车碳排放占交通碳排放的70%以上，持续开展汽车电动化对迈向交通碳中和具有决定性意义。电动汽车包括了混合动力汽车、纯电动汽车和燃料电池汽车三种典型的类型，三种车辆的技术路线经历了高度竞争和统合的过程，而电源技术是车辆动力系统最核心的自变量，直接决定了电动汽车的动力性、安全性、可靠性、环境适应性等特性。因此，车用电源系统受到了极大关注，已经成为新能源汽车产业技术竞争的制高点，产生了许多深刻的变革，新概念、新技术、新趋势不断涌现，其中，锂离子电池和质子交换膜燃料电池这两种电化学电源已经成为车用电源的主流技术。

　　在混合动力、纯电动和燃料电池这三种动力系统技术路线中，纯电动汽车和燃料电池汽车可以做到油箱到车轮（T2W）零排放，支撑这两种动力系统的锂离子电池和质子交换膜燃料电池有相似的电化学原理、不同的物理化学特性，在车辆应用中既有竞争又有互补。竞争性体现在部分场景中应用规模的此消彼长，而互补性体现在功能和性能上的取长补短，互补性的典型应用如燃料电池汽车的动力系统几乎都是由质子交换膜燃料电池和锂离子电池相互搭配而形成的，而面向未来的具有间歇性、分布式的可再生能源消纳，这两种电池体系也可以在短期和长期、小规模和大规模消纳上形成互补。从更加宏观的视角来看，这两种电池对锂、镍、钴、铂等金属等自然资源需求不同，相互搭配可以避免形成新的资源瓶颈。

　　锂离子电池和燃料电池两种电池虽然具有两种不同的呈现形式，但它们都是典型的电化学电源，其外特性背后蕴含着统一的物理化学规律。正是抓住了规律上的统一性和应用上的互补性，本书从燃料电池电动汽车动力系统出发，对锂离子电池和质子交换膜燃料电池这两种电源的原理、建模和管控进行了深入剖析。在此基础上，系统论述了将这两种电源融合为复合电源系统的概念及其技术体系，打通了电化学理论、机理建模、复合电源设计、复合电源车载工况下管控等共性技术，尤其是引入了基于电力电子技术的电流变换技术，又将电化学电源和电力电子电源的特性做了一层融合，具有极强的现实意义和学术价值。

以零碳交通作为大目标，在基于电动汽车的技术路线解决了T2W的零排放之后，还需要解决电动汽车的零碳能源供给问题，即油井到油箱（W2T）问题。大规模发展的电动汽车越来越深刻地影响着能源网络，在时间和空间上对其能源供给网络形成燃油汽车时代所未有的影响方式，如电动汽车虽然会因充电对电网形成冲击，但同时又可为电网提供分布式储能，并以车网互动（V2G）的方式与电网双向交互，燃料电池汽车既受困于氢基础设施的短缺，又为氢能发展提供了巨大的动力。本书尝试回答了氢、电这两种二次能源在达成交通碳中和方面的重要价值和实现路径，提出了基于绿氢和绿电，以氢电二元架构为特征的零碳交通能源系统的构思，并阐述了车用复合电源系统与氢电二元架构的结构同构性、技术同源性、资源的互补性和应用中的相互依赖关系。交通能源基础设施建设需要更长周期，影响更为深远，希望我国可以以交通零碳化为先导，带动整个能源体系的低碳化发展。

作者团队从事新能源汽车动力系统，尤其是车载电化学电源系统科学研究已有二十多年的时间，对电动汽车电源系统的原理、发展历程、技术前沿和未来发展有深刻的理解和把握。本书的知识体系横跨车辆技术、电化学技术、电池技术、电子技术和控制技术，体现了现代车辆技术综合而深入的特点，是车用能源动力领域难得的专业书籍，本书所呈现的观点、逻辑和技术可以为整个行业提供非常有价值的参考。

钟志华
中国工程院院士

序（二）

同济大学在燃料电池汽车动力系统方面有着很长的研究历史，其发端于2000年开始的科技部"十五"863计划电动汽车重大专项，同济大学承担燃料电池乘用车动力系统的研发任务，在科技部、上海市的支持和行业的帮助下，我们研发出了"超越系列"燃料电池汽车，成功在2008年北京奥运会和2010年上海世博会上应用，并将技术进一步深化和产业化，带动了技术的发展和行业的进步。

"超越系列"燃料电池汽车动力系统走的是"电电混合"的技术路线，这是迫于当时的条件而做出的妥协，因为当时没有大功率的燃料电池技术，但后来我们也发现了"电电混合"这个技术路线的优势，作为储能载体的锂离子电池可接受电机制动回馈电流，且响应速度互补，燃料电池可以工作在效率优化区间。现在的燃料电池技术和锂离子电池技术都今非昔比，尤其是锂离子电池技术已经大规模产业化，但"电电混合"的技术路线仍在延续。

不同于传统燃油汽车动力的刚性传动，在电动汽车上动力系统呈现柔性连接的特点，由此导致动力系统在往两个大总成方向演化，分别是电驱和电源。电驱已经实现了电机控制器、电机和减速器的三合一集成，体现为一体化驱动电桥，而电源也将形成锂离子电池、DC/DC变换器和燃料电池的三合一集成，被称为"复合电源"，复合电源可充分发挥不同电池的优势，弥补燃料电池寿命不足以及锂离子电池续驶里程不足的问题，并更有利于低温冷启动，且燃料电池的热源可以用于整车热管理。

从方法论来看，电化学电源数字化的方法论是统一的，数字建模可以充分优化设计和优化控制，且新一代电力电子器件技术（碳化硅、氮化镓）为电源复合提供了有力的支撑；从整车轻量化需求来看，高续驶里程导致的大容量车载锂离子电池系统与整车轻量化的方向背道而驰，而高比功率复合电源和高密度储氢技术为整车轻量化提供了新的动力；跳出汽车行业，从全球和全国资源供给来看，复合电源同时降低了锂离子电池容量和燃料电池功率，缓解了锂、镍、钴和铂的供应压力。

从电动汽车往上游能源供给来看，氢和电融合可以实现一个优化的能源网络，我们将其称为"氢电二元二次网络"，二元是指氢、电两种形式，二次则指这两种能源都是二次能源，不是来自矿产资源。电网效率优先，氢网鲁棒性优先，两者的融合可以兼顾动态性、安全性和寿命，并可以解决光伏发电、风力发电引入电网后带来的间歇性、分布性难题。新能源供应侧和负载侧也应该是复合电源未来的应用场景。

时至今日，虽然中国电动汽车已经实现了换道超车，行业进展蔚为大观，但中国 60% 的区域仍然少有电动汽车，且这 60% 的区域都是可再生能源富集的区域。从"电电混合"到复合电源，从车载应用到风、光等可再生能源应用，从汽车的低碳化到能源的低碳化，由"超越系列"孕育的这条技术路线可以为解决这个问题提供有效的技术思路。

对于关心新能源汽车和新能源技术不同领域的专业人士来说，及时掌握车用电源系统的技术现状和趋势对明确电动汽车的发展及其对能源网络的影响是非常必要的。本书详细介绍了燃料电池汽车动力系统各种能量变换的原理，包括基于燃料电池从氢能到电能的变换、基于锂离子电池的电化学储能、基于 DC/DC 变换器的电能变换、电化学电源与电力电子变换器构成的复合电源系统以及车用氢电能源供给基础设施，内容非常完整而全面，是车用能源动力领域难得的专业书籍，可以为整个行业提供非常有价值的参考。

余卓平
同济大学汽车学院教授、国家智能型新能源汽车协同创新中心主任

前言

本书是围绕我国"碳中和"发展目标和《新能源汽车产业发展规划（2021—2035年）》发展愿景，为构建"碳中和"交通体系而编写的"碳中和交通出版工程·氢能燃料电池动力系统系列"的第一部。

车用燃料电池的应用和推广对改善交通能源结构和治理空气污染有重大意义，是"碳中和交通"实现的途径之一。我国车用燃料电池技术经过二十多年的发展，性能有了长足的进展，已经可以满足交通工具用动力系统的大部分性能需求，与国际先进水平之间的差距正在逐步缩小，但围绕进一步提高燃料电池性能、延长寿命和降低成本的研究仍然任重而道远。

本书可以让读者对氢能及燃料电池汽车动力系统具备基础认知，首先从能量转换的角度，介绍了燃料电池汽车动力系统各种能量转换的原理，包括从氢能到电能的转换、锂离子电池的电化学储能、DC/DC变换器的电流变换、化学电源与电力电子变换器构成的复合电源系统以及车用氢电能源供给基础设施，让读者对燃料电池汽车动力系统中的能量转换过程建立基本的概念。

在上述基础上，本书介绍了电化学电源的原理、质子交换膜燃料电池和锂离子电池的结构，深入介绍了基于机理的电化学电源建模的方法，针对燃料电池汽车动力系统的瓶颈问题，提出了燃料电池汽车动力系统中燃料电池-锂离子电池复合电源系统的概念，系统介绍了氢电复合及多模块复合的电源设计技术、复合电源状态估计及管控技术等。

在车用燃料电池技术和产业发展的牵引下和可再生能源发电技术的推动下，氢能的重要性日益凸显，本书介绍了支撑燃料电池汽车所需的氢能的制备、存储、运输、加注等关键技术的发展现状、存在的重大挑战等。最后，对基于可再生能源发电制氢及氢电二元网络的构建做出了展望，并提出了基于绿氢和绿电的零碳交通能源系统的构思，希望氢电二元网络为零碳交通能源体系奠定基础，并以交通零碳化为先导，带动整个能源体系的低碳化发展。

本书的目标是成为一部该领域的"知识地图",让从事某一特定领域的科研工作者了解全貌,适合机械、能源、车辆、电气或者化学等专业的研究生及相关领域的专业技术人员阅读。

恳请读者对本书的内容和章节安排等提出宝贵意见,并对书中存在的不当之处提出批评和建议,以便本书再版修订时参考。

著　者

目 录

丛书序
序（一）
序（二）
前　言

第 1 章　燃料电池汽车及其能量转换

1.1 燃料电池汽车..002
  1.1.1　车辆电动化路径..002
  1.1.2　燃料电池及燃料电池汽车的发展历程..003
  1.1.3　燃料电池汽车动力系统..012
1.2 燃料电池汽车动力系统中的电能来源...014
  1.2.1　燃料电池的原理及其能量转换..014
  1.2.2　燃料电池发电系统..015
1.3 燃料电池汽车动力系统中的电能存储...018
  1.3.1　锂离子电池原理及其能量存储..018
  1.3.2　锂离子电池储能系统..022
1.4 燃料电池汽车动力系统中的电能复合...023
  1.4.1　电流变换的基本原理..023
  1.4.2　电化学电源的复合..024
  1.4.3　电化学电源的管控..026
1.5 燃料电池汽车动力系统中的机电能量转换..027
  1.5.1　电机中的电磁能量转换..027
  1.5.2　交流电机的矢量控制..031
  1.5.3　电流逆变及其调制..033
  1.5.4　电机与电驱动集成..035
1.6 氢能与交通能源的零碳化..038
  1.6.1　交通零碳化的需求及其路径..038

1.6.2　氢能的概念及其特点 039
　　1.6.3　燃料电池汽车动力系统和能源供给系统的同构性 041
　　1.6.4　绿氢和燃料电池推动交通零碳化 042

第2章　燃料电池汽车电化学电源原理及建模

2.1　电化学电源基本原理 045
　　2.1.1　热力学基础与电压的产生 045
　　2.1.2　电化学基础与极化 051
　　2.1.3　电压损耗机理与电池内阻 056
　　2.1.4　电化学电源的电极与电极过程 061
2.2　燃料电池机理模型 063
　　2.2.1　燃料电池内部的物质守恒模型 065
　　2.2.2　燃料电池的电中性电荷守恒 074
　　2.2.3　燃料电池的电极过程 074
2.3　锂离子电池机理模型 076
　　2.3.1　锂离子电池内部的物质守恒模型 079
　　2.3.2　锂离子电池的电中性电荷守恒 081
　　2.3.3　锂离子电池的电极过程 082
2.4　电化学电源的外特性 088
　　2.4.1　工作电压 088
　　2.4.2　工作温度 089
　　2.4.3　能量和功率密度 090
　　2.4.4　使用寿命 091
　　2.4.5　安全性 091

第3章　电化学复合电源系统架构及构成

3.1　电化学复合电源的基本架构 093
　　3.1.1　电化学电源复合的必要性 093
　　3.1.2　电化学电源的复合模式 094
　　3.1.3　电化学复合电源系统的架构 095
3.2　燃料电池堆与系统 099
　　3.2.1　燃料电池堆结构 099
　　3.2.2　空气供给系统 105
　　3.2.3　氢气供给系统 108

3.2.4 热管理系统 ... 113
 3.2.5 燃料电池发动机控制系统 ... 114
3.3 **锂离子电池组与系统** ... 116
 3.3.1 单体电池 ... 116
 3.3.2 电池模块与电池包 ... 119
 3.3.3 热管理系统 ... 121
 3.3.4 电池管理系统 ... 125
3.4 **电化学复合电源的电能变换器** ... 130
 3.4.1 电力电子器件 ... 130
 3.4.2 隔离型 DC/DC 变换器 ... 133
 3.4.3 非隔离型 DC/DC 变换器 ... 135
 3.4.4 Boost 型多相交错并联 DC/DC 变换器 ... 137

第 4 章　电化学复合电源系统设计

4.1 **复合电源设计关键技术** ... 145
 4.1.1 复合电源系统的优化设计原则 ... 145
 4.1.2 准稳态模式下复合电源系统的优化 ... 146
 4.1.3 全温域高效热管理设计 ... 149
 4.1.4 复合电源在线阻抗测量 ... 150
4.2 **基于 DC/DC 变换器的宽频在线阻抗测量案例** ... 152
 4.2.1 交变激励源需求分析 ... 152
 4.2.2 交变激励源拓扑选型与参数计算 ... 153
 4.2.3 电流与电压采样电路设计 ... 155
 4.2.4 交错并联 Boost 变换器及驱动电路设计 ... 157
 4.2.5 在线阻抗测量结果 ... 158
4.3 **大功率多模块复合电源设计案例** ... 161
 4.3.1 350kW 级燃料电池复合电源系统 ... 161
 4.3.2 主功率高压系统方案 ... 162

第 5 章　电化学复合电源系统管控

5.1 **复合电源管控需求** ... 167
 5.1.1 燃料电池系统运行特性及需求 ... 167
 5.1.2 锂离子电池系统运行特性及需求 ... 172
 5.1.3 复合电源运行特性及需求 ... 174

5.2 燃料电池系统管控 176
　5.2.1 反应物状态估计 176
　5.2.2 水状态估计 176
　5.2.3 水含量故障诊断 185

5.3 锂离子电池系统管控 196
　5.3.1 荷电状态估计 196
　5.3.2 其他状态估计 207

5.4 复合电源系统管控 208
　5.4.1 高低温热管理 208
　5.4.2 多目标优化管理 216
　5.4.3 在线故障诊断 220

第6章 氢电复合的零碳交通能源体系

6.1 交通能源及其零碳化需求 224

6.2 绿色氢能技术 225
　6.2.1 绿氢的制取 225
　6.2.2 其他制氢方式及其比较 230
　6.2.3 氢气的存储 234
　6.2.4 氢气的运输 238
　6.2.5 加氢站技术 240

6.3 绿色电能技术 246
　6.3.1 绿色发电技术 246
　6.3.2 电能存储技术 251

6.4 基于氢电耦合二元网络的能源运输 256
　6.4.1 大规模绿色电能传输 256
　6.4.2 大规模绿色氢能的管道传输 260
　6.4.3 氢电二元耦合的传输模式 261

6.5 零碳交通能源网络 263
　6.5.1 电动汽车的电氢补能 263
　6.5.2 氢电耦合的零碳交通能源模型 266
　6.5.3 零碳交通能源网络发展与展望 267

参考文献

第1章

燃料电池汽车及其能量转换

1.1　燃料电池汽车

1.1.1　车辆电动化路径

能源的可持续使用和高效利用是推动社会发展的重要动力。当今，化石燃料的使用占据世界能源的 70% 左右，大规模使用化石能源直接导致不可再生的资源消耗，同时也会造成气候变化、环境污染，这一点在中国尤为突出。在交通领域，目前主导的车用动力系统仍依赖于诞生于一个多世纪以前的内燃机技术。虽然经过百年的发展，内燃机的效率在持续提高，并已经逐步减少了各类污染物的排放，但是在碳中和的背景下，交通能源和动力全链条实现低排放乃至零排放仍是最为艰巨的挑战。

在汽车发展的历史进程中，电动汽车曾经昙花一现。化石能源的短缺和燃油汽车无法最终解决气候变化、环境污染的问题，使得汽车工业重新将目光投回到电动汽车上。中华人民共和国科学技术部（简称科技部）在 2000 年启动的"863"电动汽车重大专项中提出了"三纵三横"的技术框架，如图 1-1 所示。"三纵"是三种动力系统的技术路线，包括混合动力、纯电动和燃料电池三种类型；三横是共性关键技术，包括电池及其管理系统、电机及其控制系统、多能源动力总成控制系统，业界简称为电池、电机和电控。

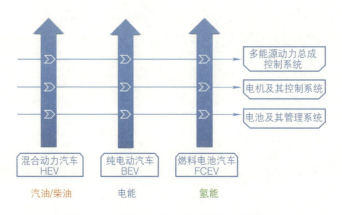

图 1-1　电动汽车"三纵三横"技术框架

在这张三纵三横的图表中，三种动力系统使用不同的能源，混合动力汽车仍然使用汽油/柴油，纯电动汽车使用的是电能，燃料电池汽车使用的是氢能。（氢）燃料电池作为一种高效、清洁的能量转换装置，可以直接将燃料和氧化剂的化学能转化为电能，且其反应产物仅为水，具有高效率和零排放方面的优良基因，因而受到了人们的广泛关注。燃料电池已经初步体现出了其在下一代交通工具动力系统、便携式电源和固定式发电应用中具有取代诸多传统能源应用的巨大潜力。

1.1.2 燃料电池及燃料电池汽车的发展历程

1 燃料电池发展历程

燃料电池基于电化学原理，其内部由离子的移动而形成电流，从而构成一个化学电源对外供电。1838 年，德裔瑞士科学家克里斯蒂安·弗里德里希·尚班（Christian F. Shönbein）首次观测到燃料电池效应。在此基础上，1839 年，威尔士科学家和律师威廉·葛洛夫（William Grove）首次做出了燃料电池原型，证明了燃料电池技术实现的可行性，最早制成的燃料电池原型如图 1-2 所示，为氢-氧型燃料电池。

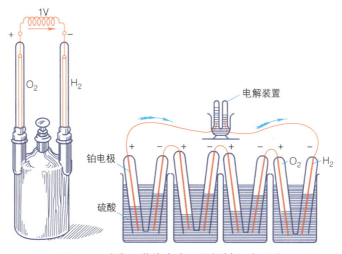

图 1-2　威廉·葛洛夫发明的燃料电池原型

在此后的一段时间内，其他科学家在此基础上进行了改进和尝试，并且取得了一定的进展。如 L. Mond 和 C. Langer 制作的燃料电池从结构上已经接近现代的燃料电池。20 世纪 60 年代初期，Pratt & Whitney 公司研制的碱性燃料电池成功地应用在 Apollo 登月飞船上；70 年代出现了世界性的能源危机，使得人们对燃料电池技术的热情被重新点燃；从 80 年代起，燃料电池的发展进入了一个新的高潮，美国、欧洲和日本的各大汽车生产厂家，无不加紧燃料电池技术的开发。

燃料电池发展历史的时间节点如图1-3所示。

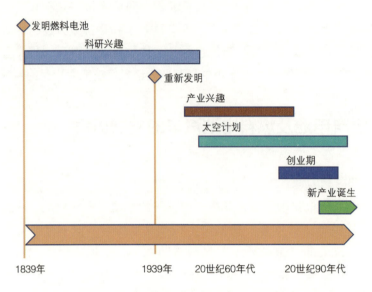

图1-3 燃料电池发展历史的时间节点

燃料电池有许多类型，一般按照电解质类型区分，主要类型有碱性燃料电池（AFC）、聚合物电解质或质子交换膜燃料电池（PEMFC）、磷酸燃料电池（PAFC）、熔融碳酸盐燃料电池（MCFC）、固态氧化物燃料电池（SOFC）等，如图1-4所示。

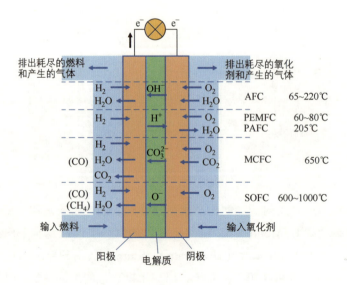

图1-4 燃料电池类型、化学反应和工作温度

尽管燃料电池的种类众多，但受限于反应温度、启动时间、功率密度、应用环境等多重因素，目前适合车用的主要是质子交换膜燃料电池。由于本书专注于车用领域，因此，在不做特别说明的情况下，后面提到的燃料电池均指质子交换膜燃料电池。

2 燃料电池汽车起步

世界上第一轮燃料电池汽车的研发高潮出现在 20 世纪末。当时，美国、欧洲和日本的各大汽车生产厂家看到燃料电池巨大的市场潜力，纷纷投资以独立或组成联盟的方式进行燃料电池汽车的相关研究、试验与生产。这些汽车公司包括奔驰、通用、丰田等，且都认为到 2004 年，燃料电池汽车将能够批量生产，实现产业化。戴姆勒-克莱斯勒公司甚至宣称，预计届时燃料电池汽车的售价将降至每辆约 18100 美元。

早在 1988 年，戴姆勒-克莱斯勒的工程师就提出把用于航空航天上的质子交换膜燃料电池技术应用到汽车上，并于 1991 年进入实践阶段，用 3 年时间开发出了第一辆 PEM 燃料电池汽车——NECAR 1。其后，戴姆勒-克莱斯勒汽车公司和福特汽车公司联手，成功研制出以液化氢为能源的 NECAR 4，如图 1-5 所示。NACAR 4 型燃料电池汽车最高车速为 140km/h，补充一次液体氢可以行驶 450km。该车小巧玲珑，可以乘坐 5 个人，驱动系统采用美国 Ecostar 电力驱动系统公司的交流异步电机，功率为 55kW，最高转速为 14000r/min，变速比为 10.1∶1。NECAR 4 型燃料电池汽车经过了比较充分的试验验证，进入了商业化试生产开发阶段。

图 1-5 戴姆勒-克莱斯勒和福特汽车公司联手推出的 NECAR4 型燃料电池汽车

1998 年 1 月，在底特律举行的北美国际汽车展上，福特汽车公司推出了 "Focus" 系列燃料电池汽车，在随后的 2002 年北京国际汽车展上，福特汽车公司展示了新一代 "Focus" 燃料电池汽车，该车采用燃料电池和三洋公司的 300V

蓄电池组作为动力源，增加了电控再生制动系统，此外，该车采用了一个更为先进的高压储氢瓶，压力可达到 5000 lbf/in^2（1lbf/in^2=6.89476kPa），而以前的储氢瓶压力只能达到 3600 lbf/in^2。新动力蓄电池组、再生制动和储氢瓶合起来使可载四人的"Focus"的行驶里程达到 257~320km 之间，较以前的车型有了大幅度的改善，混合型电力系统还使该车型具有普通汽车的敏捷性，可控制的最高车速达128km/h。"Focus"系列燃料电池汽车如图 1-6 所示。

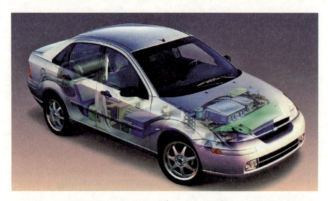

图 1-6　福特公司推出的"Focus"系列燃料电池汽车

通用汽车从 20 世纪 60 年代后期就开始了燃料电池汽车技术的研发，并得到了美国国家航空航天局（NASA）的资助。2000 年，通用汽车公司研制了零排放"氢动一号（HydroGen1）"燃料电池汽车，其燃料电池堆由 200 个单个电池串联而成，总体积相当于一台普通的汽油发动机，储氢系统采用 −253℃ 低温下的液态储氢方式，可以储氢 5kg。"氢动一号"的电源系统也是采用了混合模式，可以产生额定 80kW、最高达 120kW 的电功率，电机采用三相异步电机，功率为 55kW/75kW（峰值），转矩为 251 ~ 305N·m，采用前轮驱动方式，电机及减速机构总质量为 68kg，值得一提的是，"氢动一号"采用了催化燃烧方式，催化燃烧掉不参加反应的气体。"氢动一号"的驾驶操纵与普通的自动档汽车很相似，而且加速快，操纵灵活。这辆五座、总质量为 1575kg 的汽车 0—100km/h 加速时间仅为 16s，最高车速可达 140km/h，续驶里程为 400km，且该车的动力系统可以克服低温启动的障碍，可以在 −40℃ 的低温下启动。2008 年，通用旗下品牌推出了进阶版的雪佛兰 Equinox 氢燃料电池版，该车还曾参加了 2010 年上海世博会，与中国的燃料电池汽车一起亮相。

日本丰田汽车公司研发的燃料电池汽车"FCHV-3"采用 PEMFC 与镍氢电池混合作为电源，输出功率高达 90kW，最高车速可达 150km/h，供氢方式采用氢吸附合金。此后不久，丰田公司开发出使用高压储氢瓶提供氢气作燃料的新型燃料电池汽车"FCHV-4"（图 1-7）。它与"FCHV-3"相比的最大改进是氢气的存储方式,该车采用 4 个高压储氢瓶,每个储氢瓶的容积为 3.4L,氢气压力为 250atm(1atm=101.325kPa),储氢瓶均安装于汽车底盘下面,质量仅有 100kg 左右,储氢系统比"FCHV-3"减轻 2/3,氢气燃料的充气时间只需 7~8min。该车的驱动电机采用三相同步电机,最大输出功率 80kW,最大输出转矩 260N·m。"FCHV-4"可以同时乘坐 5 人,连续行驶距离为 260km,于 2002 年 12 月 2 日开始以租赁方式限量销售,首批 4 辆租售给日本内阁官房、经济产业省、国土交通省和环境省。

图 1-7 丰田汽车公司的"FCHV"系列燃料电池汽车

意大利菲亚特汽车公司在意大利环境部的资助下,由菲亚特公司研究中心等单位合作研制了 600 型氢燃料电池微型汽车。该车型专为城市中的个人出行而设计,它有两个座位,速度可达 100km/h,加一次燃料可行驶 100km。

在关键部件燃料电池堆及其支持系统方面,加拿大的巴拉德动力系统公司(Ballard Power System)是当时国际上著名的质子交换膜燃料电池企业,也向多家汽车公司提供了燃料电池堆及其支持系统。

在"863"计划支持下,中国也从 2000 年左右开始了燃料电池汽车技术的正向开发,如同济大学从 2001—2005 年完成了"超越一号"(图 1-8)到"超越三号"三代动力系统平台研发,确定了燃料电池汽车的基础技术方案,验证了燃料电池技术车用的可行性。2006 年,"米其林必比登清洁能源汽车挑战赛"在巴黎举行,同济大学等单位合作推出的两辆"超越三号"氢能燃料电池汽车参加了比赛,并获得了氢能燃料组比赛优胜奖,代表中国当时的燃料电池汽车技术得到了国际的认可,超越系列的后续车型也亮相在 2008 年北京奥运会和 2010 年的上海世博会,取得了良好的社会效益。

这一轮燃料电池汽车的热潮虽然带来了大量的技术进步,但事实上,2004 年左右实现产业化的预测仍以失败告终,2003 年 7 月,最早将燃料电池汽车投入

图 1-8 同济大学"超越一号"底盘

商业运营的企业之一的日本丰田汽车公司召回了其出租的 6 辆燃料电池汽车,并宣布推迟另外 6 辆燃料电池汽车的租赁。与此同时,几乎各个国家都在燃料电池汽车的试运行中,遇到了可靠性、寿命、环境适应性等方面的一系列难题,尤其是氢基础设施的匮乏更让行业发展举步维艰,氢燃料电池汽车的产业化过程转入低谷,但从技术角度来看,燃料电池技术仍取得了较快进步,燃料电池的技术可行性已经得到普遍的认可,人们对于燃料电池汽车技术深入研究的热情有增无减。

3 燃料电池汽车产业化

继第一轮燃料电池的热潮之后,国际上燃料电池汽车技术的研究并没有停步,只是对燃料电池汽车的研究及其产业化持更加冷静的态度。经过十年的蛰伏之后,2014 年,丰田推出第一代 Mirai 燃料电池汽车。这不仅是丰田首款量产的燃料电池车型,也是世界上第一款真正实现商业化的燃料电池车型。至 2020 年 9 月底,丰田第一代 Mirai 在全球范围内累计销量已达到 11154 辆,已初步具备了商业化意义,2020 年 12 月,丰田推出了第二代 Mirai,在综合性能上实现了显著提升,参数对比见表 1-1。

表 1-1 两代丰田 Mirai 参数对比

车型		全新 Mirai	原 Mirai
车辆参数	续驶里程 /km	最高约 850 (WTLC 工况)	约 650 (JC08 工况)
	最高车速 /(km/h)	175	175
燃料电池堆	输出功率密度 /(kW/L)	5.4 4.4(含链接部件)	3.5 3.1(含链接部件)
	最高输出功率 /kW	128	114
储氢瓶	储氢方式	3 个高压储氢瓶	2 个高压储氢瓶
	充填压力 /MPa	70	70
电机	最高输出功率 /kW	134	113

韩国现代汽车早在 1998 年就立项研发氢燃料电池技术。2013 年 2 月，首款量产氢燃料电池车型——现代 ix35 FCV 正式下线，并于 2014 年 4 月在韩国本土销售，随后于同年 6 月在美国南加州地区投放，但首批车只能通过租赁方式使用。直到 2018 年，现代推出新一代燃料电池车型 Nexo，才算在燃料电池乘用车领域走上了真正的商业化之路。现代 Nexo 系统最大功率达 120kW，最大续驶里程超过 600km（美国环境保护署测试工况，即 EPA 工况）。

2020 年 12 月，现代汽车集团更新"2025 战略"，将氢能解决方案（H_2 Solution）列为新的业务支柱，并发布了氢燃料电池系统专属品牌"HTWO"，旨在研发性能更强、更耐用的全新一代氢燃料电池系统，并计划将其应用于城市空中出行、汽车、船舶和火车等多种交通工具。2020 年 5 月，现代汽车发布氢燃料电池重型货车 XCIENT Fuel Cell 的全新升级车型，如图 1-9 所示。截至 2021 年 6 月，现代汽车氢燃料电池重型货车 XCIENT Fuel Cell 已在瑞士累计行驶 100 万 km。

图 1-9　现代汽车氢燃料电池重型货车 XCIENT Fuel Cell

戴姆勒公司在 NECAR 4 之后进行了战略调整，现阶段戴姆勒将集中精力发展纯电动汽车，未来所有与燃料电池相关的工作将转由戴姆勒-沃尔沃合资公司进行，并计划于 2025 年在欧洲生产氢燃料电池，也即戴姆勒停止了燃料电池乘用车的量产项目。但集团对燃料电池汽车业务的投入将集中在技术研发以及商用车领域，按计划其氢燃料货车 Gen H_2（图 1-10）将于 2023 年开展试验，首批量产车预计将于 2027 年开始交付。

通用汽车公司也于 2013 年改变了策略，携手本田共同开发氢燃料电池技术。2016 年，通用向美国陆军交付了第一辆以燃料电池为动力的货车 Colorado ZH2。

图 1-10　戴姆勒氢燃料货车 Gen H_2

此外，通用还与美国海军联合研发采用氢燃料电池系统的下一代无人水下航行器样机。2017 年，通用又针对军用车领域，推出全新氢燃料电池汽车概念平台 SURUS（Silent Utility Rover Universal Superstructure），如图 1-11 所示，结构类似于重载货车的后拖挂，并搭载先进的无人驾驶技术。

图 1-11　通用汽车氢燃料电池汽车概念平台 SURUS

在中国，从"超越一号"到上汽荣威 750E，中国的燃料电池汽车技术开始在全国范围内普及，从应用上来看，则是乘商并举，但以商用车为主，近年来，技术水平也基本进入了国际第一梯队。

在燃料电池乘用车方面，上汽集团于 2015 年推出了续驶里程 400km、"无污染，零排放"的荣威 750E 燃料电池汽车。2017 年，上汽在中国国际工业博览会上展示了两款氢燃料电池车型，分别为荣威 950 燃料电池汽车和大通 FCV80 燃料电池轻型客车。2020 年，上汽集团正式发布全球首款燃料电池多用途汽车（MPV）——上汽大通 MAXUS EUNIQ7（图 1-12），并同时宣布中国汽车行业首个"氢战略"。

图 1-12　全球首款燃料电池 MPV——上汽大通 MAXUS EUNIQ7

2018 年 10 月，中国一汽红旗推出国内首款用于乘用车的 50kW 级别燃料电池发动机，是国内第一款采用金属双极板单堆，系统功率达到 50kW，体积比功率达到 400W/L 的燃料电池发动机。2021 年，红旗 H5-FCEV 车型正式亮相，该车搭载了一台最大功率为 140kW 的驱动电机，最高车速可达 160km/h，0—100km/h 加速时间也在 10s 之内。该车还配备 2 个储氢瓶，每个储氢瓶可存储 2kg 氢气，百公里耗氢量小于 0.82kg，续驶里程可达 520km。

2021 年，广汽首款燃料电池乘用车 Aion LX Fuel Cell（图 1-13）开始示范运营，该车是一款基于广汽集团 GEP2.0 平台开发的氢燃料电池乘用车，采用了自主开发的燃料电池系统和车载储氢系统，最大输出功率超过 135kW，百公里氢耗 0.77kg，NEDC 工况续驶里程超过 650km，加满氢气仅需 3～5min。

图 1-13　广汽首款燃料电池乘用车 Aion LX Fuel Cell

目前，在燃料电池商用车领域，中国车企可谓百花齐放，不同的汽车企业积极布局燃料电池轻型货车、重型货车以及客车，尤其是在重型货车领域，燃料电池可以很好地对传统柴油机进行替代，满足大功率、长续驶里程工况的需求。

2008 年，福田推出国内首款公告型氢燃料电池客车，并在北京奥运会上展开示范运营。2014 年，福田发布第 2 代 12m 氢燃料电池客车。2016 年，福田推出第 3 代 8.5m 氢燃料电池客车。2018 年，福田氢燃料电池客车已经发展到第 4 代，整车氢气加注时间为 10～15min，续驶里程可达 450km，可实现 -30℃低温启动、-46℃低温存放和停机自动保护。

2019 年 11 月 16 日，上汽红岩首款燃料电池自卸车亮相，同时亮相的还有上汽跃进燃料电池货车 FC500 D12。2019 年 12 月 12 日，上汽跃进 FKC500-D18 正式下线，该车搭载的是捷氢科技 P390 系统，加氢时间不到 10min，续驶里程超过 400km。

2020 年，一汽解放发布燃料电池半挂牵引车，这款解放燃料电池半挂牵引车总质量 25t，整备质量 10.65t，准拖挂车总质量 38.22t，配套的是重塑科技的燃料电池系统。

2021 年，飞驰汽车发布 49t 氢燃料电池重型货车，燃料电池发动机为国鸿氢能的鸿途 G110 系统产品，系统额定功率 110kW。该车型采用 35MPa 储氢瓶，充装一次氢气只需 5~10min，最高续驶里程可达 400km。

2021 年 8 月，我国政府推出首批示范城市群，并制定了明确的燃料电池汽车行业发展目标及战略计划，同时也匹配了一系列详细的奖励机制以刺激行业发展，燃料电池汽车的需求逐渐从政府驱动向市场驱动转换。

1.1.3　燃料电池汽车动力系统

燃料电池汽车动力系统是电动汽车最主要的系统总成，一方面决定整车性能的优劣，另一方面也是决定整车造价的主要因素。因此，正确地确定整个动力系统的结构，合理选择系统中各装置与部件的类型及性能参数对燃料电池汽车整车的动力学性能是十分重要的。

对于一辆燃料电池汽车，其驱动装置是电机，电能由燃料电池堆提供。燃料电池堆通过氢气与氧气的反应产生电能，只要不断地为其提供氢气就可以输出电流做功，这类似于传统意义上的汽油或柴油内燃机，所不同的是添加的燃料。因此，行业中经常可以看到将车载燃料电池堆及其支持系统（Balance of Plant，BOP，包括空气供应、氢气供应、水热平衡及控制系统）的集成称为"燃料电池发动机（Fuel Cell Engine，FCE）"，但不同于直接提供机械能输出的传统的内燃发动机，其实质是"燃料电池发电系统"。

在目前的技术条件下，燃料电池发电系统有几个技术短板：需要外部电源提供电能启动空气压缩机、整机启动时间较长、输出响应较慢和输出伏安特性较软，因此需要额外做些补充配置，以优化系统整体性能。为了解决这些问题，同时解决回收电机回馈制动能量的问题，必须在动力总成方案中增加可储能的电源，如采用高功率的动力蓄电池组和超级电容。为了解决燃料电池输出伏安特性较软的问题，在燃料电池发动机与电机之间增加一个DC/DC变换器，以起到改善燃料电池的伏安特性和匹配电源阻抗的作用。

因此，目前国内外通行的燃料电池汽车动力系统技术方案中，除采用燃料电池发动机作为主要动力源外，都采用高功率动力蓄电池（有时还有超级电容）作为储能系统，同时，在燃料电池发动机和电机之间通过DC/DC变换器连接。

综上，燃料电池汽车动力系统的主要总成部件有四个：燃料电池发电系统、动力蓄电池组、DC/DC变换器和电机。燃料电池汽车动力系统的结构形式如图1-14所示，图中虚线方框表示可选部件，点画线圆框表示按功能划分的子系统。

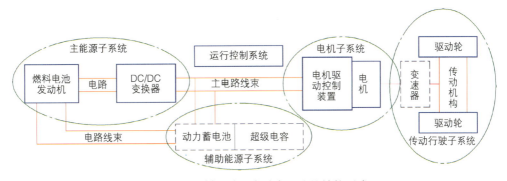

图1-14 燃料电池汽车动力系统的结构形式

可以把动力系统简单分为两部分，其一为电源系统，其二为驱动系统，电源系统和驱动系统之间是松耦合关系，而电源系统和驱动系统内部是强耦合关系。

电源系统主要包括燃料电池、DC/DC变换器和动力蓄电池，本书后面将其称为复合电源。复合的目的是形成一个比较优化的车用电源，这是本书重点介绍的内容。图1-14中的电源系统由燃料电池完成从氢能到电能的转换，发出的电能经过DC/DC变换器这个电力电子变流器后，并联在动力蓄电池两端，这两类电化学电源和一个电力电子电源相互配合，弥补各自的不足，成为一个优化的复合电源，供电给驱动系统，并接受驱动系统在制动时回馈的电能。

驱动系统完成从电能到动能的转换，并根据整车需要匹配合理的速度和转矩。驱动系统包括电机、电机驱动器和变速（减速）器，目前在乘用车中已经三合一集成，甚至和差速器等多合一集成，成为一个高集成的驱动桥，这部分内容不是本书重点介绍的内容，详细介绍可以参阅车用电机及驱动方面的专业书籍。图1-14所示结构采用的是一个中央驱动电机的方案，电机输出的转矩经传动机构传递到驱动轮上驱动汽车行驶，虽然配置变速器后有助于提高电动汽车的经济性和多工况适应性，但会增加成本及结构复杂性，具体方案随车型及其应用场景确定。

1.2 燃料电池汽车动力系统中的电能来源

1.2.1 燃料电池的原理及其能量转换

PEMFC 采用固体电解质，具备更好的稳定性，生成物为纯水，不存在化学腐蚀问题，电流密度高，响应速度快，使用寿命长，工作温度适中，温升比较快，适合车载快速启停工况。以上众多优点，决定了其成为车辆燃料电池应用的主流选择。PEMFC 在低负载情况下可以获得更高的效率，尤其适合在车载工况下使用，且使用纯氢作为燃料的发电系统在冷启动、系统结构以及效率方面比直接使用甲醇和带重整器的质子交换膜燃料电池具有更大的优越性。因此，事实上，现阶段在民用车辆上应用的燃料电池汽车动力系统绝大多数都选择以纯氢作为燃料的质子交换膜燃料电池，而本书将只对这种类型的燃料电池发电及其动力系统进行介绍，如果没有特别说明，后文中提到的燃料电池均特指这种类型。

如图 1-15 所示，燃料电池单体是由两个电极夹着电解质的"三明治"结构。质子交换膜的特性是可以通过质子，而电子不能通过，因此，一定压力的氢气通过极板上的流场供应到阳极，然后经阳极通过气体扩散层（Gas Diffusion Layer，GDL）到达催化层（Catalyst Layer，CL），在催化剂的作用下，发生如下的电极反应：

$$H_2 \xrightarrow{催化} 2H^+ + 2e^- \qquad (1\text{-}1)$$

反应产生的电子经外电路到达阴极，氢离子则穿过质子交换膜到达阴极，在阴极，氧气和氢离子在催化剂的作用下反应生成水和热量：

$$\frac{1}{2}O_2 + 2H^+ + 2e^- \xrightarrow{催化} 2H_2O + Heat \qquad (1\text{-}2)$$

将两个半反应合成，完整的燃料电池反应过程可以表述为

$$\frac{1}{2}O_2 + H_2 \xrightarrow{催化} 2H_2O + Heat + Ee \qquad (1\text{-}3)$$

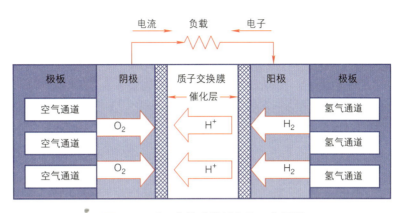

图 1-15 质子交换膜燃料电池工作原理

通过上述反应，燃料和氧化剂被消耗，燃料电池将燃料（还原剂，如氢气）和氧化剂（如氧气）的化学能转化为电能（Fe），同时生成热能（Heat）和水，生成的水通过电极流场随反应的尾气排出，水的形态既有液态，也有气态。

在标准状况下，按照热力学理论计算，在近似于零的电流下，燃料电池的理论最高效率为83%，但在实际使用过程中，受电流作用下燃料电池的极化过程影响，电堆的实际效率大大降低，再加上燃料电池支持系统的损耗，燃料电池发电系统效率与理论值相去甚远，现阶段，系统在额定状态下的效率一般在50%左右。

1.2.2 燃料电池发电系统

上文提及单体燃料电池的基本原理，但在汽车上，燃料电池堆需要几百伏的电压，上百千瓦的功率，因此，往往是几百片单体燃料电池串联而成，并由此带来了电堆的空气流道、氢气流道、散热、密封、排水等复杂的结构设计，需要将燃料电池单体按照一定的方式组合在一起构成燃料电池堆，然后配置相应的支持系统，构成燃料电池发电系统。燃料电池堆是燃料电池发电系统的核心，而支持系统是维持电堆持续稳定工作的必要条件，燃料电池发电系统的支持系统包括：氢气供应系统、空气供应系统、水热系统以及控制系统。典型的燃料电池发电系统原理如图1-16所示。

1 氢气供应系统

氢气供应系统包括压力调节阀、循环装置（循环泵或喷射装置）、加湿器、散热器以及排水阀等，用来为燃料电池发动机提供合适的阳极工作环境。

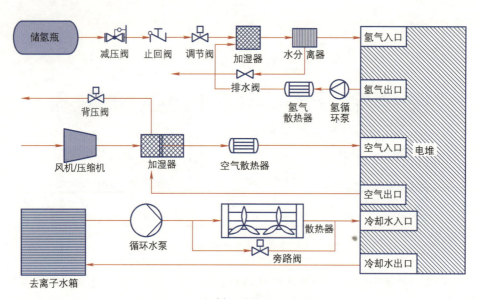

图 1-16 燃料电池发电系统原理

高压氢气存储在氢瓶中,经过减压阀将氢气压力降到适合的范围,减压阀后配置了止回阀,用来防止外部气体回流,调节阀通过控制氢气的供应流量,以达到调节阳极工作压力的目的。加湿器用来调节进入电堆的氢气湿度,水分离器则用来分离循环氢气中的液态水分,避免进入电堆的氢气中拖带过多的液态水分。水分离器的底部安装了一个排水阀,用来排放分离器中的水分以及循环氢气中可能存在的杂质(由阴极渗透过来的氮气以及供应气体中本身存在的惰性气体等)。循环装置用来促进电堆内部的氢气流动,一方面可以将电堆内部的水分排出,另一方面保证足够的氢气流量,用来提高氢气的使用效率。氢气散热器用来降低电堆出口的氢气温度,避免循环氢气温度过高。

2 空气供应系统

空气供应系统主要包括风机/压缩机、加湿器、背压阀和散热器等,用来保证电堆阴极的正常工作需求。

风机或压缩机用来向电堆供应空气(氧气),通过调节电机转速可以调节空气供应流量。背压阀安装在阴极排气管路末端,用来调节电堆阴极的工作压力。按照空气侧压力的高低,可分为低压(30kPa)、中压(60~100kPa)和高压(150~300kPa)燃料电池。压力越高,则阴极侧的氧浓度越高,越有利于电堆提高功率密度,但空气压缩机的功率也越大,造成燃料电池辅助系统的功耗增加。低压燃料电池一般用于通信电源、备用电源、无人机等领域,中压燃料电池一般应用于小型物流车等交通领域,乘用车、中大型商用车一般配置的燃料电池是高压的。对于氢燃料电池来说,由于质子交换膜需要保持良好的工作特性,这就要求供气系统供给燃料电池堆的压缩空气必须绝对干净,因此,对空气压缩机技术要求十分高。

由于不同的燃料电池系统所需性能要求不尽相同,在选型上需要考虑喘振线距离、超负荷工况余量、环境温度、供电电压、预充、通信、噪声、冷却等因素的影响。目前常用的空气压缩机的类型有离心式、罗茨式、螺杆式3种,离心式由于具有高效率、小型化、低噪声等优势,目前是应用的主流方向。

低压燃料电池发动机系统中由于加湿量大,通常采用焓轮加湿器对供应的空气进行加湿,利用从阴极尾气中带出的反应生成水来调节供应空气的湿度,高压系统中则通常采用喷水或湿膜的方式进行加湿。由于在压缩过程中空气的温度升高,因此需要使用散热器来调节空气供应的温度,避免温度过高。空气的流动一方面保证燃料电池发动机正常工作所需要的氧气,另一方面可以将电堆反应过程中生成的部分热量和水分带出电堆。

3 水热系统

水热系统包括水泵、散热设备、旁路阀和冷却水箱等,用来控制电堆的工作温度以及为气体增湿提供水分。水泵用来为冷却水通过电堆进行循环提供动力,利用冷却水将电堆工作过程中产生的热量带出,达到调节电堆工作温度的目的。散热器是冷却水温度控制的工具,利用散热器实现冷却水和环境空气的热交换,最终将电堆产生的热量转移到环境中。旁路阀是用来在发动机冷启动过程中形成散热器的旁路,以使冷却水不流经散热器形成大循环,仅围绕电堆形成一个水路的小循环,达到快速提高系统温度的作用,这是在燃料电池冷启动过程中常见的操作方式。

高压燃料电池发动机系统中的循环水不仅要满足保证系统工作温度的需求,同时必须满足气体和冷却水流场之间压力差的限制,通常还需要配置阀门,用来改善冷却水压力和流量之间的耦合关系。

某些系统中采用了冷却循环水和增湿用水分离的方式,系统中还存在独立的增湿循环水泵、冷却水箱以及散热或加热装置。这些装置主要用来保证气体的湿度,可以认为是增湿器的组成部分。

4 控制系统

控制系统包括控制器、传感器和驱动器,控制器是由一套或一系列微控制器为核心构成的电子装置,传感器主要是压力、温度、电压和电流传感器等,驱动器主要是用于风机、水泵以及阀门等设备的驱动或功率放大器。

控制系统的作用是根据整车的功率需求控制发动机工作在优化的状态,包括对空气和燃料的流量和压力进行控制,管理水热系统以维持系统工作在最优的温度、湿度，以及控制膜两侧气体的分压力等，从而保证系统的高效率，尽量避免本质失效情况的出现，延长系统的寿命，即保证系统的可靠性、安全性、快速性和高效率。

综上所述，在许多场合中，人们将燃料电池发电系统称为燃料电池发动机，但这种说法也并非完全准确，这是因为虽然燃料电池发电系统在进气、散热等方面和内燃发动机有类似之处，但燃料电池的燃料供应、低温启动、水热管理方面和内燃发动机并不相同。更为重要的是，燃料电池的输出是电能，不像内燃机输出的是转矩。更进一步考查燃料电池功率和车辆功率之间的关系，可以看到几乎所有燃料电池汽车动力系统中都采用了"电电混合"的电源结构，导致燃料电池的输出功率与车辆的功率并不相同，而只是电机的功率和车辆的功率相同。

1.3 燃料电池汽车动力系统中的电能存储

1.3.1 锂离子电池原理及其能量存储

与内燃机相比，燃料电池发动机具有众多优点，然而要取代内燃机成为汽车动力的主流还存在诸多的困难，车用环境下动态过程的频繁功率需求变化对燃料电池发动机而言是一个非常不利的因素。尽管燃料电池在低负载情况下具有非常高的效率，但是在动态条件下，如果没有良好的动力系统匹配设计以及有效的控制策略，燃料电池发动机整体的效率、寿命及其可靠性是难以保证的。

燃料电池汽车需要在制动时回收电机回馈制动的能量以提高整车的能量利用率，因此，目前在燃料电池汽车动力系统中，大多采用动力蓄电池或超级电容等储能电源与燃料电池发动机配合的"电电混合"动力系统方案。其中，储能电源和燃料电池的配合使用上存在诸多技术方案，在动力蓄电池的选用上，目前主流是采用锂离子蓄电池（行业内常称为锂离子电池），该类型动力蓄电池具有比能量高、自放电小、循环寿命长、无记忆效应和对环境污染小等特点，采用这类动力蓄电池也是目前电动汽车主流的动力蓄电池技术路线，需要对其技术原理和特征进行深入的理解。

在电化学、电池技术和电池工业 200 多年的发展历史中，涌现了多种多样的电池种类，其中适合于车用的并不多，主要有铅酸蓄电池、镍镉蓄电池、镍氢蓄电池、锂离子电池等。锂是金属中最轻的元素，且标准电极电位为 -3.045V，是金属元素中电位最低的一个元素。

最先提出锂电池研究计划的目的是发展高比能量的锂金属电池，然而当时选择的高电位正极活性物质，诸如 CuF_2、NiF_2 和 $AgCl$ 等无机物在有机电解液中会发生溶解，无法构成有长储存寿命和长循环寿命的实用化电池体系。1970 年前后，随着对嵌入化合物的研究，发现锂离子可在 TiS_2 和 MoS_2 等嵌入化合物的晶格中嵌入或脱嵌，利用这一原理制备了 Li/TiS_2 电池。加拿大 Moli Energy 推出用二氧化钼作为正极，金属锂作为负极的圆柱形 Li/MoO_2 电池。该电池曾于 1988 年前后投入了规模生产及应用，但由于锂在充放电过程中形成树枝状沉积，导致电池内部短路，引起安全事故，金属形态存在的锂元素太活泼导致锂电池体系不安全这一认知，导致人们不得不暂时放弃了这一技术路线。

1990 年，索尼公司采用可以使锂离子嵌入和脱嵌的碳材料代替金属锂、采用可以脱嵌和可逆嵌入锂离子的高电位氧化钴锂以及能与正负极相容的 $LiPF_6$-（$EC+DEC$）电解质后，终于研制出新一代实用化的新型锂离子电池。由于锂离子在正、负极中有相对固定的空间和位置，因此，该种电池充放电反应的可逆性很好，正常充电时无树枝状锂金属形成，避免了内部短路，从而保证了电池的长循环寿命和工作的安全性。

以钴酸锂电池为例的正负极和电池总反应可用如下方程式表示。

正极反应：

$$LiCoO_2 \underset{\text{放电}}{\overset{\text{充电}}{\rightleftarrows}} CoO_2 + Li^+ + e^-$$

负极反应：

$$Li^+ + e^- + C_6 \underset{\text{放电}}{\overset{\text{充电}}{\rightleftarrows}} LiC_6$$

电池总反应：

$$LiCoO_2 + C_6 \underset{\text{放电}}{\overset{\text{充电}}{\rightleftarrows}} CoO_2 + LiC_6$$

上述反应是以钴酸锂作为锂离子电池正极而言的，这一类电池开启了消费类电子产品锂电化的技术浪潮，目前还是消费类电子产品中应用的主流电池体系。

锂离子电池充电时，在外电压的作用下，正极活性材料的锂离子脱出，锂离子经电解液向负极迁移扩散并嵌入负极表面或体相中，形成嵌锂化合物 LiC_x，而电子则经外电路向负极迁移构成回路并形成电流，这就实现了电能的存储。

锂离子电池的放电过程则是充电过程的逆反应，锂离子从 LiC_x 嵌锂化合物中脱出并同时释放电子，锂离子通过内电路（或电解质）从负极扩散到正极中以维持电荷平衡，然后通过组合电子与脱锂正极材料反应再次形成嵌锂正极活性材料，实现电能的释放。

锂离子电池的充放电过程就是正负极材料可逆嵌入的氧化还原过程，因此也被形象地称为"摇椅电池"，且锂离子电池的整体性能取决于正负极材料锂离子脱出或嵌入的能力，锂离子脱嵌能力较差的正负极材料会产生不可逆容量损失，造成容量衰减，性能下降。由上可知，锂离子电池的核心是寻找嵌锂的正负极材料，锂离子电池的正负极材料不但要方便锂离子的嵌入和脱出，还要具有非常稳定的结构，才能实现有序的、可控的化学反应。

经过长期的研究和探索，人们找到了几种锂的金属氧化物，如钴酸锂、钛酸锂、磷酸铁锂、锰酸锂、镍钴锰三元等材料，作为电池正极或负极的活性物质。追求稳定性与安全性的同时，作为能量载体的锂元素占比大大降低，损失了能量密度。负极通常选择石墨或其他软碳、硬碳等碳基材料做活性物质，近年来，硅负极也开始了产业化应用。负极材料既要求是好的储锂载体，又要相对稳定，还要有相对丰富的储量，便于大规模制造。

电解质离子电导率要高，电子电导率要低（绝缘），化学稳定性要好，热稳定性要好，电位窗口要宽，如果电解质的化学稳定性不好，容易在正极材料表面氧化分解，影响电解质的离子电导率。电解液的热稳定性则对锂离子电池的安全性和循环寿命有非常大的影响，因为电解质受热分解时会产生很多气体，一方面对电池安全构成隐患，另一方面有些气体会对负极表面的固体电解质界面（Solid Electrolyte Interface，SEI）膜产生破坏作用，影响其循环性能。

锂离子电池正负极之间还需要有一个隔膜，隔膜的作用是阻止正负极材料直接接触而发生短路，隔膜需要具有良好的离子通过性，同时又是电子的绝缘体，以实现正负极之间的绝缘。

电池的正极除了活性物质之外，还有导电剂和黏结剂，以及用作电流载体的集流体（正极通常是铝箔）。负极的构造与正极基本相同，需要黏结剂来固定活性物质石墨，需要铜箔作为集流体来充当电流的导体，但因为石墨本身良好的导电性，所以负极一般不添加导电剂材料。

除了以上材料外，一个完整的锂离子电池还包括绝缘片、盖板、泄压阀、壳体（铝、钢、复合膜等），以及其他一些辅助材料。

自 20 世纪 90 年代初，世界上许多国家围绕着动力蓄电池技术，尤其是锂离子电池技术开展了广泛研究，美国的通用、福特和克莱斯勒三大汽车公司于 1991 年联合成立先进电池联合体（USABC），制定了电动汽车先进动力蓄电池技术性能的中、长期目标。USABC 的中期目标是使电动汽车的电池在性能方面较铅酸电池有明显提高,并在 2000 年以前完成商业化,长期目标是研究开发的电池在性能与价格上最终使电动汽车能与燃油汽车相竞争。自 USABC 先进电池性能指标公布以来,美国、日本和欧洲在车用动力蓄电池研究方面都取得了较大的进展。

目前,面向车用等动力应用,产业化程度最高的是以镍钴锰/镍钴铝三元材料、磷酸铁锂材料和氧化锰锂材料作为锂离子电池的正极体系,这些材料的晶体结构不同,但其嵌入反应的机理类似。以锂离子电池技术和产业为基础的纯电动汽车已经成了近 20 年汽车动力革命的基本驱动力,其发展过程见表 1-2。

表 1-2 锂离子电池的发展过程

年份	电池主材的发展			体系
	负极	正极	电解质	
1958	—	—	有机电解液	—
1970	金属锂 锂合金	过渡金属硫化物（TiS_2、MoS_2） 过渡金属氧化物（V_2O_5、V_6O_{13}） 液体正极（SO_2）	液体有机电解质 固体无机电解质（Li_3N）	$Li/LE/TiS_2$ Li/SO_2
1980	Li 嵌入物 （$LiWO_2$） Li 嵌入物 （LiC_2、焦炭）	聚合物正极 FeS_2 正极 砷化物（$NbSe_2$） 钴酸锂（$LiCoO_2$） 氧化镍锂（$LiNiO_2$） 锰的氧化物（$Li_xMn_2O_4$）	聚合物电解质 增塑聚合物电解质	Li/聚合物电池 $Li/LE/MoS_2$ $Li/LE/NbSe_3$ $Li/LE/LiCoO_2$ $Li/PE/V_2O_5$、V_6O_{13} $Li/LE/MnO_2$
1990	Li 的碳化物 （LiC_6、石墨）	尖晶石氧化锰锂（$LiMn_2O_4$）	—	$C/LE/LiCoO_2$ $C/LE/LiMn_2O_4$
1994	无定形碳			
1995	—	氧化镍锂（$LiNiO_2$）	PVDF 凝胶电解质	凝胶聚合物电池
1997	锡的氧化物	橄榄石形（$LiFePO_4$）		
1998	新型合金	—	纳米复合电解质	
1999	—	—	—	凝胶聚合物电池的商品化
2000	纳米氧化物负极			
2002	—	—	—	C/电解质/$LiFePO_4$

注：LE 为液体电解质；PE 为聚合物电解质。

1.3.2 锂离子电池储能系统

与燃料电池类似，单个锂离子电池难以满足驱动车辆正常行驶的功率和能量需求，需要通过单体电池的串并联构成电池组或电池包。锂离子电池由于过充电、大倍率充放电、内短路、外短路、振动、碰撞、跌落、冲击等原因，电池内部发生热失控，电池热量产生和累积速度大于散热速度，会造成电池内部温度持续上升，这一过程还会释放出大量的可燃性气体，当温度上升到内部溶剂和可燃性气体的闪点、燃点时，将会导致燃烧、爆炸等安全事故。因此，锂离子电池的使用必须是在其管理系统监督之下的，其储能系统一般由两部分组成：锂离子电池及其管理系统（图1-17）。电池管理系统（Battery Management System，BMS）包括电热状态监测及均衡系统、热管理系统、控制系统等，实现SOX（如荷电状态、健康状态等）估计、充放电管理、高低温热管理、故障诊断等功能，是动力蓄电池系统的核心。

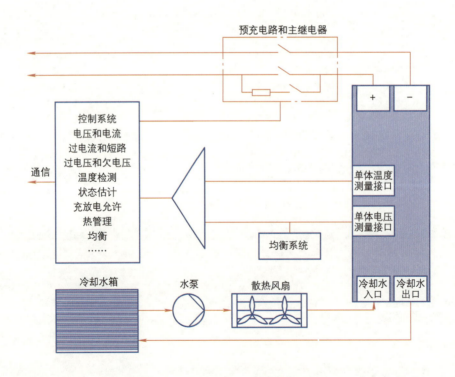

图1-17 锂离子电池储能系统原理图

1.4 燃料电池汽车动力系统中的电能复合

1.4.1 电流变换的基本原理

通过前面关于燃料电池发动机的介绍可知，由于燃料电池输出电压较低、输出特性较软及响应速度较慢的影响，使得直接采用燃料电池给驱动电机供电的燃料电池汽车动力总成方案变得不太现实。为了改善燃料电池的输出特性，必须通过变换器将燃料电池的电压变换后给驱动电机供电，这样可以起到电源电压及电源阻抗与负载匹配的作用，由于燃料电池、储能电池和电机逆变器的输入都是直流电，因此这个变流过程称为 DC/DC 变换。

DC/DC 变换器按功能可分为升压变换器（Boost 变换器）、降压变换器（Buck 变换器）和升降压变换器（Boost-Buck 变换器），在燃料电池汽车中主要采用升压变换器。按实现原理，不同 DC/DC 变换器可分为直 - 交 - 直变换器（DC-AC-DC 变换器）和斩波器（Chopper）。

直 - 交 - 直变换器（图 1-18）首先通过电力电子器件将直流电源 U_i 转变成交流电（一般称作逆变），然后通过变压器（升压比为 1:n）升压，最后通过整流、滤波电路产生变压后的直流电，以供负载使用。

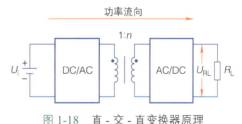

图 1-18　直 - 交 - 直变换器原理

斩波器（图 1-19、图 1-20）就是利用电力电子技术中的开关器件（如 MOS 场效晶体管和绝缘栅双极型晶体管）等将直流电源电压 / 电流断续加到负载上，通过通、断的时间变化来改变负载电压平均值，再经过电感或电容滤波，实现升、降压目的。

直 - 交 - 直变换器和斩波器都可以实现电压的改变，同时改善电源的输出特性，但同时又各有特点。

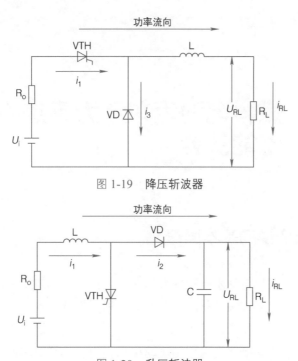

图 1-19　降压斩波器

图 1-20　升压斩波器

1）直 - 交 - 直变换器由于采用变压器改变直流平均电压，所以输入与输出部分是完全隔离的，而斩波器则是共地的，且变压器可以通过匝数比设计，实现很高的升/降压比。

2）由于斩波器采用电力电子器件，损耗主要是开关器件自身的开关损耗，而直 - 交 - 直变换器的损耗除了开关损耗之外，还有变压器的铜耗和铁耗，相比之下后者的损耗较大，效率较低，同时体积和质量也较大。

在燃料电池汽车中，考虑到在电气上各个动力部件都是共地的，同时又由于汽车在空间及经济性等方面的要求，一般采用升压斩波器来实现直流电源升压。

但在其他应用场合，如升压比要求比较高的场合，或者对绝缘要求很高的场合，也有采用直 - 交 - 直进行隔离变换的方案。

1.4.2　电化学电源的复合

在燃料电池发动机启动发电前，需要外部辅助电源驱动空气压缩机提供一定压力和流量的空气，当燃料电池发动机可以正常发电时才可以自己提供这部分电能，导致车辆启动较慢；而车辆加速时，电机可以提供毫秒级别的转矩响应，而燃料电池的响应速度受制于空气的供应，不能满足电机的动态性，导致车辆动态响应较慢。

燃料电池输出伏安特性较软意味着其输出电流增加时，输出电压降落很大，如果电堆的输出直接接到驱动电机逆变器的输入，则电机逆变器的输入电压波动很大，过大的电压波动将导致逆变器需要更高耐压的器件，且可能导致电驱动系统效率较低。

另外，由电机学原理可知，驱动电机可以被方便地控制从驱动状态转变为再生发电制动状态运行，所以电动汽车都具有汽车减速或制动时的动能回收功能，即汽车制动减速时可以借助驱动电机处于再生发电状态产生制动力。与此同时，汽车所具有的动能被驱动电机转换成电能回馈到电源，而燃料电池的输出电流不能反向，因此需要配置具有电能储蓄能力的动力蓄电池或者超级电容，这样可以通过制动时汽车动能的回收，提高能量利用率，增加续驶里程，改善汽车的燃料经济性。

综上所述，需要燃料电池和储能系统搭配使用，按照储能系统的不同配置，衍生出不同方案的燃料电池汽车动力系统结构形式，包括储能采用镍氢蓄电池、锂离子电池、超级电容等方案。而目前最成熟、最常用的是采用锂离子动力蓄电池作为储能电源。

从系统结构上，目前比较常用的动力系统方案是采用燃料电池通过DC/DC变换器升压后给储能电池充电，且DC/DC变换器用电流闭环方式控制，动力蓄电池作为电机控制器的直流输入。选择该方案主要考虑到以下几点。

1）动力总线电压仅由动力蓄电池确定，而动力蓄电池的端电压与其荷电状态（State of Charge，SOC）密切相关，所以只要控制SOC保持基本恒定就可以保证动力总线的电压处于可接受的范围之内。

2）由于DC/DC变换器采用恒流源方式控制，则动力总成系统除动力蓄电池外都是可控的，而动力蓄电池可以通过控制DC/DC变换器和电机间接控制，也就是说流经动力蓄电池的电流是可预见的。

3）由于电机采用转矩闭环控制方式，所以电机也可以看作是一个可控电流源，在保证动力蓄电池SOC基本不变的情况下，电机对功率的需求就是对DC/DC变换器输出电流的需求。

参照混合动力系统中内燃机动力系统和电机动力系统的混合，燃料电池汽车动力系统中，电源是燃料电池发电系统和储能电池的复合，按照储能电池容量的大小及扮演角色的不同，可以分为功率型复合和能量型复合。

在能量型复合中，锂离子电池容量较大，可以提供相当里程的纯电动运行，锂离子电池既可以外接充电，也可以由燃料电池发电来充电，即在能量型复合的模式下，燃料电池发电系统蜕变成为一个增程器，参照燃油汽车的增程动力系统，控制策略比较简单。

在功率型复合中，锂离子电池的容量较小，但功率特性较好，可以快速充和放电，一般仅需要较短距离的低速纯电动运行里程，也不需要外接充电，但需要承担车辆在加速、减速等变载过程中的动态功率，对功率平衡、能量平衡、电压平衡的控制要求也比较高。在这种情况下，燃料电池发电系统和锂离子电池电源系统构成一个动态性能上紧耦合的复合电源，该复合电源控制也需要一个域控制器顶层协调，为驱动电机负载提供一个优化的电源系统。

1.4.3 电化学电源的管控

燃料电池汽车动力系统中的电源是由两个或以上数量的电化学电源系统构成的，如普通的燃料电池汽车由锂离子电池和燃料电池两种电源复合。此类复合电源需要进行管控的原因在于两方面，即单一电化学电源层面和复合电源层面，以下分别进行介绍。

1 单一电化学电源管控的必要性

作为电化学电源，其共同特征是在两个电极上进行氧化还原反应，并通过外电路传导电子，电化学反应受到温度、浓度等参数的影响。因此，无论对于燃料电池还是锂离子电池来说，都需要工作在合适的环境条件下。例如燃料电池需要工作在合适的进气湿度、阴阳极气体压力、进气流量、温度等条件下，锂离子电池需要工作在合适的温度条件下。相比较而言，燃料电池工作在开放的环境下，相比于锂离子电池，其控制变量更多，系统控制更为复杂，但同时可以测量的量和可控制的自由度也更多，电化学电源管控的目标是进行合理的条件控制，确保其能安全、高效、稳定运行。

另外，在使用过程中，会有不可逆的副反应产生，且电池的微观结构也会发生改变，因此，燃料电池和锂离子电池具有时变性和非线性特点，即随着电源的使用，其性能都会不断发生衰减，且工作条件的改变也会对其性能造成影响。电化学电源管控的另一个目标是在时变性和非线性条件下，及时对电源的内部状态进行测量和估计，调整操作控制条件，确保电源工作在正常状态下，并尽可能提升电源的运行安全性和耐久性。

故障检测及处理是电源系统管控的另外一个主题，可以简单分为电池级别和系统级别。在电池级别，燃料电池工作时由于操作条件不当或者寿命的衰减，会出现膜干、水淹、缺气、氢渗等故障，锂离子电池由于充放电不当或者寿命衰减也会出现析锂、内短路、外短路等故障。在系统级别，会出现传感器、执行器等关键部件失效故障，尤其是在车辆运行工况下，由于振动、碰撞等原因更易触发电源系统故障。电源管控的一个重要目的是对这些故障进行及时的诊断，并采取合理的应对措施，避免电源系统进一步的损坏。

2 复合电源管控的必要性

基于电化学原理的电化学电源与基于电力电子技术的电能变换器相结合，可形成结构更加复杂、功能更加完善的复合电源，复合电源的管控体现在功能、效率、寿命、可靠性等多个方面。

复合电源中各电源都存在高低温热管理的需求，特别是不同的电源复合情况下，电源工作的温度范围不同，复合电源系统的热管理需要兼顾各电源的需求以调整至合适的工作温度范围内，重点需要解决低温下的电源加热以及高温下的散热，如燃料电池的低温冷启动以及锂离子电池的低温加热问题。同时，考虑车辆乘员舱、逆变器等热管理的需求，复合电源的热管理需要在车辆层面进行综合热管理，是面向高效率的优化热管理。

在复合电源设计阶段，可以匹配电源功率、能量需求，但这是一种静态匹配。面向复杂的车用动态工况，需要面向复合电源的经济性、长寿命，进行电源系统的能量管理，实现燃料电池和锂离子电池不同电源之间的合理的动态功率分配，提高电源系统的效率，最终降低氢耗并延长锂离子电池和燃料电池的使用寿命。

复合电源系统由锂离子电池、燃料电池、不同的 BOP 部件以及电、气、水管线等组成，需要进行故障诊断，及时定位故障源头，并做出应对处置。与单一电源管控不同的是，在复合电源层面，诊断手段更加丰富，可以获取的信息量更多，且在发生故障时可以协调各电源的工作状态，以保证复合电源运行的可靠性以及整车运行的可靠性。

1.5 燃料电池汽车动力系统中的机电能量转换

1.5.1 电机中的电磁能量转换

电机是指依靠电磁感应运行且具有能做相对运动部件的机械，电机可将电能转换成机械能，也可将机械能转换成电能，电机主体包括运动部分（转子）和静止部分（定子）。

电机包括电动机和发电机，电机转换电能和机械能是双向的，既可以工作在发电模式下，也可以工作在电动模式下。在电动机工作过程中，从定子绕组输入电能，从转子轴上输出机械能，在发电机工作过程中，能量反向流动。

电机之所以能够传递或转换电能，一个基本条件是存在一个耦合磁场。在电动汽车上，常用的两类电机是感应电机和永磁同步电机，这两类电机转子和定子之间耦合磁场的建立方式不同。耦合磁场是理解电机机电能量转换和运动的基础。

1 车用感应电机

感应电机又称异步电机，即转子置于旋转磁场中，在旋转磁场的作用下，获得一个转动力矩，因而转子转动。旋转磁场的转速和转子的转速不一致，通常有2%~5%的速度差（转差，slip），因此称为异步电机。大多数设计中，转子是可转动的封闭导体，即电路上是短路状态，通常呈松鼠笼形状，也有人形象称为"鼠笼电机"。定子是电机中不转动的部分，主要任务是产生一个旋转磁场，其基本原理如图1-21所示。

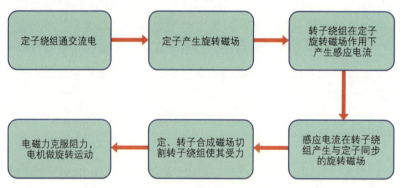

图1-21 感应电机启动过程

众所周知，单相绕组通入交流电，产生的磁动势为脉振磁动势，但当三相定子绕组在圆形空间均匀分布，对于一对极电机，三相绕组的位置有120°的空间角度差，当其通上相位互差120°的三相交流电后，产生的磁动势为三相的合成，定子绕组就会产生一个旋转的磁场。

交流电和空间旋转磁场之间的关系换一个角度来理解也许更加容易。当一个旋转磁场在90°正交的 XOY 坐标系上旋转时，其在 X 轴和 Y 轴上的投影是相位差90°的正弦和余弦，而在位置互差120°的三相绕组上，其投影是相位互差120°的三相交流电，依此也可以类推到多相绕组。

对于异步电机，其转子绕组是一个闭环导体，由于其转速和定子的旋转磁场不同步，它处在定子的旋转磁场中就相当于在不停地切割定子磁场的磁力线。根据法拉第电磁感应定律，垂直于磁场的导体做切割磁力线的运动时，就会产生电动势，而该电动势在封闭导体中就会产生电流，而这个电流又会形成一个电磁场，这个转子中感应出的磁场一定会抵抗定子磁场的改变。根据楞次定律，感应电流的磁场总要反抗引起感应电流的原因，也就是尽力使转子上的导体不再切割定子磁场的磁感应线，结果就是转子绕组就会不停追赶着定子的旋转磁场，即让转子跟着定子旋转磁场旋转，最终使电机开始旋转。

转子和定子旋转磁场的速度差（转差）越大，则感应电流也越大，感应的磁场也越强，且转子感应产生的磁场也是旋转磁场。站在旋转的转子上来看，该旋转磁场相对于转子的转速取决于转差，但站在静止的定子上来看，叠加转子本身的转速后，转子电流产生的磁场与定子电流产生的磁场同步旋转。

电动模式工作在第一、三象限，电机将电能转化为动能，转差越大，旋转磁场的速度相对转子的转速差就越大，产生的感应电流越大，转矩就越大，发电模式工作在第二、四象限，转矩和电流方向相反，电机进入回馈制动模式。

（1）感应电机的特点

感应电机的鼠笼材料一般是铸铝或铜，不像永磁电机需要将具有强磁性的永磁体嵌入转子表面而引起巨大的应力，因此感应电机转子表面非常平滑，定子和转子之间的气隙可以做得很小，从而使电机结构紧凑、坚固耐用、运行可靠、维护方便。由于没有永磁体存在，当定子旋转磁场消失，转子的旋转磁场也随之消失，因此，当感应电机的逆变器损坏或者关闭时，不会使电机产生反电动势，所以不会出现反电动势产生的电流倒灌逆变器的可能性，这为电动汽车下长坡行驶或者因故障拖车提供了很大的便利性。但感应电机因为有励磁需求，需要无功电流建立耦合磁场，因此必然存在功率因数低的问题。另外，感应电机转子工作在短路状态，发热多且不易散热，导致功率密度难以提高，且低速转矩特性较差，转矩密度偏低，调速性能差，调速范围窄。

（2）异步电机的控制系统

由于交流三相感应电机不能直接使用直流电，因此需要逆变装置进行转换控制。电动汽车减速或制动时，电机处在发电制动状态，给动力蓄电池充电，实现机械能转换为电能。在电动汽车上，由功率半导体器件构成的脉宽调制（Pulse Width Modulation，PWM）功率逆变器把化学电源提供的直流电变换为频率和幅值都可以调节的交流电。

三相异步电机逆变器的控制方法主要有调压调速（Variable Voltage and Variable Frequency，VVVF）控制法、转差率控制法、矢量控制法和直接转矩控制法（Direct Torque Control，DTC）。调压调速控制法的基本思路是从基频向下调速时，保持磁通不变，由于是开环控制，以及受到定子电阻压降和死区的影响，传统的

VVVF 控制方法动态性能差。转差率控制法是在 VVVF 基础上,根据在一定范围内转矩与转差频率的正比关系,通过控制转差频率来控制输出转矩,这种控制是一种闭环控制方式。20 世纪 90 年代以前主要使用前两种控制方式,但是因转速控制范围小,低速转矩特性不理想,这两种方式对于需频繁启动、制动、加减速的电动汽车并不适合。

矢量控制法和直接转矩控制法这两种控制方式目前处于主流的地位,尤其对于电动汽车的电机控制,主要采用矢量控制方法,但感应电机在负载变化下,会因转子发热等问题引起电机参数变化,从而影响矢量控制的精度。

2 车用永磁同步电机

在电机内建立进行机电能量转换所必需的气隙磁场有两种方法,一种是在电机绕组内通电流产生磁场,另一种是由永磁体来产生磁场。由永磁体产生磁场的电机就是永磁电机,利用永磁体建立励磁磁场的同步电机其定子产生旋转磁场,转子与定子的旋转磁场同步旋转(图 1-22)。

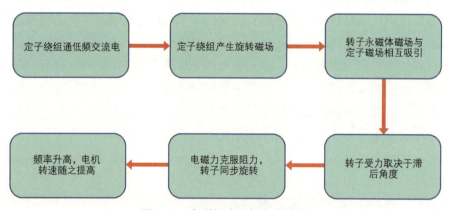

图 1-22 永磁同步电机启动过程

永磁电机转子磁场不是由定子旋转磁场所感应产生的,而是自己产生的,即转子磁场与定子旋转磁场无关,而且其磁极方向是固定的,那么根据同性相斥、异性相吸的原理,定子的旋转磁场就会拉动转子旋转,并且使转子磁场及转子与定子旋转磁场同步旋转,这就是同步电机的基本工作原理。相比于异步电机,由于转子自带磁性,当定子绕组通电后,永磁转子立即受力运动,追赶定子磁场,这就使得定子磁场与转子两者的转速达到了同步,当然,两者的相位有差异,正是相位超前或者滞后决定了电机处于电动模式或发电模式,而相位角的大小决定了转矩的大小。

(1) 永磁同步电机的特点

永磁同步电机功率因数大、效率高、功率密度大,且结构简单、便于维护,使用寿命较长，可靠性高，输出转矩大，极限转速和制动性能优于其他类型的电机。对于电机控制而言，具有良好的动态特性，转动惯量低，响应速度快，转矩和转速控制精度高，调速性能好，采用稀土永磁材料后电机的体积小、质量轻。但永磁电机因采用稀土材料，造价较高，且永磁材料在受到振动、高温和过载电流作用时，其导磁性能可能会下降或发生退磁现象，降低永磁电机的性能，严重时还会损坏电机。

（2）永磁同步电机的控制系统

永磁同步电机的控制技术与感应电机类似，控制策略的优化主要集中在提高低速转矩特性和高速恒功率特性上。目前，永磁同步电机低速时常采用矢量控制，包括气隙磁场定向、转子磁链定向、定子磁链定向等。

永磁同步电机在高速运行时工作在恒功率模式下，为了限制过高的反电动势，需要削弱永磁磁场，弱磁控制较为复杂，控制系统成本较高，与此相对应地，由于高速时弱磁要求高，导致调速范围有限。

1.5.2　交流电机的矢量控制

电机技术是推动第二次工业革命的伟大技术，在工业中广泛应用，由于交流电机的动态数学模型是一个高阶、非线性、强耦合的多变量系统，高性能调速及转矩控制很困难。而直流电机由于磁场和转矩解耦，磁场和转矩可以分别调整，而根据直流电机的原理，调整电枢及励磁电压即可调整电流，调整电流即可调整转矩，而调整转矩即可调整转速。因此，长期以来，直流电机调压调速技术广泛用于高转矩精度和高位置精度的控制中，而交流电机只能用于较低精度的拖动控制中，如何将便宜、紧凑、高可靠的交流电机用于高性能拖动控制中是工程技术人员长期以来的追求。

在交流电机调速技术发展中，首先发展出了调压调速技术，即通过调节交流电的频率来调整转速，但频率降低的同时反电动势也减小，反之亦然，因此，调整频率的同时也需要调整电压，VVVF揭开了变频调速的序幕。VVVF虽然能协调电压和频率的耦合问题，但并未完全解耦，存在转矩控制精度低、响应速度慢等问题，尤其是低压低转速性能不好。直到20世纪70年代，德国西门子工程师F. Blaschke首先提出异步电机矢量控制理论来解决交流电机转矩控制问题，打开了交流电机高性能控制的大门。矢量控制方法的提出具有划时代的意义，为交流电机的控制指出了发展方向，在此基础上，结合微电子技术和电力电子技术的不断进步，交流电机的转矩和转速控制的性能已经不亚于直流电机，而交流电机本体的性能要远超直流电机，因此，目前交流电机在电动汽车上取得了绝对的优势地位,并在车用环境的约束下逐步优化。

矢量控制是一种高性能的交流电机控制方式,它基于交流电机的动态数学模型,通过对电机定子变量(电压、电流、磁链)进行三相/两相坐标变换(Clark变换),将三相正交的交流量变换为两相正交的交流量,再通过旋转变换,将两相正交的交流量变换为两相正交的直流量,采用类似于他励直流电机的控制方法,分别控制电机的转矩电流和励磁电流来控制电机的转矩和磁链,具有与直流电机类似的控制性能。

矢量控制变频调速的做法是将异步电机在三相坐标系下的定子电流 i_a、i_b、i_c,根据变换前后功率不变的约束条件,通过三相/两相变换,等效成两相静止坐标系下的交流电流 i_α、i_β。再根据变换前后功率不变的约束条件,通过按转子磁场定向旋转变换(Park变换),等效成同步旋转坐标系下的直流电流 i_q、i_d(i_d 相当于直流电机的励磁电流,i_q 相当于与转矩成正比的电枢电流),然后类比直流电机的控制方法,求得直流电机的控制量,经过相应的坐标逆变换,实现对异步电机的控制。

交流电机的矢量控制其实质是将交流电机等效为直流电机,分别对速度、磁场两个分量进行独立控制,通过控制转子磁链,然后分解定子电流从而获得转矩和磁场两个分量,经坐标变换,实现正交或解耦控制,其经典控制框图如图1-23所示。

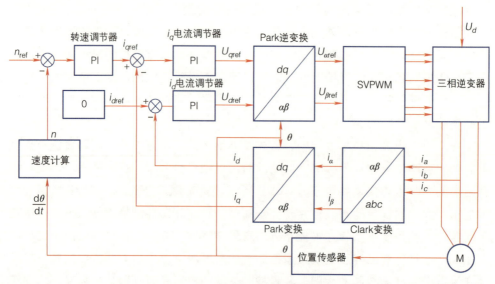

图1-23 电机的矢量控制框图

在这个控制框图上,可以看到一个比例积分(PI)控制器,实现电机的转速闭环,两个电流PI控制器,分别控制直轴和交轴电流,从而实现对转矩的控制。

另外，需要一个转子位置传感器，以实现转速闭环控制，更为重要的是通过对转子位置的实时测量实现在旋转变换中满足磁场定向需求。

磁场定向控制（Field Oriented Control，FOC），又称矢量控制，在转子磁场定向的前提下，将定子电流分解成励磁分量和转矩分量，再利用 PI 调节器实现两者的独立调节，最后利用空间矢量脉宽调制（Space Vector Pulse Width Modulation，SVPWM）合成参考电压矢量。

采用矢量控制方式的变频器不仅可在调速范围上与直流电机相匹配，而且可以控制异步电机产生的转矩。由于矢量控制方式所依据的是准确的被控异步电机的参数，使用时需要准确地输入异步电机的参数，鉴于电机参数有可能发生变化，会影响变频器对电机的控制性能，目前需要具备异步电机参数自动检测、自动辨识、自适应功能，根据辨识结果调整控制算法中的有关参数。

矢量控制刚提出的时候是使用在三相交流异步电机上的，后来被推广到永磁同步电机上，由于采用永磁体后转子位置可以通过磁场信号检出，相对于感应电机，其转子位置检测更易实现，因此，磁场定向更为容易，矢量控制的动态解耦更加准确，矢量控制在永磁同步电机上用起来比在三相异步电机上还要方便。

1.5.3　电流逆变及其调制

由于电池供电是直流电，而车用驱动电机一般是三相交流电机，需要使用逆变器实现电流变换，逆变的概念与整流相反，是将直流转换为交流，而逆变器是使电源系统的电压、频率、相数和其他电量或特性发生变化的电气设备。在电动汽车中一般使用三相桥式逆变器，它有三个桥臂，输出端的三端分别位于三组开关的中点，取两两之间的电压差就可以得到三相电所需的三个相电压，如图 1-24

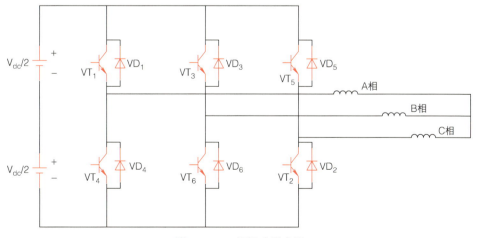

图 1-24　三相桥式逆变器

所示。通过控制三组共六个开关的开通顺序，三相桥式逆变器可以得到一组幅值相等、频率相等、相位相差120°的三相电信号。

在电流逆变控制中，都是通过对开关管进行调制，获取不同的电压或电流波形。目前，正弦脉宽调制（Sinusoidal Pulse Width Modulation，SPWM）控制、电流滞环控制和SVPWM方式是电机控制中最常见的方式，其差别仅在于对开关管的调制方式不同。从逆变器输出目标来看，SPWM的控制目标是使变压变频器的输出电压尽量接近正弦波，电流滞环控制的控制目标是使变压变频器的输出电流尽量接近正弦波，而SVPWM的控制目标是在电机空间形成圆形旋转磁场，从而产生恒定的电磁转矩，也就是实现磁链跟踪控制。

SPWM的概念比较简单，就是通过预先设定的不同频率的正弦波形调制高频PWM信号，经过感性负载滤除PWM高频而产生正弦电压。电流滞环调制方法是先产生一个理想的电流波形，用实际的电流与之比较，超过一定范围则切换开关进行调整，其基本思路是Band-Band控制。而SVPWM的实现则是基于电机转矩产生的原理，直接控制磁场的产生，近似圆形磁链的控制，主要是通过基本矢量合成所得，即通过开关管的切换，实现不同的电压矢量组合，从而实现对电流的调制。SVPWM是目前应用最广泛的调制方式，也是电动汽车应用中的主流技术，下面简述其基本原理。

电机之所以能够旋转，是因为定子、转子两个磁场相互作用，当两个磁场都在连续旋转时，就产生了一个固定的旋转力矩。要产生旋转的磁场，就要有"旋转"的电流；要产生"旋转"的电流，就要有"旋转"的电压；同时，旋转的磁场还会产生"旋转"的磁链。电压、电流以及磁链都是旋转的矢量，其转速完全一致，相位不同。

电压矢量：

$$\boldsymbol{u}_s = \boldsymbol{u}_s \mathrm{e}^{\mathrm{j}\omega_e t} \quad (1\text{-}4)$$

电流矢量：

$$\boldsymbol{i}_s = \boldsymbol{i}_s \mathrm{e}^{\mathrm{j}\omega_e t} \quad (1\text{-}5)$$

磁链矢量：

$$\boldsymbol{\psi}_s = \boldsymbol{\psi}_s \mathrm{e}^{\mathrm{j}\omega_e t} \quad (1\text{-}6)$$

电路的外电压等于电阻损失电压与线圈感应电压之和，其公式如下：

$$\boldsymbol{u}_s = R_s \boldsymbol{i}_s + \frac{\mathrm{d}\boldsymbol{\psi}_s}{\mathrm{d}t} \quad (1\text{-}7)$$

在大多数情况下，电机电阻上产生的电压损失远小于感应电压，为控制模型

简单可忽略电阻上所产生的压降,因此可将上式简化如下:

$$u_s \approx \frac{d\psi_s}{dt} \tag{1-8}$$

进一步,将上式等式两边同时进行积分运算,则有如下公式:

$$\psi_s = \int u_s dt \tag{1-9}$$

因此,由上可知,可以通过控制电压u_s来控制定子磁链ψ_s(定子绕组),进而控制电机的输出转矩,则问题转移到如何产生电压。而 SVPWM 的理论基础是平均值等效原理,即在一个开关周期内通过对基本电压矢量加以组合,使其平均值与给定电压矢量相等。在某个时刻,电压矢量旋转到某个区域中,可由组成这个区域的两个相邻的非零矢量和零矢量在时间上的不同组合来得到。两个矢量的作用时间在一个采样周期内分多次施加,从而控制各个电压矢量的作用时间,使电压空间矢量按近似圆轨迹旋转,通过逆变器的不同开关状态所产生的实际磁通去逼近理想磁通圆,并由两者的比较结果来决定逆变器的开关状态,从而形成 PWM 波形。

SVPWM 的主要思想是以三相对称正弦波电压供电时三相对称电机定子理想磁链圆为参考标准,以三相逆变器不同开关模式做适当的切换,从而形成 PWM 波,以所形成的实际磁链矢量来追踪其准确磁链圆。

SVPWM 实质是一种对在三相正弦波中注入了零序分量的调制波进行规则采样的一种变形 SPWM,但 SVPWM 的调制过程是在旋转空间中实现的,而 SPWM 是在 ABC 坐标系下分相实现的;SPWM 的相电压调制波是正弦波,而 SVPWM 没有明确的相电压调制波,相电压调制波是隐含的。为了揭示 SVPWM 与 SPWM 的内在联系,需要求出 SVPWM 在 ABC 坐标系上的等效调制波方程,也就是将 SVPWM 的隐含调制波显化,从相电压来看,其输出的是不规则的分段函数,为马鞍波形,从线电压来看,其输出的则是正弦波形。传统的 SPWM 方法从电源的角度出发,以生成一个可调频调压的正弦波电源,而 SVPWM 方法将逆变系统和异步电机看作一个整体来考虑,模型比较简单,也便于微处理器的实时控制。

1.5.4 电机与电驱动集成

以上两节对电机机电能量变换、矢量变换及其逆变控制原理做了简单介绍,是具有普适性的理论和方法。由于电机驱动控制系统是新能源汽车行驶中的主要执行结构,驱动电机及其控制系统是新能源汽车的核心部件(电池、电机、电控）之一，其驱动特性决定了汽车行驶的主要性能指标，它是电动汽车的重要部件。电动汽车中的电机驱动有其特殊的要求，主要体现在如下方面。

1）电机驱动系统结构紧凑、尺寸小，质量轻。电机、驱动控制和减速器往往采用集成一体化设计。

2）可靠性高。电驱动系统是核心关键部件，必须具有长寿命、高可靠性，且失效模式可控，以保证乘车者的安全。

3）转矩转速特性好。电机要提供精确的转矩控制，瞬态转矩大，动态性能较好，调速范围宽，能适应电动汽车的各种行驶工况。

4）效率高，功率密度较高。要保证电机在较宽的转速和转矩范围内都有很高的效率，以降低功率损耗，提高一次充电的续驶里程。

5）环境适应性好。电机要适应汽车本身行驶的不同区域环境，即使在较恶劣的环境中也应该能够正常工作，具有良好的耐高温、耐潮湿性能。

电驱动系统包括电机驱动系统与其机械传动机构两个部分，电机驱动系统主要由电机、功率转换器、控制器、各种检测传感器以及电源等部分构成，结构如图1-25所示。

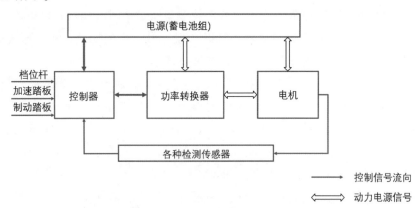

图1-25 电机驱动系统的基本组成框图

电机是应用电磁感应原理运行的旋转电磁机械，用于实现电能向机械能的转化。车用电机一般要求具有电动、发电两项功能，驱动模式运行时从电源系统吸收电功率，向机械系统输出机械功率；制动模式能量转化反向，从汽车的动能转化为电能，给电源系统充电。由于汽车需要前进和倒退双向驱动，所以要求车用驱动电机能够四象限运行。电机可选用感应、永磁同步、永磁无刷或开关磁阻等多种类型，目前车用电机的主流是感应电机和永磁同步电机。

电机的驱动器也称为逆变器，按所选电机类型及采用的开关器件不同，有多种拓扑结构，其作用是按所选电机驱动电流的要求，将直流电转换为相应电压等级的交流或脉冲电源。

电机的控制系统主要由电源模块和电子控制模块构成，起到调节电机运行状态，使其满足整车不同运行要求的目的。针对不同类型的电机，控制系统的原理与方式有很大差别。

电机和机械传动装置进一步集成，就形成了电驱动桥，简称电桥（eAxle）。电桥中的主要部件有电机控制器、电机、减速器、差速器，有些电桥还可能包括换档装置等。电桥是由电驱动装置的多个部件组合而成的一个简洁套件，与单个组件相比，电桥电气连接和机械连接的距离更短，集成度更高，占用空间更小，这样不仅可以加快动力响应速度，同时能够共享冷却和润滑系统，减少系统成本。

为了提高电机的集成度和效率，电机往往是向高速发展。电动汽车中，电机的转速比内燃机汽车中内燃机的转速高得多，这就需要采用与内燃机不同的减速装置。以大众高尔夫（Golf）为例，Golf GTi 的发动机至变速器一档传动比为 12.2∶1，六档传动比为 2.4∶1，而 eGolf 驱动电机的最高转速为 12000r/min。经减速齿轮和差速齿轮的综合传动比达到 9.72∶1。目前技术条件下，乘用车中先进电机的转速可达 16000r/min 以上，甚至超过 20000r/min。

早期的电动汽车变速器只有一级齿轮减速，然而，随着电机转速的提高，为了能让电机在更大的范围内保持最佳效率状态，同时改善在高速公路上行驶的舒适性和效率以及在低速时的加速性能，变速器的应用正变得越来越普遍，带有多速比变速器和换档功能的电桥应运而生，一般有 2 速或 3 速，采埃孚（ZF）预测最多将会有 4 速。

车辆转弯时，内侧车轮的线速度小，外侧车轮线速度大，在单一动力源同时驱动左右两个车轮时，需要设置差速器来满足汽车转弯时两侧车轮转速不同的要求。此外，车辆在不平的路面行驶或仅仅是轮胎抓地力水平发生变化时，差速器也会起作用。差速器内部通常采用锥齿轮或行星齿轮结构，以平稳且持续地应对所需的轮速差异。

在高性能乘用车设计中，前轴和后轴分别采用两个电机而不是多速比变速器也是一种常见的方案，每台电机都配合不同的传动比进行了优化，前后轴各由一个电机驱动，分别在低速和高速时提供高效动力输出，这样克服了单电机单速比配置难以兼顾高低速情况的困境，但需要采用双电机及高性能的控制系统。目前的高性能电动汽车中，往往前轴采用永磁同步电机，用于起步及中低速度运行，在反复启停、加减速时，调速性能好的永磁同步电机仍能够保持较高效率，后轴倾向于采用高速性能的交流异步电机。在快速加速工况时，双电机同时进行工作，提供强大的加速性能，当减速时，根据制动需求进行优化调控，如普通制动由永磁同步电机进行制动能量回收，急减速则由双电机同时提供制动转矩回收能量。

此外，由于感应电机没有永磁体，其转子只是闭合的金属导体，因此在逆变器关掉的时候，转子失去了励磁，转子即使被动旋转也不会发电。因此，在对车辆用拖车施救时，往往采用拖车托举起前轮，拖行被救车辆后轮的模式。在该模式下，车辆的后轴采用感应电机可以避免其被拖行时发电，造成潜在的危险。

综上所述，新能源汽车中电机驱动系统的发展呈现了下面的趋势。

1）电机本体永磁化：永磁电机具有高转矩密度、高功率密度、高效率、高可靠性等优点。我国具有世界上最为丰富的稀土资源，因此，高性能永磁电机是我国车用驱动电机的重要发展方向。

2）电机控制数字化：高性能电力电子器件和电机控制专用数字信号处理器的出现，促进了电机控制器的数字化，提高了电机系统的控制精度，提高了功率密度，有效减小了系统体积。

3）电机系统集成化：通过机电集成（电机与发动机集成或电机与变速器集成）和控制器集成，形成一体化驱动电桥，有利于减小驱动系统的质量和体积，可有效降低系统制造成本。

1.6　氢能与交通能源的零碳化

1.6.1　交通零碳化的需求及其路径

发展电动汽车一直被一种求全责备的说法所诟病，就是所谓的排放转移，指责电动汽车把自身的排放转移到了能源侧，这种说法显然是以偏概全，因为电动化之后，从能源开采到车辆动力输出这个能源转换的全链条中，总的碳排放和污染物还是减少了。但这种说法也需要重视，毕竟如果电动汽车所用的电不是绿色的，电动化交通运输的技术革命仍然是尚未完全成功的。也就是说，随着电动汽车电源技术的发展进步，将逐步解决"油箱到车轮（Tank to Wheel，T2W）"的零碳问题，但在能源生产侧，在"油井到油箱（Well to Tank，W2T）"环节的零碳问题仍然非常突出。

2021年，我国电能生产中，火电占比71.13%，其中，煤电发电量占比约为60%。煤炭是我国能源发展的压舱石，但同时也是我国碳排放的主要来源，电力生产面临非常大的碳减排压力。

目前，制氢的技术路线主要分为化石原料制氢、化工原料制氢、工业尾气制氢和电解水制氢几种，常规的制氢技术路线中，以传统化石能源制氢为主。全球范围内，主要是使用天然气制氢，我国由于煤炭资源比较丰富，因此主要使用煤制氢技术路线。我国煤制氢占 62%，天然气制氢占 19%，可见，我国在氢能生产侧也面临着巨大碳减排压力。

也就是说，在中国，电、氢这两种二次能源，60% 都是来自于煤炭。基于电动汽车的技术路线，实现了 T2W 的动力转型（零碳化），但只有实现了 W2T 零碳化，才能真正实现"油井到车轮（Well to Wheel，W2W）"的绿色低碳。由此可知，零碳交通能源将是未来零碳交通发展的制约。

提升可再生能源装机量和利用率是解决能源生产侧高碳排放的关键举措，特别是光伏发电、风力发电已成为电能生产重要的技术路线之一。2021 年，我国风力、光伏发电量占全社会用电量的比重首次突破 10%，达到 11.7%。但是，风力、光伏发电的显著缺点是波动性和不稳定性。高比例的可再生能源并网给电能网络带来了潜在的安全性、可靠性风险，电力储能成为可再生能源生产必不可少的环节。虽然电力储能方法众多，但都存在各种各样的技术困难，难以满足大规模、高安全、低成本、清洁化储能的需求。氢储能是最被寄予厚望的技术路线之一，借助可再生能源发电、电解水技术可实现低谷电、弃电制氢，制取的氢气可供交通、工业、生活等领域使用，从而起到平抑可再生能源不稳定的作用。

随着可再生能源总量的扩大和技术的进步，氢储能技术的前景越来越明朗，得到全世界的广泛认可和重视，因此，氢能技术的发展不仅是氢燃料电池汽车的前提条件，也是促进交通零碳化的重要战略路线。

1.6.2 氢能的概念及其特点

作为一种元素，氢（H）在元素周期表中排名第一位，是宇宙中最常见的物质，氢在地球上主要以化合态的形式出现，可与氧分子化合成水，通常的单质形态是氢气（H_2），因此，氢气可从水、化石燃料等含氢物质中制取，是重要的工业原料和能源载体。

氢能是指氢在物理化学变化过程中释放的能量，通常不包括物理的核聚变释放的能量。其中，燃料电池中氢和氧发生的电化学反应是氢能利用的一种重要方式。

1 氢的特点

氢的特点如下。

1）来源多样。作为二次能源，氢不仅可以通过煤炭、石油、天然气等化石能源重整，生物质热裂解或微生物发酵等途径制取，还可以来自石化、钢铁、冶金等工业副产气，也可以利用电解水制取，特别是与可再生能源发电结合，不仅实现全生命周期绿色清洁，更拓展了可再生能源的利用方式。

2）清洁低碳。不论氢燃烧还是通过燃料电池的电化学反应，产物只有水，没有传统能源利用所产生的污染物及碳排放，而且生成的水还可继续制氢，反复循环使用，真正实现低碳甚至零碳排放，有效缓解温室效应和环境污染。

3）灵活高效。氢热值高（140.4MJ/kg），是同质量焦炭、汽油等化石燃料热值的3～4倍，能量密度大。但氢气因为密度低，体积比能量与天然气有较大差距，与汽油等液体燃料相比差距就更大了，但氢也可以以氨、甲醇等液态化合物的形式出现，以提升其体积比能量。氢能可以成为连接化石能源和可再生能源的桥梁，并与电力系统互补协同，提高能源综合利用效率，是跨能源网络协同优化的理想互联媒介，热电联供下综合转化效率高达90%。

4）应用场景丰富。氢广泛应用于能源、交通运输、工业、建筑等领域。作为能源载体，氢可以通过燃料电池技术应用于汽车、轨道交通、船舶等领域，降低长距离高负荷交通对石油和天然气的依赖，也可应用于分布式发电，为家庭住宅、商业建筑等供电供暖。作为化工原料，氢可以直接为炼化、钢铁、冶金等行业提供高效原料、还原剂和高品质的热源，有效减少碳排放。

2 氢的安全性

氢气具有燃点低、爆炸区间范围大和扩散系数大等特点（表1-3），长期以来被作为危险化学品管理，但氢的安全性并不低于汽油等其他能源品种。

表1-3 氢气与汽油蒸气、天然气的性质比较

技术指标	氢气	汽油蒸气	天然气
燃烧极限（%）	4.1～74	1.4～7.6	5.3～15
爆炸极限（%）	18.3～59	1.1～3.3	5.7～14
燃烧点能量/MJ	0.02	0.2	0.29
扩散系数/（m²/s）	6.11×10^{-5}	0.55×10^{-5}	1.61×10^{-5}
能量密度/（MJ/kg）	143	44	42

注：数据来源于中国氢能联盟。

氢气是已知密度最小的气体，相对密度远低于空气（为空气的1/14），扩散系数是汽油的12倍，发生泄漏后极易消散，不容易形成可爆炸气雾。但氢气无色无味，在空气中燃烧不易看到火焰，使人失去警惕性，这是氢气潜在的危险特性。此外，虽然氢气爆炸范围宽，但爆炸下限浓度远高于汽油和天然气，爆炸能量仅为汽油的1/22，且爆炸后不产生浓烟和灰霾，相比之下具有更高的安全性。

现阶段，氢气储运方式以氢气长管拖车为主，从氢气的充装到运输，都配有完善的安全装置和详细的操作规范，有效降低了储运危险性。加氢基础设施已有相关技术规范，行业标准体系正在加快健全，只要遵循设计规范操作，氢气的安全性就可以得到有效保障。

在氢的储运中需要注意"氢脆"现象，"氢脆"是氢进入金属后，在金属缺陷处结合、聚集而产生巨大的内压力，引起金属塑性下降，诱发裂纹或断裂的现象，会产生一定危害。"氢脆"虽然难治，但可预防，只要选择合适的材料就可以避免因氢脆产生的安全风险。目前，国内车用的储氢瓶都选用铝内胆碳纤维缠绕，燃料运输管道采用不锈钢材质，均具有良好的抗"氢脆"性能。

燃料电池汽车的设计也充分考虑了氢气安全性，从技术设计和材料选用上双管齐下，同时辅以严格的性能测试与密切的氢气监控体系，可确保整车安全。

1.6.3 燃料电池汽车动力系统和能源供给系统的同构性

燃料电池汽车动力系统由燃料电池发电系统和储能系统组成。在这种复合型的电源系统中，储能系统可以对车辆驾驶侧的动态功率需求进行快速的消纳增补，从而降低了对燃料电池系统的动态特性要求，充分发挥两种电源的优势，最终提升车用电源面对复杂工况的适应性、经济性和可靠性。

在新型的能源体系中，可再生能源的大量并网也带来了不稳定性问题，而能源需求侧也存在峰谷差异性。在这种负荷侧和发电侧都存在波动的现实条件下，能源网络中的储能也就必不可少，这种储能包括了短时间尺度的蓄电池储能，以及长时间尺度的氢能储能。

如图1-26所示，通过上述分析可以看出，燃料电池汽车动力系统和能源供给系统具有相似的结构属性，即同构性，主要体现在以下三个方面。

图1-26 燃料电池汽车动力系统和新能源电网系统的同构性

1) 都具有燃料电池和储能电池这两种电化学电源。在动力系统中，燃料电池用于将加注的氢气转化为电能，向动力蓄电池和电机提供电能，用于驱动车辆前进；动力蓄电池用于消纳增补车端的功率需求，对于车载能源供应起到平抑的效果。在电力系统中，燃料电池用于将氢气发电，向电网供能；动力蓄电池用于消纳能源网络中的短周期或少量的能源，电解池制氢用于消纳能源网络中的长周期或大量的电能，并制取氢气。

2）都有电力电子功率变换装置进行电能调节。在燃料电池汽车动力系统中，DC/DC 变换器通过电流变换将燃料电池和动力蓄电池连接成有机整体，形成直流复合电源。在电力系统中，电能变换器将燃料电池、动力蓄电池进行直流变换，连接入电网，形成直流分布式的电网。

3）复合电源形式可灵活应对负荷和电源改变。由于燃料电池和动力蓄电池的加入，使得系统的自由度大幅提升，在电动汽车中，提升了电动汽车电源系统在复杂工况下应对变载的能力，而在电力系统中，既可以提升负荷端的变负载能力，也可以提升电源端的变发电能力。

1.6.4 绿氢和燃料电池推动交通零碳化

2030 年实现碳达峰，2060 年实现碳中和，在"双碳"目标牵引下，交通零碳化从此深入人心。

当代融合多种高新技术而兴起的纯电动汽车、混合动力电动汽车，尤其是立足于氢能基础上的燃料电池汽车正在引发世界汽车工业的一场革命。燃料电池汽车以氢为燃料，通过氢和氧的反应产生电能供给动力系统，尾气只有水蒸气，是"零污染"的理想环保汽车。

借助氢能和燃料电池，乘用车、部分轻型商用车和小型车（包括两轮和三轮车辆）可以通过直接电气化而快速且经济地实现脱碳。在公路货运领域，氢燃料电池商用车也可为脱碳提供解决方案，且随着车辆规模提升及氢气价格下降，氢燃料电池商用车有望更具成本竞争力。从长远来看，燃料电池汽车在日行驶里程超过 500km 的使用场景中将比纯电动汽车更有竞争力。

航运和航空业的脱碳一直是更为棘手的问题，长距离行驶的航运或航空应用需要大量的能源，同时，这些能源必须具备足够高的能量密度，以便不在船上或飞机上占用过多的空间或载质量，而目前的动力蓄电池技术只能用于短距离和小规模的作业，氢基燃料技术被寄予厚望。据预测，航运业应用的低碳氢基燃料——氨，预期在 2050 年后成为航运业的主要燃料。

自 2000 年以来，中国的新能源汽车行业从小到大，从弱到强，从跟跑到并跑甚至领跑。电动汽车作为一个关键枢纽，不仅彻底改变了汽车产业本身，伴随电动汽车发展起来的动力蓄电池技术也带动了储能电池的发展，推动了新能源技术的应用。燃料电池汽车带动了氢能技术，车用燃料电池的应用和推广对改善交通能源结构和治理空气污染有重大意义。我国的车用燃料电池经过二十多年的发展，性能有了长足的进展，已经可以满足交通工具用动力系统的大部分性能需求，与国际先进水平之间的差距正在逐步缩小，也就是说，中国已经为汽车的T2W零碳化找到了明确的技术路线。

至2020年底，全球新能源汽车保有量已达到1023万辆，同比增长42.7%。预计到2030年，全球新能源汽车销量将突破3400万辆。伴随新能源汽车的发展，支持电和氢能应用的交通能源网络显现出了越来越明显的先天不足。从交通能源的需求侧来看，传统电能网络面临着大规模、分布式、随机性的电动汽车接入所引起电能需求波动，而从交通能源的供给侧来看，充电基础设施仍不完善，而氢能网络则面临着从无到有的发展困境。

所幸的是，与汽车行业的技术革命并行，过去20年，中国也同步发生了可再生能源革命，已经成就了光伏、风电这两个全球领先的可再生能源产业，可再生能源发电实现了平价上网，在西北地区，更是远远低于化石能源发电的价格。通过发展和普及可再生能源发电，低廉的电价为低廉的绿氢供应提供了保障。

能源零碳化需要将汽车电动化过程中发展起来的电池技术、燃料电池技术和发电行业绿色化过程中发展起来的风力和光伏发电技术做一个组合。在中国的"双碳"目标下，可再生能源发电量将大幅增加，平抑发电的波动性、间歇性和随机性将成为最大的挑战，在中国，这个矛盾尤为突出。众所周知，著名的胡焕庸线划分了人口的分布，同时也清晰表明了能源供应地和能源消纳地的分离问题，由此必然导致大量的可再生电能无法长距离运输，而储能电池和氢能有望成为可再生能源发电的平抑手段。绿电制氢，再以管道或储氢载体运输，既可用于终端的燃料电池汽车消费，也可以合成其他氢基燃料，供应航空、航海等大交通需求。

据国际能源署测算，在中国，通过使用低碳来源的氢气和氢基燃料，从现在到2060年将可以累计避免近160亿t的二氧化碳排放。依靠这些燃料减排最多的行业是工业（特别是化工和钢铁），占"双碳"目标情景下避免的排放量的50%以上，航运用氢和氨以及航空用合成煤油共占20%，公路交通运输用氢占13%。

而交通能源绿色转型的意义，不仅限于交通领域，氢也同样是化工的基础原料，绿氢可以用于多种化工过程，如制氨、甲醇等，氢既是能源，也是物质。于是，传统的能源行业将从资源行业变成制造业，绿色能源的产业链即将大大拉长。

总之，借助于可再生能源制取的绿氢和燃料电池将实现交通零碳化，并造福于工业其他领域的零碳化。

第 2 章

燃料电池汽车电化学电源原理及建模

2.1 电化学电源基本原理

电能是现代生活不可或缺的,其来源多种多样,如太阳能、风能、核能、水势能、化学能。电化学电源(电池)便是直接将化学能转化为电能的装置。在电化学电源中,至少两种物质进行化学反应释放能量,并在限定的电压和时间下以电流的形式被利用。与化学能发电的另外一种方式——燃料燃烧发电(热电厂)相比,电化学电源的能量转换在没有任何中间步骤的情况下进行。能量效率高是电化学电源的突出优点之一。

不难想象,要弄清楚电化学电源的基本原理,首先需要具备电化学的基本知识理论。事实上,电化学便是研究化学反应和电相互作用的一门学科,电化学电源是该学科的重要研究对象。在电源中,由于涉及能量转换,我们将从热力学出发,结合电化学基本原理,阐明电化学电源内部的热力学和动力学的原理。

2.1.1 热力学基础与电压的产生

热力学作为物理学的一个分支,旨在研究能量以及能量转化(在做功、热能、电能以及其他形式能量之间)的性质和规律。如前文所述,在电化学电源中存在化学能和电能相互转化过程,因此,热力学在分析燃料电池和锂离子电池理论转换效率或可提取电能上限时非常有用。

1 内能

内能是系统所包含的能量,而在热力学里,按照系统与外接的相互关系可将系统分为三类。当系统与周围环境没有任何相互作用,则该系统被称为孤立系统,且其内能会维持定值。严格说来,任何系统都要受到外界影响,自然界并不真正存在孤立系统。然而,在一段时间内,当系统所受的外界作用对所研究问题的影响小到可以忽略不计时,我们就可以近似地将它看作孤立系统,譬如将中性气体放在绝热性能很好的由固定弹性壁做成的匣子内,又不计重力的影响,这就可以把它近似地看作孤立系统。当系统被封闭容器与外界隔离开时,它与外界便没有物质交换,该系统被称为封闭系统,例如被密封在气缸内的气体。由于容器壁可以移动或传热，从而使封闭系统与外界之间可以进行能量交换。除孤立系统和封闭系统外，还有一种就是开放系统，所谓开放系统，就是与外界既有能量交换又有物质交换的系统，如敞口容器里放着的水。

由以上描述可知，燃料电池可以视为热力学意义上的开放系统，而锂离子电池可以视为热力学意义上的封闭系统。

内能是系统的一种状态函数（简称态函数），可以表达为系统的某些状态参量（如压强、体积等）的某种特定的函数，函数的具体形式取决于具体的物质系统（具体地说，取决于物态方程）。内能是指系统所含有的能量，是分子无规则运动能量总和的统计平均值，分子无规则运动的能量包括分子的动能、分子间相互作用的势能以及分子内部运动的能量。内能会因系统能量的增损而随之改变，如系统的内能可能因对系统加热、对系统做功、添加或移除物质而改变，内能不包含因外部力场而产生的系统整体之动能与势能。

2 电化学电源的热力学基础

（1）热力学第一定律

封闭系统内能的变化取决于系统（从外界）所吸收的热量以及外界对系统所做的功，其实质就是热力学第一定律，即系统的内能可以转换为热能或者对环境做的功。系统与环境之间的能量可以通过做功和传热两种方式进行传递，其数学表达式如下：

$$dU = dQ - W \tag{2-1}$$

从上式可以看出，在封闭系统中，只有热量和功与周围环境进行交换，也就是说，没有物质跨越系统边界。热力学第一定律也被称为能量守恒定律，其否认了第一类永动机的可行性，即不存在不消耗能量就可以做功的机械。

（2）热力学第二定律

按照能量守恒定律，热和功应该是等价的，可是根据18世纪热力学工程实践的经验，特别是人们对热机技术效率的改进以及对永动机这一梦想孜孜不倦的追求，人们发现热和功并不是完全相同的，因为功可以完全变成热而不需要任何条件，而热产生功却必须伴随有热向冷的耗散。

关于热力学第二定律的表述方法有很多种，从热机角度，开尔文提出："不可能制成一种循环动作的热机，从单一热源取热，使之完全变为功而不引起其他变化"，否定了第二类永动机的可能性。

热力学第二定律更为形式化的表达来源于熵的概念，人们对熵的概念的深入理解揭示了热力学第二定律更为深远的意义。熵是由德国物理学家克劳修斯于1865年提出的，他将一个热力学系统中熵的改变定义为

$$dS = dQ_{rev}/T \tag{2-2}$$

即熵是在一个可逆过程中输入热量相对于温度的变化率，也就是说，温度越高，输入同样的热量，系统熵增加就越小。

1877年左右，奥地利数学家和物理学家玻尔兹曼将熵与系统的微观状态数联系起来，提出熵的统计物理学解释，熵和宏观系统的微观状态数 P 满足以下简单关系：

$$S = k \ln P \tag{2-3}$$

式中，k 为玻尔兹曼常数，取值为 1.3806×10^{-23} J/K；P 为宏观系统的微观状态数。

该式表明，当系统的分子不确定性或随机性增加时，其熵就增加，也就是说，熵可以被视为一个系统中的无序程度的度量。玻尔兹曼对熵的解释和克劳修斯对熵的解释在热力学中是等价的，但玻尔兹曼的微观视角更具普适性，因此也更有穿透力，后来也被引入信息领域和生命领域。

根据克劳修斯提出的熵的概念，可以用不等式的方式表达热力学第二定律：

$$dS \geq \frac{dQ}{T} \tag{2-4}$$

上式仅对可逆过程取等于符号，对于不可逆过程则取大于符号。也就是说，热力学第二定律可以用熵增来表达，该定律指出封闭系统的熵总是增加或保持不变，即不可逆热力过程中，熵的微分总是大于零，或者说，在自然过程中，一个孤立系统的总混乱度（即熵）不会减小。

3 焓变、焓与反应焓

根据热力学第一定律，当一个系统能量增加后，能量的增量一部分成为系统的内能，另一部分对外做功，进一步假设这个系统对外界做功只通过增加自身体积，即靠推开外界气体来实现自身膨胀，并且外界气体压强恒定为 p，则做功为 $W = pdV$。人们把这个系统增加的总能量定义为"焓变"，用 dH 表示，内能的改变量用 dU 表示，这个物体对外做的功用 W 表示，那么得到

$$dH = dU + pdV \tag{2-5}$$

也就是说，焓变是系统在恒压条件下的变化量，是系统在反应过程中吸收的热量。有了焓变的概念，可以进一步定义焓为

$$H = U + pV \tag{2-6}$$

焓是表征系统能量的一个重要状态参量，焓是系统的状态函数，与变化的途径无关，表示系统内能加上其体积与外界作用于该系统的压强的乘积的总和。在一定状态下，系统的焓应有一定值，但现在无法测定焓的绝对值，对热力学来

说，重要的是焓的变化值，这是可以通过实验测量的。事实上，焓变的概念也是先于焓的概念而出现的。

在分析热机或开放系统的能量交换时，焓是常用的参数，焓这一概念的引入，大大简化了很多热力学过程的计算。

在热机研究中，需要了解燃料的放热潜能，即能够从燃料中提取的最大能量。据焓变的表达式，在常压条件下，$dp=0$，所以

$$dH = dU = TdS = dQ \tag{2-7}$$

从上式可以看出，在常压条件下，燃料燃烧就是燃料所释放（或吸收）的热量，可以用反应焓这个概念来表征。反应焓可以根据反应物与生成物的生成焓计算，即产热等于产物焓$H_{product}$与反应物焓之差$H_{reactant}$，即

$$Q = H_{product} - H_{reactant} \tag{2-8}$$

如果产物和反应物处于同一状态，则该产热完全是由于系统化学成分的变化引起的，这可以视为反应性质，然后定义反应焓，以量化完整反应中的热量。

对于反应

$$aA + bB = mM + nN \tag{2-9}$$

它的反应焓可以通过下式计算：

$$\Delta h_{rxn}^0 = \left[m\Delta h_f^0(M) + n\Delta h_f^0(N) \right] - \left[a\Delta h_f^0(A) + b\Delta h_f^0(B) \right] \tag{2-10}$$

出于方便工程应用的目的，反应焓也可以查表获取，部分物质的标准摩尔生成焓见表2-1。

表2-1 25℃、1atm条件下的物质生成焓（h_f）、吉布斯生成函数（g_f）和绝对熵（s_f）

物质	化学式	h_f/(kJ/mol)	g_f/(kJ/mol)	s_f/[kJ/(mol·K)]
氢气	H_2(g)	0	0	0.13068
氧气	O_2(g)	0	0	0.20504
氮气	N_2(g)	0	0	0.19161
碳	C(s)	0	0	0.00574
一氧化碳	CO(g)	−110.530	−137.150	0.19765
二氧化碳	CO_2(g)	−393.520	−394.360	0.31280
水蒸气	H_2O(g)	−241.820	−228.590	0.18883
水	H_2O(l)	−285.830	−237.180	0.06992
甲烷	CH_4(g)	−74.850	−50.790	0.18616
氢原子	H(g)	+218.000	+203.290	0.11472
氧原子	O(g)	+249.190	+231.770	0.16106
氮原子	N(g)	+472.650	+455.510	0.15330

注：1atm=101.325kPa。

对于燃烧反应，反应焓通常被称为燃烧焓，并表示为 h_c。工程应用中更常见的是将燃料热值的概念用于量化给定量燃料燃烧释放的热量，它以每单位质量燃料物质释放的能量为单位，如 kJ/kg。常用的三种热值为高热值（HHV）、低热值（LHV）和总热值（GHV）。

氢气燃烧生成水的过程中对外传递的最大能量就是氢的燃烧焓，通过将燃烧产物恢复到燃烧前的原始温度（通常为25℃的室温）来确定 HHV，尤其是使产物处于冷凝状态，也就是说，HHV 是假设燃烧产生的水处于液态时的热量。HHV 考虑了其产物水的汽化潜热，与 HHV 不同的是，LHV 减去了水蒸发的潜热 h_{fg}。

GHV 是将废气中的水视为蒸汽时产生的热量，包括燃烧前燃料中的液态水。该值对于木材或煤炭等燃料非常重要，因为这些燃料在燃烧前含有一定量的水，GHV 用于量化燃料中储存的热能或燃料释放的能量。

例如，可使用表 2-1 中的生成焓数据评估 25℃ 和 1 atm 条件下式（2-10）中描述的氢气燃烧焓，所有的反应物和生成物都位于 25℃ 和 1atm 条件下，氢气和氧气的生成焓为零，则

$$h_c = h_{product} - h_{reactant} = h_{f,H_2O} = -285.8 \text{kJ/mol} \tag{2-11}$$

定义基于生成液态水的燃烧焓为 HHV，而基于生成水蒸气的燃烧焓为 LHV，那么有 HHV = 285.8kJ/mol，LHV = 241.8kJ/mol，两者的差值是 44kJ/mol，这个值就是水的潜热，如下式所示：

$$LHV = h_c(\text{当产物为液态水时}) = HHV - h_{fg} \tag{2-12}$$

$$H_2 + \frac{1}{2}O_2 = H_2O(g), \Delta h_{rxn} = -241.8 \text{kJ/mol} \tag{2-13}$$

$$H_2 + \frac{1}{2}O_2 = H_2O(l), \Delta h_{rxn} = -285.8 \text{kJ/mol} \tag{2-14}$$

4 吉布斯自由能与热力学电压（标况下的电池电动势）

如热力学第二定律所述，热不能全部转化为功，由于不可逆性，熵会增加，可逆过程中产生的废热可用下式计算：

$$dQ_{rev} = TdS = dH - dG \tag{2-15}$$

查表 2-1，按照生成的水为液态水，计算燃料电池反应过程前后熵之差可得到：

$$\Delta S = (s_f)_{H_2O} - (s_f)_{H_2} - \frac{1}{2}(s_f)_{O_2} = -0.163 \text{kJ/(mol·K)} \tag{2-16}$$

由上式可知，如果按照25℃，即298K的条件，每摩尔48kJ的能量转换为热能，即可以转化做功的最大能量为237kJ/mol。由以上例子可以看出，为了计算最大可以做功的能量，就需要引出吉布斯自由能的概念。

吉布斯自由能 G 是内能以及通过置换周围环境并确定其体积和压力为其腾出空间所需的部分能量，但不包括涉及热传递的能量。吉布斯自由能代表可以从系统中提取的有用能量，从数学上讲，它可以表示为

$$G = U + pV - TS = H - TS \quad (2\text{-}17)$$

其微分形式如下：

$$dG = dU + pdV + Vdp - TdS - SdT \quad (2\text{-}18)$$

在质子交换膜燃料电池中，反应条件被近似看作符合恒定温度、电堆两端气体压力恒定，即式（2-18）中 SdT 项和 Vdp 项变为零。根据焓变表达式，可将反应的吉布斯自由能差简化如下：

$$\Delta G = \Delta H - T\Delta S \quad (2\text{-}19)$$

因此，在25℃下，对于燃料电池发生的反应，可计算出其反应的吉布斯自由能为-237kJ/mol。反应所释放的反应热为 $\Delta H = -285$ kJ/mol，其中48kJ/mol的能量转换为热能，其吉布斯自由能可转换为电能加以利用，也就是说，如果反应物前后的温度都是25℃，质子交换膜燃料电池的理论最高效率可达83%。

不同于燃烧做功，燃料电池是将氢、氧的反应焓转化为电能，即

$$dG = -W_e \quad (2\text{-}20)$$

而一般情况下，电功是电荷和电位的乘积，即

$$W_e = qE \quad (2\text{-}21)$$

式中，W_e 为电功（kJ/kmol）；q 为电荷（C/mol）；E 为电位（V）。

每消耗1mol氢气时，燃料电池反应中转移的总电荷量等于

$$q = nN_{Avg}q_e \quad (2\text{-}22)$$

式中，n 为每个氢分子的电子数，$n=2$；N_{Avg} 为每摩尔的分子数（阿伏伽德罗常数），$N_{Avg}=6.022 \times 10^{23}$ 个/mol；q_e 为1个电子的电荷量，$q_e = 1.602 \times 10^{-19}$ C。

阿伏伽德罗常数与一个电子电荷量的乘积为法拉第常数 F，即 $F=96485$ C/电子。

因此，电功为

$$W_e = nFE \quad (2\text{-}23)$$

如上所述，燃料电池中产生的最大电能对应于吉布斯自由能变化量 ΔG，即

$W_e = -\Delta G$,那么燃料电池的理论电位为

$$E = \frac{-\Delta G}{nF} \quad (2-24)$$

由于 ΔG、n 和 F 均已知,则可通过下式计算出氢/氧燃料电池的理论电位,在 25℃下,氢/氧燃料电池的理论电位为 1.23V。

$$E = \frac{-\Delta G}{nF} = \frac{237340 \text{J/mol}}{2 \times 96485 \text{C/mol}} = 1.23\text{V} \quad (2-25)$$

与燃料电池不同,锂离子电池中的反应不是气体反应,而是固体中的反应。蓄电池电极随着锂的嵌入脱出表现出各种各样的电化学、晶体学、热力学和动力学特性,电极的性质与其主要材料的晶体结构、锂浓度和颗粒状态密切相关。在研究热力学问题时,锂离子固体中反应的复杂性远大于燃料电池中可近似看成理想气体反应的复杂性,但跳过复杂的中间过程,同样可以用反应物自由能的变化来解释电池电位的产生。对于锂离子电池,以锰酸锂作为锂离子电池正极活性材料来说,假定反应中传递的电子数为 1mol,则吉布斯自由能变化为 $\Delta G = -413$kJ/mol,得到理论电势为

$$E = \frac{-\Delta G}{nF} = \frac{413000 \text{J/mol}}{1 \times 96485 \text{C/mol}} = 4.25\text{V} \quad (2-26)$$

同样的道理,对于镍氢蓄电池和铅酸蓄电池,也可以用式(2-26)求出其理论电位,即电动势。可见,无论是燃料电池还是锂离子电池,电动势的产生均满足热力学基本定律。

2.1.2 电化学基础与极化

1 能斯特方程与能斯特电位

化学电源工作时必须能够提供源源不断的电流,这靠的就是电极上源源不断地进行着放出电子的阳极反应及吸收电子的阴极反应,能斯特(Nernst)在 1891 年阐明了电极反应的吉布斯自由能差(ΔG)与电动势 E 之间的热力学关系,即式(2-24)的变形

$$\Delta G = -nFE \quad (2-27)$$

对于一个等温过程,可将吉布斯自由能的变化表示为

$$dG = V_m dp \quad (2-28)$$

式中,V_m 为摩尔体积(m³/mol);p 为压强(Pa)。

对于理想气体，有以下基本定律

$$pV_m = RT \tag{2-29}$$

将式（2-29）代入式（2-28）中，可得

$$dG = RT\frac{dp}{p} \tag{2-30}$$

积分后可得

$$G = G_0 + RT\ln\left(\frac{p}{P_0}\right) \tag{2-31}$$

式中，G_0 为在标准温度和压力下（25℃和 1atm）的吉布斯自由能；P_0 为基准或标准气压（即 1atm 或 101.325kPa）。

对于任何化学反应

$$jA + hB \longrightarrow mC + nD \tag{2-32}$$

吉布斯自由能的变化是产物和反应物之间的变化，与化学计量数线性组合，即满足

$$\Delta G = mG_C + nG_D - jG_A - kG_B \tag{2-33}$$

代入式（2-31）可得著名的能斯特方程

$$\Delta G = \Delta G_0 + RT\ln\left[\frac{\left(\frac{P_C}{P_0}\right)^m\left(\frac{P_D}{P_0}\right)^n}{\left(\frac{P_A}{P_0}\right)^j\left(\frac{P_B}{P_0}\right)^k}\right] \tag{2-34}$$

根据式（2-27）的自由能变化（ΔG）与电动势 E 之间的热力学关系，可计算得到能斯特电位

$$E = E_0 + \frac{RT}{nF}\ln\left[\frac{\left(\frac{P_C}{P_0}\right)^m\left(\frac{P_D}{P_0}\right)^n}{\left(\frac{P_A}{P_0}\right)^j\left(\frac{P_B}{P_0}\right)^k}\right] \tag{2-35}$$

式中，E_0 为标准状态下电动势。

能斯特方程描述了氧化还原电极电势与反应物浓度大小之间的关系，如果一个电极遵循能斯特方程，那么我们就说这个电极是可逆的，反之则是不可逆的，所谓极化就是这种不可逆的体现。

2 电池极化过程与电化学电压

在电极反应中，电荷在金属-溶液界面上转移，发生氧化反应或者还原反应，如果因电流通过引起的化学反应的量与所通过的电量成正比，则称这个过程为法拉第过程。当电极处于平衡状态，电极上无电流通过时，这时的电极电位分别称为阳极平衡电位和阴极平衡电位。

热力学平衡过程与可逆现象紧密相连。可逆过程或平衡过程的反应速率是很小的，但实际可用的电池的反应过程必须有一定的速率，有时还要求有很高的速率，例如电动汽车对燃料电池的要求之一是其必须能够以高电流密度放电，即要求反应速率很大，这样必然产生偏离平衡值的现象。在有电流通过时，随着电极上电流密度的增加，电极实际反应电位值相对于平衡值的偏离也越来越大，这种由于法拉第电流通过体系而使电极电位偏离平衡电位的现象被称为极化。

极化现象的结果是电极电位或电池电动势与平衡值的偏离，即与可逆电位的偏离。某一电流密度下，电极电位与可逆电极电位的差值称为过电位或超电位。习惯上总是把过电位表示为正值，所以当实际电位比可逆电位更低时，计算过电位时应该是可逆电位值减去实际电位值；当实际电位比可逆电位更高时，则过电位的值是实际电位值减去可逆电位值。塔费尔（Tafel）发现过电位 η 与电流密度 i 的对数之间呈线性关系，即塔费尔方程，该方程如下：

$$\eta = a + b \lg i \tag{2-36}$$

这是一个经验公式，后来的研究证实，很多电化学极化现象造成的过电位与电流密度都有这种关系，因此，是否符合该公式成为判断某反应是否是电化学极化的方法之一。

式（2-36）中，当 i 为 1，即为单位电流密度时，对数项为零，$\eta = a$。因此，a 的意义是单位电流密度下电极的过电位，它与电极材料、溶液组成及温度有关，当溶液组成与温度一定时，a 值就反映出材料本性与过电位的关系。b 值是斜率，反映出过电位随电流密度的对数的变化率，它与材料的关系不大，常常反映出电极过程的机理。

3 电化学反应动力学

（1）反应速率

电化学反应既包括电荷转移，也包括吉布斯自由能的变化。电化学反应的速率由电荷从电解质转移到固体电极所必须克服的活化能垒决定。电极表面上进行电化学反应的速率即释放或消耗电子的速率，这就是电流，而电流密度是指单位表面面积上的电流（电子或离子）。根据法拉第定律，电流密度与转移电荷和单位面积的反应物消耗成正比，表示为

$$i = nFj \tag{2-37}$$

式中，nF 为转移电荷（C/mol）；j 为单位面积的反应物通量 [mol/(s·cm)]。

因此，反应速率可由置于电池外部的电流测量装置很容易地进行测量，然而，所测电流或电流密度实际上是净电流，即电极上的正向电流与反向电流之差。一般情况下，电化学反应包括组分的氧化或还原，即

$$Red \longrightarrow Ox + ne^- \tag{2-38}$$

$$Ox + ne^- \longrightarrow Red \tag{2-39}$$

在使用氢气和氧气作为反应物的质子交换膜燃料电池中，阳极反应为氢的氧化反应。其中，氢失去电子且生成质子和电子。阴极反应为氧的还原，氧结合电子与质子，并生成水。在锂离子电池中，充电时 Li^+ 从正极脱出，经电解质嵌入负极，负极处于富锂状态，正极处于贫锂状态，同时电子的补偿电荷则从外电路供给石墨负极，确保电荷的平衡，放电时则相反，Li^+ 从负极脱出，经电解液嵌入正极材料中。

在电极处于平衡条件下，即没有外部电流产生时，氧化和还原两个过程均以相同的速率发生，即有下式

$$Ox + ne^- \longleftrightarrow Red \tag{2-40}$$

反应物组分的消耗与其表面浓度成正比，对于式（2-40）描述的正向反应，其通量为

$$j_f = k_f C_{Ox} \tag{2-41}$$

式中，k_f 为正向反应（还原）速率系数（s^{-1}）；C_{Ox} 为反应组分表面浓度（mol/cm²）。

同理，对于式（2-40）描述的逆向反应，其通量为

$$j_b = k_b C_{Red} \tag{2-42}$$

式中，k_b 为逆向反应（氧化）速率系数（s^{-1}）；C_{Red} 为反应组分表面浓度（mol/cm²）。

两种反应均释放或消耗电子，产生的净电流是释放电子和消耗电子之差，即

$$i = nF(k_f C_{Ox} - k_b C_{Red}) \tag{2-43}$$

尽管反应过程是在正向和反向上同时发生，但在达到平衡时，净电流为零，平衡状态下这些反应的速率称为交换电流密度。

（2）反应速率系数

过渡状态理论认为，反应物分子并不只是通过简单碰撞直接形成产物，而是

必须经过一个形成高能量活化络合物的过渡状态，并且达到这个过渡状态需要的一定的活化能，再转化成生成物。此时，对于一个电化学反应，其反应速率系数为吉布斯自由能的函数：

$$k = \frac{k_B T}{h} \exp\left(\frac{-\Delta G}{RT}\right) \quad (2\text{-}44)$$

式中，k_B 为玻尔兹曼常数，$k_B = 1.38 \times 10^{-23} \text{J/K}$；$h$ 为普朗克常量，$h = 6.626 \times 10^{-34} \text{J} \cdot \text{s}$。

电化学反应的吉布斯自由能可包括化学能项和电能项。在此情况下，对于还原反应

$$\Delta G = \Delta G_{ch} + \alpha_{Red} FE \quad (2\text{-}45)$$

而对于氧化反应

$$\Delta G = \Delta G_{ch} - \alpha_{Ox} FE \quad (2\text{-}46)$$

式中，ΔG_{ch} 为吉布斯自由能的化学能分量；α 为转移系数；F 为法拉第常数；E 为电位。

由此，式（2-40）中的正向（还原）和反向（氧化）反应速率系数分别为

$$k_f = k_{0,f} \exp\left(\frac{-\alpha_{Red} FE}{RT}\right) \quad (2\text{-}47)$$

$$k_b = k_{0,b} \exp\left(\frac{\alpha_{Ox} FE}{RT}\right) \quad (2\text{-}48)$$

（3）电流与电位的关系：巴特勒 - 福尔默方程

将净电流代入式（2-43），可得到电流密度为

$$i = nF\left[k_{0,f} C_{Ox} \exp\left(\frac{-\alpha_{Red} FE}{RT}\right) - k_{0,b} C_{Red} \exp\left(\frac{\alpha_{Ox} FE}{RT}\right)\right] \quad (2\text{-}49)$$

虽然反应是在两个方向上同时发生，但在达到平衡时，电位为 E_r 且净电流为 0。平衡状态下，这些反应的速率被称为交换电流密度，表示为

$$i_0 = nFk_{0,f} C_{Ox} \exp\left(\frac{-\alpha_{Red} FE_r}{RT}\right) = nFk_{0,b} C_{Red} \exp\left(\frac{\alpha_{Ox} FE_r}{RT}\right) \quad (2\text{-}50)$$

联立式（2-49）和式（2-50），可得电流密度和电位之间的关系为

$$i = i_0 \left\{ \exp\left[\frac{-\alpha_{Red} F(E - E_r)}{RT}\right] - \exp\left[\frac{\alpha_{Ox} F(E - E_r)}{RT}\right] \right\} \quad (2\text{-}51)$$

式（2-51）称为巴特勒 - 福尔默（Butler-Volmer）方程，其中，E_r 为可逆电位或平衡电位。在电化学反应中，阴阳两极分别发生的还原与氧化反应的可逆电位或平衡电位并不相同，例如燃料电池阳极上的可逆电位为 0V，而燃料电池阴极上的可逆电位为 1.23V（25℃和 1atm 下）。电极电位和可逆电位之差称为过电位，这是产生电流所需的电位差。

对于电化学中的阳极反应和阴极反应，巴特勒 - 福尔默方程均有效，即

$$i_a(阳极) = i_{0,a} \left\{ \exp\left[\frac{-\alpha_{Red,a} F(E_a - E_{r,a})}{RT}\right] - \exp\left[\frac{\alpha_{Ox,a} F(E_a - E_{r,a})}{RT}\right] \right\} \quad (2\text{-}52)$$

$$i_c(阴极) = i_{0,c} \left\{ \exp\left[\frac{-\alpha_{Red,c} F(E_c - E_{r,c})}{RT}\right] - \exp\left[\frac{\alpha_{Ox,c} F(E_c - E_{r,c})}{RT}\right] \right\} \quad (2\text{-}53)$$

阳极上的过电位为正（$E_a > E_{r,a}$），这使得式（2-52）中的第一项相比较于第二项可忽略，即以氧化电流为主，则等式可简化为

$$i_a = -i_{0,a} \exp\left[\frac{\alpha_{Ox,a} F(E_a - E_{r,a})}{RT}\right] \quad (2\text{-}54)$$

注意，所产生的电流为负，表示电子正在离开电极（净氧化反应）。

同理，阴极上的过电位为负（$E_a < E_{r,c}$），这使得式（2-53）中的第一项远大于第二项，即以还原电流为主，则等式可简化为

$$i_c = i_{0,c} \exp\left[\frac{-\alpha_{Red,c} F(E_c - E_{r,c})}{RT}\right] \quad (2\text{-}55)$$

注意，式（2-54）和式（2-55）并不适用于 i 值非常小的情况。

2.1.3 电压损耗机理与电池内阻

通过上文的分析可以看到，包含了氧化还原反应的电化学电源具有特定的电动势，而充放电电流的存在导致电源内部反应极化，产生电压损耗。图 2-1 所示为质子交换膜燃料电池的极化曲线。从中可以看到，极化分为活化极化、欧姆极化和浓差极化。活化极化是化学反应进行时产生的极化；欧姆极化是由于电池有电阻，甚至由于子反应产物的附着造成的电阻等产生的极化；浓差极化是电化学反应进行时反应物浓度的变化造成电极电位对平衡值的偏差。

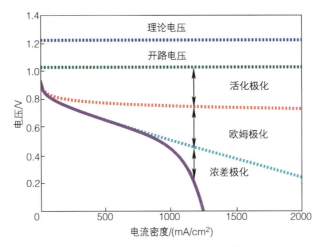

图 2-1 质子交换膜燃料电池的极化曲线

电气行业中倾向于将极化称为电压损耗,但(电)化学行业中则采用极化或过电位等术语,其物理含义都相同,即均值电极电位和平衡电位之差。从电化学的观点来看,该电位差用于驱动反应发生;而从电气行业的观点来看,该电位差表征电压和功率的损耗。

1 活化极化(损耗)

见式(2-51),需要平衡状态下的电位差来驱动电化学反应进行,这称为活化极化,如图 2-2 所示。其与电极过程动力学速度相关,交换电流密度越高,活化极化损耗越小。在阳极和阴极都会产生这些损耗,然而,氧的还原反应需要更高的过电位,即氧的还原反应比氢的氧化反应慢得多。

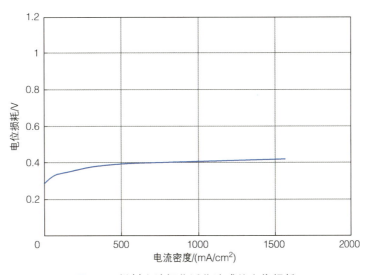

图 2-2 燃料电池极化活化造成的电位损耗

正如上述讨论，当负过电位相对较高时（即电极电位低于平衡电位），如燃料电池阴极处的过电位，巴特勒-福尔默方程中的第一项占主导，从而可将电位表达式看作电流密度的函数[根据式（2-55）]：

$$\Delta V_{\mathrm{act,c}} = E_{\mathrm{r,c}} - E_{\mathrm{c}} = \frac{RT}{\alpha_{\mathrm{c}}F}\ln\left(\frac{i}{i_{0,\mathrm{c}}}\right) \qquad (2\text{-}56)$$

同理，在阳极具有正过电位（即高于平衡电位）时，巴特勒-福尔默方程的第二项成为主导：

$$\Delta V_{\mathrm{act,a}} = E_{\mathrm{a}} - E_{\mathrm{r,a}} = \frac{RT}{\alpha_{\mathrm{a}}F}\ln\left(\frac{i}{i_{0,\mathrm{a}}}\right) \qquad (2\text{-}57)$$

注意，根据定义，电化学中氢的氧化反应的可逆电位在任何温度下均为0，这就是采用标准氢电极作为参考电极的原因。因此，对于氢阳极，$E_{\mathrm{r,a}} = 0\mathrm{V}$。氢的氧化反应的活化极化远小于氧的还原反应的活化极化。

正如前文所提到的，一种表征活化损耗的简化方法是采用所谓的塔费尔方程，即式（2-36）。作为一种经验方程，与式（2-57）和式（2-56）具有同样的形式。

值得注意的是，在任意给定温度下，塔费尔斜率仅取决于转移系数 α，如果以对数标度绘制电压-电流关系，则可以线性化，从而很容易地计算出主要参数 a、b 和 i_0（图2-3）。

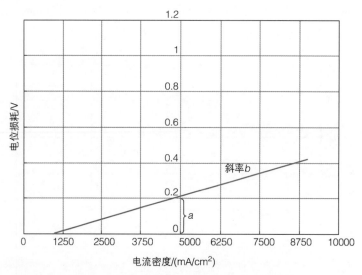

图2-3 对数标度下活化极化引起的电位损耗

如果这些活化极化是燃料电池的唯一损耗，则电池电位可写为

$$E_{cell} = E_c - E_a = E_r - \Delta V_{act,c} - \Delta V_{act,a} \tag{2-58}$$

$$E_{cell} = E_r - \frac{RT}{\alpha_c F}\ln\left(\frac{i}{i_{0,c}}\right) - \frac{RT}{\alpha_a F}\ln\left(\frac{i}{i_{0,a}}\right) \tag{2-59}$$

如果忽略阳极极化，则上式变为

$$E_{cell} = E_r - \frac{RT}{\alpha_c F}\ln\left(\frac{i}{i_0}\right) \tag{2-60}$$

这与式（2-36）的塔费尔方程形式相同。

2 欧姆极化（损耗）

欧姆损耗的发生是电解质中对离子流的阻抗以及对流过电池导电元件的电子流的阻抗，根据欧姆定律，这些损耗可表示为

$$\Delta V_{ohm} = iR_i \tag{2-61}$$

式中，i 为电流密度（mA/cm^2）；R_i 为电池总内阻，包括离子电阻、电子电阻和接触电阻（$\Omega \cdot cm^2$），见式（2-62）。

$$R_i = R_{i,i} + R_{i,e} + R_{i,c} \tag{2-62}$$

R_i 的典型值介于 $0.1 \sim 0.2\Omega \cdot cm^2$。图 2-4 给出了燃料电池的欧姆损耗。图 2-5 所示为燃料电池中的浓度极化损耗。

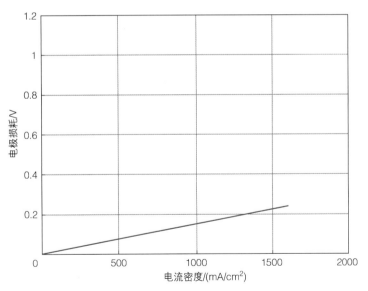

图 2-4 燃料电池的欧姆损耗（$R_i = 0.15\Omega \cdot cm^2$）

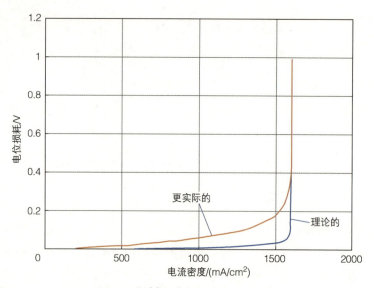

图 2-5　燃料电池中的浓度极化损耗

3 浓差极化

当电化学反应中反应物在电极上快速消耗以形成浓度梯度时，就会发生浓差极化。之前已知电化学反应的电位会随着反应物的部分压力而变化，且这种关系可由能斯特方程描述，即

$$\Delta V = \frac{RT}{nF}\ln\left(\frac{C_B}{C_S}\right) \quad (2\text{-}63)$$

式中，C_B 为反应物总浓度（mol/s）；C_S 为催化剂表面的反应物浓度（mol/s）。

根据一维扩散过程的菲克（Fick）定律，反应物通量与浓度梯度成正比，即

$$N = \frac{D(C_B - C_S)}{\delta}A \quad (2\text{-}64)$$

式中，N 为反应物通量（mol/s）；D 为反应物组分的扩散系数（cm²/s）；A 为电极活化面积（cm²）；δ 为扩散距离（cm）。

在稳态下，电化学反应中反应物的消耗速率等于扩散通量，即

$$N = \frac{1}{nF} \quad (2\text{-}65)$$

联立式（2-64）和式（2-65），可得以下关系式：

$$i = \frac{nfD(C_B - C_S)}{\delta} \quad (2\text{-}66)$$

由此可得，催化剂表面处的反应物浓度取决于电流密度，即电流密度越高，

对应的表面浓度越低。当消耗速率与扩散速率相等时，表面浓度达到 0，也就是说，反应物的消耗速率与其到达表面的速率相同，由此导致催化剂表面的反应物浓度等于 0，此时的电流密度称为极限电流密度。由于催化剂表面没有更多的反应物，因此，燃料电池产生的电流不会超过极限电流，由此，对于 $C_S = 0$，$i = i_L$，极限电流密度为

$$i_L = \frac{nFDC_B}{\delta} \qquad (2\text{-}67)$$

联立式（2-63）、式（2-66）和式（2-67），可得由于浓度极化引起的电压损耗关系式：

$$\Delta V_{\text{conc}} = \frac{RT}{nF} \ln\left(\frac{i_L}{i_L - i}\right) \qquad (2\text{-}68)$$

一旦接近极限电流密度，根据式（2-68）可以计算得出 ΔV_{conc} 急剧上升，从而会得出电池电位急剧下降的结论。然而，由于多孔电极区域中分布不均匀，在实际的燃料电池中几乎不会达到极限电流。当达到极限电流密度时，为实现电池电位的急剧下降，整个电极表面上的电流密度需均匀分布，而这是几乎不可能实现的，因为电极表面由离散粒子组成，某些粒子可能会达到极限电流密度，而其余粒子仍正常工作，在阴极或阳极处均有可能在局部达到极限电流密度。

实际燃料电池达到极限电流时仍不会出现电池电位急剧下降的另一个原因是交换电流密度为催化剂表面反应物浓度的函数。一旦电流密度接近极限电流密度，催化剂表面反应物浓度及其所导致的交换电流密度就接近于零，根据式（2-59）或式（2-60），会导致额外的电压损耗。

基姆（Kim）等人提出了一个描述极化损耗更好的经验公式，即

$$\Delta V_{\text{conc}} = c \exp\left(\frac{i}{d}\right) \qquad (2\text{-}69)$$

式中，c 和 d 为经验系数（但显然，这些系数取决于燃料电池的内部条件，因此，对于每个燃料电池，需用实验确定这些参数）。

2.1.4 电化学电源的电极与电极过程

以上三节的介绍明确了电化学电源的电动势、极化损失等产生机理，本节将介绍如何利用上述原理设计电化学电源的电极，从而形成电极过程，再由两个电极过程之和形成电池，最终实现化学能向电能的转化。

1 电极

电化学电池通常是指由至少一个电解质相分隔的两个电极组成的系统，电位差是电极间电荷移动的驱动力，电池中发生的电化学反应由两个半反应构成，因此，电极也被称为半电池。

电极用于从导电介质（固体、气体、真空或电解质溶液）中输入或导出电流。在电化学体系中，在两个相互接触的导体相中，一个是电子导体相，一个是离子导体相，并且在两相接触的相界面处会发生电荷转移的化学反应，上述体系就构成了一个电极体系。离子导体相一般为液态（如目前锂离子电池的电解液）、导电高分子（如燃料电池的 Nafion 质子交换膜）、固态电解质、熔融盐等，电子导体相（即电极材料）一般称为电极。

对于电化学电源来说，特别是蓄电池，是可以进行充电或放电的，相当于可以分别形成电解池和原电池，原电池和电解池中的电极具有不同的定义。

对于原电池来说，其电极常称为正、负极，规定电极电位高的为正极，电极电位低的为负极；原电池正极发生还原反应，负极发生氧化反应。原电池的电极也可以称阴、阳极。由于原电池的正极（电极电位高）发生还原反应，原电池正极也称阴极；原电池的负极（电极电位低）发生氧化反应，原电池负极也称阳极。

对于电解池来说，电解池两极常称阴、阳极。规定与外加电源正极相连的一极为电解池的阳极，也称正极，发生氧化反应；与外加电源负极相连的一极为电解池的阴极，也称负极，发生还原反应。

2 电极过程

在电化学中，电极过程研究的是化学相界面上电荷的转移过程以及影响因素。习惯上把发生在电极/溶液界面上的电极反应、化学转化，电极附近液层中的传质作用等一系列变化的总和称为电极过程。相应地，有关电极过程速度、机理及其各种影响因素的研究称为电极过程动力学。电极过程是相当复杂的，它是由一系列性质不同的单元步骤组成，一个电极反应至少应包括以下四个步骤。

1）双电层充电步骤：发生在双电层两侧。

2）电子转移步骤：反应物在电极表面的电子得失。该步骤是电极反应的核心。

3）液相传质步骤：反应物粒子自溶液内部向电极表面传递的过程。

4）产物自电极表面向溶液内部传递或是产物形成气体、金属晶体。

上述步骤是串联进行的，因此，最慢的步骤会影响电极过程的速度，被称为决速步骤。在电极反应中，决速步骤是相对的，可以通过改变反应条件而改变。例如：对于某一个电化学反应过程，刚开始是传质过程比较快，电荷转移过程比较慢，但是通过改变外界的温度，会显著提升电荷转移的速度，这样传质步骤便成了决速步骤。如果传质步骤一开始慢于电荷转移步骤,但随后对溶液进行搅拌,这样便会大大提升传质步骤的反应速度,使其快于电荷转移步骤,那么,电荷转移步骤便相对成了决速步骤。

以上是对电极过程简要的介绍,这一过程可以通过建模来实现其数学表达。如用能斯特方程来计算电极电位和电极表面的氧化态物质和还原态物质浓度之间的关系,用法拉第定律表达电化学反应中电流与反应物消耗,用巴特勒-福尔默方程表达电流密度和电位的关系;用欧姆定律表达离子或电子流动形成电流的传导,用菲克定律来表达由浓差形成的扩散过程等。

在本书中论述的锂离子电池为蓄电池,其正极(阴极)常由铝箔涂敷金属氧化物构成,负极(阳极)常为铜箔涂敷石墨构成;锂离子电池是典型的二次电池,即相比于一次电池的不可重复利用性而言,二次电池是具有可逆性的充电电池。锂离子电池的电极为消耗型电极,电池在工作过程中,电极材料中的锂离子在正负电极之间迁移,导致正负电极的锂离子含量不断被消耗或增加,从而影响正负极之间电压的变化。

本书讨论的燃料电池也被称为连续电池,因为在工作过程中,参与电化学反应的活性物质主要是氢气和氧气,质子交换膜燃料电池内存在膜电极,膜电极两侧为空气(正极或阴极)和氢气(负极或阳极),空气和氢气可以源源不断地输入到电池的内部,而电池内的电极材料并没有发生变化,因此,燃料电池也可以被称为电催化电池。

以上电极过程只是对一对极片而言的,其基本理论是统一的,所有的电化学电极过程都有相似性。但一个实际的车用动力蓄电池系统往往由许多极片堆叠而成,因此,对这些具有实际功能的电池的建模就复杂得多,如存在复杂的边界条件设置、反应物的输运、产热、传热及温度场影响、电极过程的不均匀性等。因此,建模过程中既需要考虑实际情况进行具体描述,也要抓住主要矛盾,进行必要的简化。

2.2 燃料电池机理模型

质子交换膜燃料电池的物理化学过程可简述如下。

1)氧气的传递及消耗。因为质子交换膜对于反应气来讲是不可渗透的,故氧气的传递发生在阴极的流道、扩散层和催化层,而氧气的消耗则发生在阴极的催化层。

2）氢气的传递和消耗。与氧气一样，氢气的传递发生在阳极的流道、扩散层和催化层，氢气消耗在阳极催化层。

3）水蒸气在电极中的传递。水的传递贯穿整个 PEMFC，因为水在质子交换膜中的存在状态是不同的，包括气态和液态的，故水蒸气的传递存在于阴阳极的流道、扩散层和催化层，同时还包括气态水和液态水之间的质量交换，在催化层中气态水和 Nafion 相之间的质量交换，以及阴极催化层中水的生成。

4）水在 Nafion 相内的传递。水在 Nafion 相的传递主要发生在阴阳极催化层的相以及质子交换膜内。其中包括在阴阳极催化层内气态水及液态水之间的质量交换。

5）液态水的传递发生在阴阳极的催化层、扩散层和流道中，包括液态水和气相及 Nafion 相之间的质量交换。液态水在流道中的行为主要包括液滴在扩散层表面的吸附和脱离，然后随气体一起运动。

6）质子传递。质子在阳极催化层内产生，通过质子交换膜传递到阴极催化层后消耗，故质子传递发生在阴阳极催化层和质子交换膜内。

7）电化学反应。因电催化剂仅存在于阴阳极的催化层，故电催化反应发生在阴阳极的催化层。

为了方便给出控制方程，对 PEMFC 工作时的情况作如下基本假设。

1）PEMFC 工作时内部温度均匀。

2）因为 PEMFC 在常压左右、小于 100℃ 的条件下工作，故认为气体为理想气体。

3）不考虑氢气和氧气在质子交换膜中的渗透。

4）基于气体流动的低雷诺数，认为气体在流道中的流动为层流。

5）因流道尺寸相对液滴尺寸要大，故流道对液滴成长无约束作用，鉴于气体流速较大时，液滴在扩散层表面的脱落直径较小，为了简化计算，忽略流道壁面和液滴之间可能发生的相互作用。

6）因气体流速较大时，液态水以液滴的形式随气相一起运动，同时在流道的下游有较大量生成的水需要排出，故认为液相在阴极以连续相存在（即可以用流体力学中的动量守恒 N-S 连续性方程来描述液态水的运动），在气体流速很低、扩散层表面液滴很大时，此假设会存在一定误差。

7）除非阳极被严重水淹，一般情况下阳极传质对性能影响较小，故阳极按单相处理。

如图 2-6 所示，PEMFC 中的机理模型包括物质守恒、电荷守恒和电极（反应）过程。以下将分别详细地进行介绍。

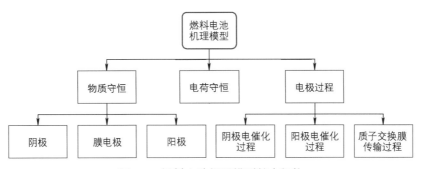

图 2-6 燃料电池机理模型基本架构

2.2.1 燃料电池内部的物质守恒模型

1 阴极中的物质守恒

PEMFC 阴极中存在三种气体，即氧气、水蒸气、氮气，在其反应过程中，处于动态平衡状态时，反应物的消耗速度与供给速度相等，生成物的产生速度与排出速度相等。因为 PEMFC 通常的工作温度是 80℃左右，在此温度下，PEMFC 内部反应产生的水是液态的，而且，如果此时气相中水蒸气饱和的话，则产生的液态水不能充分气化，故在催化层、扩散层和流道内就形成了两相流动状态。由此，氧气和水蒸气的守恒方程如下：

$$\nabla \cdot [\varepsilon^{\text{eff}}(1-s)\rho \boldsymbol{U}_{\text{g}} x_{\text{O}_2}] = S_{\text{d},\text{O}_2} + S_{\text{O}_2} \quad (2\text{-}70)$$

$$\nabla \cdot [\varepsilon^{\text{eff}}(1-s)\rho \boldsymbol{U}_{\text{g}} x_{\text{wv}}] = S_{\text{d},\text{wv}} + S_{\text{w}} \quad (2\text{-}71)$$

式中，ε^{eff} 为扩散修正系数；ρ 为混合气体的密度，$\rho = \dfrac{p}{RT} M_{\text{mix}}$；$\boldsymbol{U}_{\text{g}}$ 为此处物质的流速；S_{O_2} 为氧气的消耗速率；S_{w} 为气相和液相之间的传质速率；x_{O_2}、x_{wv} 分别为氧气和水蒸气的含量，而氮气的含量可通过 $x_{\text{N}_2} = 1 - x_{\text{O}_2} - x_{\text{wv}}$ 得到；S_{d,O_2} 和 $S_{\text{d},\text{wv}}$ 分别为氧气和水蒸气的扩散项；s 为液相体积所占总空间体积的比例，$s = \dfrac{V_{\text{wl}}}{V_{\text{space}}}$。

氧气的消耗主要是参与反应，而水蒸气的消耗则主要为气相向液相的转变与排出，上述各项在不同区域的取值如下所示：

$$S_{\text{O}_2} = \begin{cases} 0, & \text{阴极流道和扩散层,} \\ -\dfrac{J_{\text{c}}}{4F} M_{\text{O}_2}, & \text{阴极催化层} \end{cases} \quad (2\text{-}72)$$

$$S_w = M_w \left[k_c \frac{\varepsilon(1-s)y_w}{RT}(y_w p - p_w^{sat})q + k_e \varepsilon s C_w \frac{(y_w p - p_w^{sat})}{RT}(1-q) \right] \quad (2\text{-}73)$$

式中，J_c 为燃料电池的电流大小；y_w 为水蒸气的摩尔分数；p 为混合气体总压强；p_w^{sat} 为饱和蒸汽压；M_{O_2} 和 M_w 分别为氧气和水蒸气的相对分子质量；C_w 为水蒸气浓度；q 为液相和气相之间传质的切变函数。

水蒸气的消耗分为两部分，第一部分为水蒸气随混合气一起排出，第二部分为相变，由气体变为液体或是由液体变为气体。

在密闭条件中，在一定温度下，与固体或液体处于相平衡的蒸汽所具有的压强称为饱和蒸汽压。同一物质在不同温度下有不同的饱和蒸汽压，并随着温度的升高而增大。水在不同温度下的饱和蒸汽压可以根据以下经验公式得到：

$$\lg(p_w^{sat}) = -2.1784 + 0.02953T - 9.1837 \times 10^{-5}T^2 + 1.4454 \times 10^{-7}T^3 \quad (2\text{-}74)$$

式（2-73）中切变函数 q 的取值及表达式如下

$$q = 0.5 + \frac{|y_w p - p_w^{sat}|}{2(y_w p - p_w^{sat})} \quad (2\text{-}75)$$

从上式可以看出，当气相水蒸气分压小于或等于饱和蒸汽压时，切变函数值为 1；当水蒸气分压大于饱和蒸汽压时，切变函数值为 0。

系数 ε^{eff} 在阴极流道、扩散层和催化层中的取值如下：

$$\varepsilon^{eff} = \begin{cases} 1, & 阴极流道, \\ \varepsilon_{dl}, & 阴极扩散层, \\ \varepsilon_{cl}, & 阴极催化层 \end{cases} \quad (2\text{-}76)$$

在化学反应中，在不考虑浓度扩散的情况下，反应物的流动速度取决于由化学势梯度产生的推动力 F，因此

$$F = -\Delta U \quad (2\text{-}77)$$

化学成分的梯度通常是产生推动力的主要原因，相界上的传递推动力由这一相界上的物质与其平衡组成之间的偏差所产生，额外的推动力可能会产生漂移速度，如由迁移、压力、重力和离心力所产生的力。以下方程显示了由于化学势和电场（迁移）的梯度产生的、作用于化学物质（每摩尔原子、离子或分子）的力。

$$F_i = \underbrace{-RT\nabla \ln a_i}_{\text{Chemical}} \underbrace{-z_i F \nabla \phi}_{\text{Electrical}} \quad (2\text{-}78)$$

式中，R 为气体常数；T 为温度；a_i 为某种物质 i 的活性；z_i 为某种物质 i 的电荷数；F 为法拉第常数；ϕ 为电位，它的负梯度是电场。

这里的"活性"可以理解为系统化学势的热力学测量方式，能够使活性梯度与化学质量传递的推动力相一致。

此处假设某种物质 i 的活性由其摩尔分数给定，用 x_i 表示。对于理想混合物来说，这一假设完全成立。

$$F_i = -RT\frac{1}{x_i}\nabla x_i - z_i F\nabla\phi \tag{2-79}$$

物质 i 所受的力通过该物质与混合物中的其他物质之间相互作用产生的摩擦力进行平衡。作用于 1mol 物质 i 上的摩擦力，同该物质 i 与混合物中的各种其他物质 j 之间的质量速度差、j 的摩尔分数以及 i 与 j 之间的摩擦系数成正比。

$$F_{\text{fric},i} = \sum_{j\neq i}\zeta_{ij}x_j(u_{R,i}-u_{R,j}) \tag{2-80}$$

式中，ζ_{ij} 为物质 i 与 j 之间的摩擦系数；x_j 为物质 j 的摩尔分数；$u_{R,i}$ 为物质 i 相对于整个混合物的质量平均速度的质量物质速度。

请注意，在上述方程中，每种物质的质量速度都以混合物的质量平均速度为参考给出。使用混合速度作为参考时，与混合物具有相同速度（本例中即为不发生扩散或迁移）的物质的 $u_{R,i}$ 值为 0。

此时，联立式（2-79）与（2-80），将推动力设为与作用在物质 i 上的摩擦力完全平衡，即

$$-RT\frac{1}{x_i}\nabla x_i - z_i F\nabla\phi - \sum_{j\neq i}\zeta_{ij}x_j(u_{R,i}-u_{R,j}) = 0 \tag{2-81}$$

摩尔通量定义为

$$J_i = cx_i u_{R,i} \tag{2-82}$$

式中，J_i 为物质 i 相对于混合速度的通量矢量；c 为混合物中所有物质的总浓度。

引入 Maxwell-Stefan 扩散系数：

$$D_{ij} = \frac{1}{\zeta_{ij}RT} \tag{2-83}$$

并使用摩尔通量来消除上述力平衡方程中的 $u_{R,i}$ 和 $u_{R,j}$，即

$$-c\nabla x_i - \frac{z_i Fc}{RT}x_i\nabla\phi = \sum_{j\neq i}\frac{1}{D_{ij}}(x_j J_i - x_i J_j) \tag{2-84}$$

这就是 Maxwell-Stefan 方程，该方程构成了对混合物中化学物质的质量传递进行数学描述的基础。在燃料电池中，因为阴极存在三组分气体，故各组分的扩散量需要由 Maxwell-Stefan 方程得到，该方程原型如下：

$$-\nabla y_k = \sum_{\substack{l=1 \\ l=k}}^{l=n_c} \frac{y_l J_k^* - y_k J_l^*}{CD_{kl}^{\text{eff}}} \tag{2-85}$$

式中，D_{kl} 为两组分质量扩散系数；y_l 为物质 l 的摩尔分数。

式（2-85）代表了 n_c-1 个方程，将各组分扩散通量 J_k^* 写成形如扩散量通量等于扩散系数与浓度梯度之积的形式表示如下：

$$[J_k^*] = -C\boldsymbol{D} \cdot [\nabla y_k] \tag{2-86}$$

式中，$[J_k^*] = \begin{bmatrix} J_1^* \\ J_2^* \end{bmatrix}$；$\boldsymbol{D} = \begin{bmatrix} D_{11} & D_{12} \\ D_{21} & D_{22} \end{bmatrix}$；$[\nabla y_k] = \begin{bmatrix} \nabla y_1 \\ \nabla y_2 \end{bmatrix}$。

将式（2-86）展开得到

$$J_1^* = -D_{11}\nabla y_1 - D_{12}\nabla y_2 \tag{2-87}$$

$$J_2^* = -D_{21}\nabla y_1 - D_{22}\nabla y_2 \tag{2-88}$$

在多组分扩散中，满足各组分扩散之和为零，即

$$\sum_{k=1}^{n_c} J_k^* = 0 \tag{2-89}$$

利用式（2-89）并改写式（2-87）得到

$$\begin{aligned} \bar{D}_{11} &= \frac{D_{13}^{\text{eff}}[y_1 D_{13}^{\text{eff}} + (1-y_1)D_{12}^{\text{eff}}]}{a} \\ \bar{D}_{12} &= \frac{y_1 D_{23}^{\text{eff}}(D_{13}^{\text{eff}} + D_{12}^{\text{eff}})}{a} \\ \bar{D}_{21} &= \frac{y_2 D_{13}^{\text{eff}}(D_{23}^{\text{eff}} + D_{12}^{\text{eff}})}{a} \\ \bar{D}_{22} &= \frac{D_{23}^{\text{eff}}[y_2 D_{23}^{\text{eff}} + (1-y_2)D_{12}^{\text{eff}}]}{a} \\ a &= y_1 D_{23}^{\text{eff}} + y_2 D_{13}^{\text{eff}} + (1-y_1-y_2)D_{12}^{\text{eff}} \end{aligned} \tag{2-90}$$

在文中情况下，1 代表氧气，2 代表水蒸气，则可以得到式（2-70）和式（2-71）右端扩散项如下：

$$S_{\text{d},O_2} = \bar{D}_{11}\nabla y_{O_2} + \bar{D}_{12}\nabla y_{\text{wv}} \tag{2-91}$$

$$S_{\text{d,wv}} = \bar{D}_{21}\nabla y_{O_2} + \bar{D}_{22}\nabla y_{\text{wv}} \tag{2-92}$$

混合气体中质量分数和摩尔分数的转换关系如下：

$$y_k = x_k \frac{M_k}{M_{\text{mix}}} \tag{2-93}$$

式中，y_k 为物质 k 的摩尔分数；x_k 为混合气体的质量分数；M_k 为物质 k 的相对分子质量；M_{mix} 为平均相对分子质量。

混合气体的相对分子质量为

$$M_{mix} = \frac{1}{\dfrac{x_{O_2}}{M_{O_2}} + \dfrac{x_{wv}}{M_w} + \dfrac{1-x_{O_2}-x_{wv}}{M_{N_2}}} \quad (2\text{-}94)$$

气体两组分质量扩散系数可按照下式计算获得：

$$D_{AB} = \frac{1}{p} a \left(\frac{T}{\sqrt{T_{CA}T_{CB}}}\right)^b (p_{CA}p_{CB})^{\frac{1}{3}} (T_{CA}T_{CB})^{\frac{5}{12}} \left(\frac{1}{M_A} + \frac{1}{M_B}\right)^{\frac{1}{2}} \quad (2\text{-}95)$$

式中，T_{Ci} 为气体 i 的临界温度；p_{Ci} 为气体 i 的临界压力（表 2-2）；M_i 为气体 i 的相对分子质量。

表 2-2　四种气体的临界压力和温度

气体	a	b	临界温度（T_C）/K	临界压力（p_C）/atm
氧气	0.0002745	1.823	154.4	49.7
氮气	0.0002745	1.823	126.2	33.5
水蒸气	0.000364	2.334	647.5	218.5
氢气	0.0002745	1.823	33.3	12.8

扩散系数与液相体积所占总空间体积的比例有关，多孔介质中气体有效扩散系数修正如下：

$$D_{AB}^{eff} = D_{AB}[\varepsilon(1-s)]^{1.5} \quad (2\text{-}96)$$

式中，ε 为修正系数，其大小与气体所处场景有关。

2 阳极中的物质守恒

在 PEMFC 中，由于氢电极的交换电流密度比阴极交换电流密度大几个数量级，故在阳极，传质对电极性能的影响远不如在阴极强烈，除非是在阳极被严重水淹的情况下。在本书中，为了简化计算，没有考虑阳极两相流的情况。

阳极的进口气为氢气和水蒸气，气体在阳极的连续性方程为

$$\nabla \cdot (\varepsilon^{eff} \rho \vec{U}) = S_{H_2} - q_{wd} S_{wd} \quad (2\text{-}97)$$

式中，S_{H_2} 为氢气的消耗项；S_{wd} 为气相和 Nafion 相之间的传质；q_{wd} 为式（2-76）中气相和 Nafion 相之间传质的切变函数。

上述各项在不同区域的取值如下：

$$S_{H_2} = \begin{cases} 0, & \text{阳极流道和扩散层,} \\ -\dfrac{J_a}{2F} M_{H_2}, & \text{阳极催化层} \end{cases} \quad (2\text{-}98)$$

$$S_{wd} = \begin{cases} 0, & \text{阴极流道和扩散层,} \\ h_m(\rho_w^g - \rho_w^p), & \text{阴极催化层} \end{cases} \quad (2\text{-}99)$$

式中，J_a 为燃料电池电流大小。

假设气体为理想气体，则混合气体的密度根据理想气体状态方程计算如下：

$$\rho = \frac{p}{RT} M_{\text{mix}} \quad (2\text{-}100)$$

混合气体的摩尔质量为

$$M_{\text{mix}} = \frac{1}{\dfrac{1-x_{\text{wv}}}{M_{H_2}} + \dfrac{x_{\text{wv}}}{M_w}} \quad (2\text{-}101)$$

在阳极仅存在氢气和水蒸气两种组分，故求解气相组成时，只需求解一个组分的方程即可，水蒸气的守恒方程如下：

$$\nabla \cdot (\varepsilon^{\text{eff}} \rho \vec{U} x_{\text{wv}}) = \rho D_{w-H_2}^{\text{eff}} \nabla x_{\text{wv}} - q_{\text{wd}} S_{\text{wd}} \quad (2\text{-}102)$$

氢气质量分数和水蒸气质量分数之间满足下式：

$$x_{\text{wv}} + x_{H_2} = 1 \quad (2\text{-}103)$$

3 膜电极中的物质守恒

（1）水的守恒

在 PEMFC 中，除了质子交换膜外，催化层中也含有一定量的电解质。工作时，质子在阳极催化层产生后，通过催化层中的 Nafion 相和质子交换膜到达阴极催化层，然后被阴极催化反应消耗掉。

同时，质子传递时又伴随水的传递，质子交换膜中的水传递有三种模式：一是由于质子交换膜两侧存在压力差而产生的水通过 Nafion 相由压力高侧向压力低侧的流动；二是质子交换膜两侧存在水浓度差而引起的水扩散；三是质子传递时以水合质子的形式传递，由此引起的水传递，即水的电渗。

根据上述理论得到的水通量表达式如下：

$$N_w = -D_w \nabla C_w + \lambda \frac{2.5i}{22F} + C_w \vec{U} \quad (2\text{-}104)$$

式中，等式右侧三项的物理意义分别是：浓差扩散、电渗、对流引起的水传递。

考虑催化层内气相和 Nafion 相之间的质量传递，Nafion 相内水守恒方程为

$$\nabla \cdot N_\mathrm{w} = \begin{cases} (1-q_\mathrm{wd})\dfrac{S_\mathrm{wd}}{M_\mathrm{w}}, & \text{阴、阳极催化层}, \\ 0, & \text{质子交换膜} \end{cases} \quad (2\text{-}105)$$

式中，q_wd 为式（2-76）中气相和 Nafion 相之间传质的切变函数；S_wd 为气相和 Nafion 相之间的传质；M_w 为水蒸气相对分子质量。

水在 Nafion 相内的扩散系数 D_w 与 Nafion 相内的水含量 λ 有关，两者之间的关系根据 Springer 实验数据的拟合公式得到（该拟合公式会随膜的特性与老化而发生变化），即

$$\begin{aligned} D_\mathrm{w} &= 3.1\times 10^{-7}\lambda[\exp(0.28\lambda)-1]\exp(-2346/T) & (0<\lambda\leqslant 3) \\ D_\mathrm{w} &= 4.17\times 10^{-8}\lambda[161\exp(-\lambda)+1]\exp(-2346/T) & (3<\lambda\leqslant 17) \end{aligned} \quad (2\text{-}106)$$

质子交换膜内水浓度和水合因子之间的关系如下：

$$C_\mathrm{w} = \dfrac{e\lambda}{f\lambda+1} \quad (2\text{-}107)$$

式中，e 为膜的当量摩尔浓度；f 为膜的膨胀因子。

式（2-107）中，e 的计算方法如下：

$$e = \dfrac{\rho_\mathrm{m}^\mathrm{dry}}{E_\mathrm{m}^\mathrm{dry}} \quad (2\text{-}108)$$

λ 为 Nafion 相的水合指数，计算方法如下：

$$\begin{aligned} \lambda &= 0.043+17.81a-39.85a^2+36.0a^3 & (a<1) \\ \lambda &= 14+1.4(a-1) & (1\leqslant a<3) \\ \lambda &= 116.8 & (a\geqslant 3) \end{aligned} \quad (2\text{-}109)$$

式（2-109）中，a 的计算方法如下：

$$a = \dfrac{x_\mathrm{w} p\dfrac{M_\mathrm{mix}}{M_\mathrm{w}}}{p_\mathrm{w}^\mathrm{sat}} \quad (2\text{-}110)$$

式中，p 为膜表面两侧的平均压力；x_w 为水蒸气摩尔分数；$p_\mathrm{w}^\mathrm{sat}$ 为水的饱和蒸汽压。

（2）质子的守恒

在 PEMFC 中，除了质子交换膜外，催化层中也含有一定量的电解质。PEMFC 工作时，质子在阳极催化层产生后，通过催化层中的 Nafion 相和质子交换膜到达阴极催化层，然后被阴极催化反应消耗掉。

如图 2-7 所示，Nafion 相中质子的传递也主要有三种模式，一是迁移（migration），指荷电物质在电压推动作用下的运动；二是扩散（difussion），指物质在浓度梯度作用下的运动；三是对流（convection），指流体各部分之间发生相对位移。

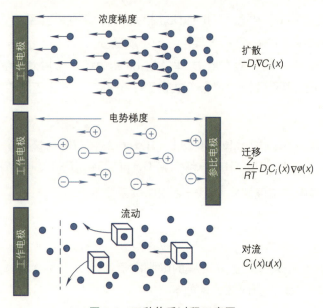

图 2-7　三种传质过程示意图

由此，Nafion 相内质子通量表达式可用 Nernst-Planck 方程描述，即

$$N_p = -z_p \frac{F}{RT} D_p C_p \nabla \phi_m - D_p \nabla C_p + C_p \vec{U} \qquad (2\text{-}111)$$

质子和水在催化层和质子交换膜中的 Nafion 相内的移动速度可由 Schogl 方程得到，即

$$v = -\frac{K_\phi}{\mu} F z_f C_f \nabla \phi_m - \frac{K_m}{\mu} \nabla p \qquad (2\text{-}112)$$

水速度和压力的关系可用 Darcy 定律描述如下：

$$\vec{U} = -\frac{K_{pm}}{\mu} \nabla p \qquad (2\text{-}113)$$

在 Nafion 相传递的带电粒子只有质子，故

$$i = F z_p N_p \qquad (2\text{-}114)$$

将式（2-114）代入式（2-111）可得下式：

$$\nabla \phi_{\mathrm{m}} = \frac{-i - F\sum_i z_i D_i \nabla C_i + Fv\sum_i z_i C_i}{\frac{F^2}{RT}\sum_i z_i^2 D_i C_i} \qquad (2\text{-}115)$$

令

$$K_{\mathrm{m}} = \frac{F^2}{RT}\sum_i z_i^2 D_i C_i \qquad (2\text{-}116)$$

式中，K_{m} 为质子交换膜中的质子传导率。

在催化层中，由于含有催化剂及孔隙等，故质子传导率需作如下修正：

$$K_{\mathrm{m}}^{\mathrm{eff}} = K_{\mathrm{m}}\varepsilon_{\mathrm{m}} \qquad (2\text{-}117)$$

式中，ε_{m} 为催化层中聚合物相所占的体积比例，计算方式如下：

$$\varepsilon_{\mathrm{m}} = 1 - \left(\frac{1}{\rho_{\mathrm{Pt}}} + \frac{1-\mathrm{Pt}\%}{\mathrm{Pt}\%\rho_{\mathrm{carbon}}}\right)\frac{m_{\mathrm{Pt}}}{\delta} \qquad (2\text{-}118)$$

根据电解质溶液中的电中性理论可得

$$z_{\mathrm{f}} C_{\mathrm{f}} + \sum_i z_i C_i = 0 \qquad (2\text{-}119)$$

在质子交换膜中唯一存在的阳离子是质子，则可以得到

$$z_{\mathrm{f}} C_{\mathrm{f}} + C_{\mathrm{p}} = 0 \qquad (2\text{-}120)$$

由式（2-120）可知，膜中的质子浓度为常数。则式（2-114）可整理为

$$\nabla \phi_{\mathrm{m}} = -\frac{i}{K_{\mathrm{m}}} + \frac{F}{K_{\mathrm{m}}} C_{\mathrm{p}} v \qquad (2\text{-}121)$$

实验结果表明，质子交换膜的质子传导率随温度的升高而增大，随水含量的增大而增大，其与温度及水含量的关系可表示为

$$K(T) = (0.005139\lambda - 0.00326)\exp\left[1268\left(\frac{1}{303} - \frac{1}{T}\right)\right] \quad (\lambda > 1) \qquad (2\text{-}122)$$

考虑到质子在阳极催化层的产生和在阴极催化层的消耗，质子守恒方程如下：

$$\nabla \cdot N_{\mathrm{p}} = \nabla \cdot (-K_{\mathrm{m}}\nabla\phi_{\mathrm{m}} + FC_{\mathrm{p}}\vec{U}) = \begin{cases} J_{\mathrm{a}}, & \text{阳极催化剂,} \\ 0, & \text{质子交换膜,} \\ J_{\mathrm{c}}, & \text{阴极催化剂} \end{cases} \qquad (2\text{-}123)$$

2.2.2 燃料电池的电中性电荷守恒

与锂离子电池的电中性电荷守恒理论类似，在燃料电池内部，带电粒子为质子的运动，则孔隙电解液中的表面上有电流密度 i_l，该电流密度是基于整个电极极片横截面定义的，从而有

$$i_l = F\sum z_{H^+} \vec{N}_{H^+} \qquad (2\text{-}124)$$

式中，i_l 为电流密度（A/cm^2）；$\vec{N}_{H^+}$ 为带电粒子通量密度 [$mol/(cm^2 \cdot s)$]；z_{H^+} 为带电粒子的荷电数，也就是总的化合价。

根据电解质溶液中的电中性理论可得

$$z_f C_f + \sum_i z_i C_i = 0 \qquad (2\text{-}125)$$

结合式（2-124）和式（2-125），燃料电池内部带电粒子仅考虑质子，则可得到

$$\nabla \cdot \vec{i}_l = aF\sum z_{H^+} J_{H^+} = a i_n \qquad (2\text{-}126)$$

式中，a 为特定界面面积；J_{H^+} 为带电粒子能量密度；i_n 为每单位面积传输的电流（A/cm^2），$i_n = F\sum z_{H^+} J_{H^+}$，正方向为固相指向液向；$\nabla \vec{i}_l$ 则表示电极的单位体积传输的电流（A/cm^3），以阳极上的电流为正方向。

从电池多孔电极的宏观结构来看，整个电极结构呈电中性，可得电池内部总的电流密度变化量之和为零，即质子离开阳极进入质子交换膜中，再于阴极处与氧结合生成水，根据基尔霍夫电流定律可表示为

$$\nabla \cdot \vec{i}_a + \nabla \cdot \vec{i}_c + \nabla \cdot \vec{i}_M = 0 \qquad (2\text{-}127)$$

式中，$\vec{i}_a$、$\vec{i}_c$ 和 $\vec{i}_M$ 分别为阳极、阴极和质子交换膜处的单位面积的电流密度。

对于电池整体而言，如果电池有负载，则由基尔霍夫电流定律可知，阳极、阴极和质子交换膜电流之和为负载的电流 I_{load}，表示为

$$i_s + i_l = I_{load} \qquad (2\text{-}128)$$

2.2.3 燃料电池的电极过程

1 阴极催化层电催化反应

催化层一般由催化剂（Pt/C）、Nafion、憎水剂和孔道组成，其中，催化剂形成的网络除对反应有催化作用外，还起到传导电子的作用，Nafion 网络则起到

传导质子的作用，孔道是传导气体用。质子通道、电子通道和气体通道的接触点即三相点，是发生气固相电催化反应的场所。常用的催化层模型有均质（homogenous）模型和聚集块（agglomerate）模型。为简化表达，本书采用均质模型，随着燃料电池的老化，均质模型会产生偏差。

催化层内的电催化反应一般由巴特勒-福尔默方程描述，其形式如下：

$$J_c = A_v i_0^{ref} \left(\frac{C_{O_2}}{C_{O_2}^{ref}} \right) \left[\exp\left(\frac{\alpha_a}{RT} \eta_c \right) - \exp\left(\frac{-\alpha_c}{RT} \eta_c \right) \right] \quad (2-129)$$

式中，A_v 为催化剂的有效面积；i_0^{ref} 为交换电流密度；C_{O_2} 为氧气的浓度；$C_{O_2}^{ref}$ 为氧气的初始浓度；η_c 为阴极过电位；α_a 和 α_c 分别为阳极和阴极反应的电荷传递系数。

阴极催化层中各相的分布如图 2-8 所示，为了描述催化层孔隙中液态水的存在对反应速率的影响，将式（2-129）修正如下：

$$J_c = (1-s) A_v i_{0,c}^{ref} \left(\frac{C_{O_2}}{C_{O_2}^{ref}} \right) \left[\exp\left(\frac{\alpha_a}{RT} \eta_c \right) - \exp\left(\frac{-\alpha_c}{RT} \eta_c \right) \right] \quad (2-130)$$

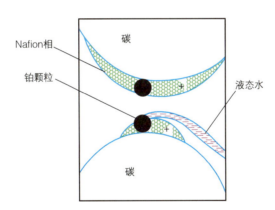

图 2-8 阴极催化层内各相分布

催化剂的有效面积 A_v 的理论计算值如下：

$$A_v = m_{Pt} \frac{A_s}{\delta} \quad (2-131)$$

式中，m_{Pt} 为催化层的铂当量；δ 为催化层的厚度；A_s 为单位质量的催化剂的表面积，目前水平下，A_s 的数值在 $50 \sim 200 m^2/g$，提高 A_s 可减少催化剂的用量。

阴极催化层的过电位计算方式如下：

$$\eta_c = \phi_m + \phi_e - U_{OC} \quad (2-132)$$

式中，ϕ_e 为催化层和扩散层内电极电位；ϕ_m 为阴极平衡电位；U_{OC} 为 PEMFC 的开路电压。

式（2-132）中，U_{OC} 的计算方式如下：

$$U_{OC} = 1.23 - 0.9 \times 10^{-3}(T-298) + 2.3\frac{RT}{4F}\lg(p_{H_2}^2 p_{O_2}) \quad （2-133）$$

因为 PEMFC 催化层及扩散层的厚度很薄，且 Pt/C 和碳纸的电导率较大，可以忽略电子在催化层内传导时引起的电位损失，认为在催化层和扩散层内电极电压 ϕ_e 不变，故在 PEMFC 阴极，ϕ_e 为燃料电池的操作电压。

2 阳极催化层电催化反应

阳极催化层采用与阴极催化层相同的模型，即均质模型，其过电位与氢气浓度以及电流密度之间的关系如下：

$$J_a = A_v i_{0,a}^{ref}\left(\frac{C_{H_2}}{C_{H_2}^{ref}}\right)\left[\exp\left(\frac{\alpha_a}{RT}\eta_a\right) - \exp\left(\frac{-\alpha_c}{RT}\eta_a\right)\right] \quad （2-134）$$

式中，C_{H_2} 为氢气的浓度；$C_{H_2}^{ref}$ 为氧气的初始浓度；η_a 为阳极过电位。

式（2-134）中，η_a 的计算方式如下：

$$\eta_a = \phi_e - \phi_m \quad （2-135）$$

式中，ϕ_e 为催化层和扩散层内的电极电压；ϕ_m 为阳极平衡电位。

与阴极催化反应相似，也可认为在催化层和扩散层内电极电压 ϕ_e 不变，故在阳极其值可取为零。

2.3 锂离子电池机理模型

1993 年，Doyle 和 Newman 建立了一个锂离子电池的物理模型，可以用来对整个电池结构进行模拟，这个模型就是锂电池伪二维（Pseudo-Two-Dimensions，P2D）模型，如图 2-9 所示。P2D 模型起初是用来模拟固态锂电池的，但因为其具有一定的普适性，现在也被广泛应用于锂离子电池的研究当中。

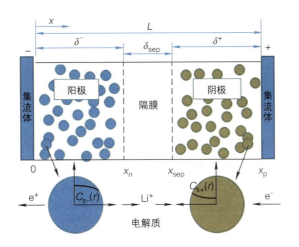

图 2-9 锂离子电池的 P2D 模型示意图

在基本组成的基础上，P2D 模型有三条核心假设。

1）电极材料是球状颗粒组成。

2）不考虑双电层效应。

3）正负极集流体电导率非常高，因此，集流体在 y 轴和 z 轴没有明显的变化，换言之，电化学反应动力学只在 x 轴起作用。

这三条核心假设从三个层次简化了电池的模型构建过程。球状颗粒的规则多孔结构，简化了实际中的活性物质的复杂结构和颗粒分布等，算是最基本的物理简化方法。其次，规避了双电层效应，可极大地简化离子在电解液和电极表面的分布状态。而将电化学动力学限制在 x 轴方向，进一步方便了数学处理，并由此发展出了多孔电极理论模型。与 P2D 模型不同的是，多孔电极理论考虑了双电层效应，对模型更加细化。

该理论可以展示在电极的深处，电流分布情况受到反应极化和大部分反应中离子的种类的剧烈影响。在任何给定的时间里，多孔电极孔隙里有着非常大的反应速率，这些反应速率的分布由基质和电解液的物理结构、电导率、扩散系数以及描绘过电位现象的参数决定。在电池的外特性上，该反应速率体现在电池的内阻上，这就表明该反应速率直接影响到电池外部电路使用的净功率。因此，对电化学转换和储能装置的设计和优化来说，理解多孔电极反应速率分布是非常重要的。

多孔电极理论核心观点是"电化学研究电荷转移和物质转移两个过程"，基于此，从这两个角度进一步拆解多孔电极理论模型的电极过程。

第一，电荷转移，发生在电极颗粒表面，也就是电解液和电极界面之中，采用巴特勒 - 福尔默方程描述，电荷转移的核心因素是分析出交换电流密度；第二，双电层充电过程，发生在固相电极和液相交界面上，可以帮助建立更为准确的电化学模型；第三，物质转移，也就是锂离子的运动，发生在两个位置，一个是电解质中（液相），一个是活性材料颗粒内部（固相）。

对于锂离子电池，从其几何结构上看，反应的单元都是由薄片状的正极、隔膜、负极、反应所需要的含锂离子的电解液，以及正负极集电极构成的。假设每片电池片状材料内部的物理性质均匀，则电池模型可以简化为电池单元厚度上的物理过程，从而能简化电池模型。基于单元厚度上的模型，本节所描述的锂离子电池电化学模型的基本单元结构如图 2-10 所示，从左到右分别是正极集电极、正极活性材料涂层极片、隔膜、负极石墨活性材料涂层极片、负集电极铜极片。为了方便后文描述，均把它们称为正集电极、正极、隔膜、负极、负集电极。

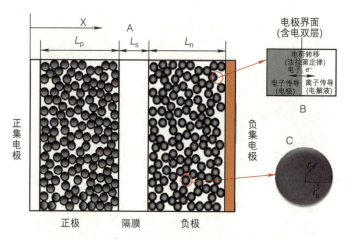

图 2-10 多孔电极理论下的锂离子电池模型

对于上述多孔电极理论下的锂离子电池模型，要用宏观的量去描述时，则要忽略孔隙的详细几何结构，进行以下物理量的均量假设（s 表示固相，l 表示液相）。

电位 ϕ_s：表示固体导电基质材料的电位，也就是电极电位。

电位 ϕ_l：表示为孔隙中电解液的电位。

孔隙率 ε：表示孔隙在固相电极中的体积分数，该孔隙中充满电解液，也表示电解液在固相电极中所占的体积。

液相锂离子的浓度 C_{Li^+}：表示电解液中锂离子的浓度。因为溶液持续流动而且扩散快，所以将 C_{Li^+} 作为一均量，即同一时刻同一坐标下电池极片中溶液锂离子浓度都相同。εC_{Li^+} 表示表面浓度，即交界面的浓度，更进一步地说，是表示单位体积下反应物质的锂离子的量。其中，C_{Li^+}和εC_{Li^+}受电池中电解液液相扩散系数、活性系数及电导率等的综合影响。

特定界面面积a：指每单位体积下反应界面的面积。

孔隙面锂离子通量密度J_{Li^+}：表示在面积为a的这个特定的界面或者反应界面上溶液中锂离子的通量密度，该通量密度与反应界面的移动速度有关，通常反应界面移动很慢，仅有溶解过程。J_{Li^+}是有方向的，方向是由固相指向液相。aJ_{Li^+}表示电极中单位体积下，由固相到液相锂离子的传输速率。

整个电极截面锂离子通量密度N_{Li^+}：表示对于整个电极极片而言，电极横截面上溶液中锂离子的通量密度。取$\vec{n}$表示单位矢量，方向由固相指向液相，对多孔电极极片取横截面，则$\vec{n} \cdot J_{Li^+}$表示溶液中锂离子通过该横截面的量。

注：该横截面是针对整个电极极片而言，而并不只是针对反应单元的面积a。

基于上文描述的多孔电极理论的锂离子电池模型和均量假设，下面针对电池中的电极反应，分别描述电池中的物质守恒、电中性电荷守恒，以及法拉第过程（电荷传递过程）、非法拉第过程（双电层充电过程）和内部各物质的传输过程（图2-11）。其中，传输过程包含了扩散传质和电荷电迁移这两个基本的过程，因此，这三个过程其实也就是电极的四个基本反应过程。

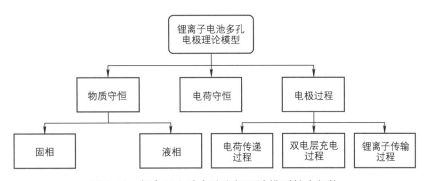

图2-11　锂离子电池多孔电极理论模型基本架构

2.3.1　锂离子电池内部的物质守恒模型

根据锂离子电池基本反应原理，锂离子电池的电化学反应都是锂离子在电池的正负极两个电极之间往返脱嵌，中间依靠含锂离子的电解液来传输，也就是锂离子在固相电极和液相电解液中互相运动，因此，物质守恒分为液相中溶质的物质守恒与固相电极中的物质守恒。

1 液相中溶质的物质守恒

在锂离子电池内部，对孔隙液相中的锂离子而言，根据锂离子的物质守恒，可得到

$$\frac{\partial \varepsilon C_{\text{Li}^+}}{\partial t} = a J_{\text{Li}^+} - \nabla \cdot N_{\text{Li}^+} \tag{2-136}$$

式中，C_{Li^+} 为孔隙电解液中锂离子的浓度；$\varepsilon C_{\text{Li}^+}$ 为特定界面的浓度，即单位体积下反应物质中的锂离子的量，也表征了孔隙交界面处的电流密度值；$a J_{\text{Li}^+}$ 为电极中单元体积下，由固相到液相的锂离子的传输速率；$\nabla \cdot N_{\text{Li}^+}$ 为整个电极截面锂离子通量密度。

式（2-136）表明，在多孔电极的孔隙中，某点的锂离子浓度发生改变（用 $\frac{\partial \varepsilon C_{\text{Li}^+}}{\partial t}$ 表示）的原因包括三个方面：其一是锂离子在溶液中发生流动（用 $\nabla \cdot \overline{N_{\text{Li}^+}}$ 表示）；其二是锂离子因为发生电极反应过程而被吸收，该电极过程包括法拉第过程和双电层充电过程；其三是固相电极中含锂离子的物质简单地发生溶解。可把后面两个原因归结为由固相到液相的锂离子传输，用 $a J_{\text{Li}^+}$ 表示，也表明了对任一时刻电池电化学反应的均量假设。

注： $\nabla \cdot \overline{N}$ 表示 $\text{div} \overline{N}$，是指在矢量场 $\overline{N}$ 中的任何一点 M 处，作一个包围该点的任意闭合曲面 S，当 S 所限定的区域直径趋于 0 时，比值 $\oint \overline{N} \cdot \text{d}s / \Delta V$ 的极限值称为矢量在点 M 处的散度，记作 $\text{div} \overline{N}$ 或者 $\nabla \cdot \overline{N}$。由散度的定义可知，$\text{div} \overline{N}$ 表示在 M 点处的单位体积内散发出来的矢量 $\overline{N}$ 的通量，则可用 $\text{div} \overline{N}$ 描述通量源密度。散度可表征空间各矢量场发散的强弱程度，$\nabla \cdot \overline{N}$ 大于零表示为散发通量，为正源；当小于零时表示吸收通量，为负源；当为零时即为无源场。

2 固相电极中的物质守恒

在锂离子电池的固相电极中，包含了锂离子从溶液进入固相晶格的嵌入或者脱出的过程。在该过程中，电子同时也会进入或者离开晶格，以维持电中性，该过程就代表了氧化或者还原反应。电极固相晶格相对于参考电极的开路电压，取决于嵌入晶格内的锂离子的浓度，它是固相锂离子浓度 C_s 的函数，通常，固相锂离子浓度越高，电位就越低。在锂离子在嵌入或者脱出晶格时，很短时间内晶格体积变化是微小的。因为此模型中考虑的是均匀电解液，锂离子的转移数量被视为常数，所以嵌入脱出的锂离子在晶格中遵循物质守恒定律，则得到

$$\frac{\partial C_s}{\partial t} = \nabla \cdot \overline{D_s} \nabla C_s + a J_{\text{Li}^+} - \nabla \cdot \overline{N_{\text{Li}^+}} \tag{2-137}$$

由于整个电极反应单元中呈电中性，则发生氧化还原反应时式（2-137）满足反应界面上的溶液通量密度等于电化学反应速率，即固相基质中溶液锂离子浓度变化为零，也即仅考虑固相晶格锂离子扩散传输过程。则式（2-137）简化为

$$\frac{\partial C_s}{\partial t} = \nabla \cdot \overline{D_s} \nabla C_s \tag{2-138}$$

式中，$\overline{D_s}$ 为各个方向的扩散系数，用矢量表达。

式（2-137）到式（2-138）的演变，也为后面球形固相电极晶格的假设做了更好的模型简化，这样后文便能更清晰地描述电池内部电化学反应的扩散过程。

2.3.2 锂离子电池的电中性电荷守恒

带电物质的运动，势必会引起电流。在电池内部，由于带电粒子（即锂离子）的运动，则孔隙电极的表面上有电流密度 i_l，该电流密度是基于整个电极极片横截面定义的，从而有

$$i_l = F \Sigma z_{Li^+} \overline{N_{Li^+}} \tag{2-139}$$

式中，i_l 为电流密度（A/cm²）；$\overline{N_{Li^+}}$ 为带电粒子（即锂离子）的通量密度（mol/cm²·s）；F 为法拉第常量，$F = 96487 \text{C/mol}$；z_{Li^+} 为带电粒子的荷电数，也就是总的化合价。

每反应单元的多孔电极中，需要一个很大的电场在适当的距离内才能产生电荷分离。电化学领域中，在真正的多孔媒介中或者在电解液浓度非常低（扩散层超过10nm）的情况下，电中性是不成立的。因为此处的模型中不考虑电子或者离子运动所形成的电场对上述大电场和电渗透的影响，也不考虑流动的电动势，这就使得整个单元呈电中性。该电中性的假设中，包含了电双层上所具有的电荷。对于孔隙中的液相，由电中性假设有

$$\Sigma z_i C_i = 0 \tag{2-140}$$

式中，z_i 为各带电粒子的荷电数，也就是总的化合价；C_i 为各带电粒子的浓度。

结合式（2-136）、式（2-139）和式（2-140），电池内部的带电粒子仅考虑锂离子，则可得到

$$\nabla \cdot \vec{i}_l = aF \Sigma z_{Li^+} J_{Li^+} = a i_n \tag{2-141}$$

式中，a 为特定界面面积；J_{Li^+} 为锂离子能量密度；i_n 为每单位面积传输的电流（A/cm²），$i_n = F \Sigma z_{Li^+} J_{Li^+}$，正方向为固相指向液相；$\nabla \cdot \vec{i}_l$ 为电极的单位体积传输的

电流（A/cm³），以阳极上的电流为正方向。

从电池的多孔电极的宏观结构看，整个电极结构呈电中性，可得电池内部总的电流密度变化量和为零，即电荷离开固相基质肯定会进入孔隙的液相中去，根据基尔霍夫电流定律有

$$\nabla \cdot \vec{i}_s + \nabla \cdot \vec{i}_l = 0 \tag{2-142}$$

对于电池整体而言，如果电池有负载，进行充放电时，由基尔霍夫电流定律可知，固相基质的电流与液相的电流之和为负载的电流，即表示为

$$i_s + i_l = I_{\text{load}} \tag{2-143}$$

2.3.3 锂离子电池的电极过程

电极的过程包括电荷传递过程（法拉第过程）、双电层充电过程（非法拉第过程）、扩散传质过程和电荷的电迁移过程。本节将进一步描述这几个过程，并把扩散传质过程和电迁移过程统归到传输过程中去描述。

1 法拉第过程（电荷传递过程）

对于一个电极反应，其电化学反应可写成以下形式：

$$\sum_i s_i M_i^{z_i} \rightarrow n\mathrm{e}^- \tag{2-144}$$

式中，s_i 为物质 i 的化学计量数；M_i 为物质 i 的反应化学式；z_i 为物质 i 的化合价；n 为电极反应中转移电荷的总数。

对于一个电极反应，仅对法拉第过程进行描述时，其电极反应的法拉第定律可写成以下形式：

$$J_{\mathrm{Li}^+} = -\frac{s_i}{nF} i_n \tag{2-145}$$

式（2-145）成立时所需具备的限定条件包括它仅描述一个单电极反应，而不描述双电层充电的情况，因为双电层充电不遵循法拉第定律。

结合式（2-141）、式（2-144）和式（2-145），则法拉第定律表示为

$$aJ_{\mathrm{Li}^+} = -\frac{as_i}{nF} i_n = -\frac{s_i}{nF} \nabla \cdot i_l \tag{2-146}$$

式中，aJ_{Li^+} 为法拉第过程的电化学反应速率，也即电极中单位体积下，由固相到液相的锂离子的传输速率；F 为法拉第常数；$\nabla \cdot i_l$ 为电极的单位体积的传输的电流的梯度。

如果电池的电极在工作过程中处于稳态或者假定稳态，且电双层可以被忽略的情况下，也即不存在非法拉第过程时，结合式（2-146）和式（2-136）可以写成：

$$\frac{\partial \varepsilon C_{Li^+}}{\partial t} = -\nabla \cdot \overline{N_{Li^+}} - \frac{s_i}{nF}\nabla \cdot i_l \qquad (2\text{-}147)$$

接下来，还需要一个方程来描述电极反应中的动力学特征，这样可以用其来描述特定界面处某点的每单元电流密度 i_n 与表面过电位 η_s 和孔隙电解液双电层外的锂离子的浓度 C_{Li^+} 之间的关系。把这个方程的表达式初步写成以下形式：

$$i_n = f(\eta_s, C_{Li^+}) \qquad (2\text{-}148)$$

式（2-148）中函数 f 所描述的过程是非常复杂的，然而电化学领域里通常把电极反应中的电流密度与表面过电位的关系表述成以下的指数形式：

$$i_n = i_0 \left[\exp\left(\frac{\alpha_a F}{RT}\eta_s\right) - \exp\left(\frac{-\alpha_c F}{RT}\eta_s\right) \right] \qquad (2\text{-}149)$$

这个极化方程描述了电荷从固相基质到液相中的法拉第转移过程。结合式（2-141）和式（2-149），在电化学领域通常把式（2-12）的方程写成巴特勒-福尔默方程的形式如下：

$$\nabla \cdot \vec{i_l} = a i_0 \left[\exp\left(\frac{\alpha_a F}{RT}\eta_s\right) - \exp\left(\frac{-\alpha_c F}{RT}\eta_s\right) \right] \qquad (2\text{-}150)$$

式中，a 为特定界面的面积；i_0 为交换电流密度，i_0 与孔隙液的锂离子浓度 C_{Li^+} 有关；α_a 和 α_c 分别为氧化和还原转移系数；T 为绝对温度（K）；F 为法拉第常数；R 为理想气体常数。

电极表面过电位的表达式为

$$\eta_s = \phi_s - \phi_l - U \qquad (2\text{-}151)$$

式中，U 为 $(\phi_s - \phi_l)$ 在孔隙表面构成的开路电压值。

当 ϕ_l 被设定为参考电极电压，而且该电极为参与反应（工作）的电极时，则开路电压值可认为是 0，而且所有这些设定均满足式（2-150）的物质守恒。对于锂离子嵌入的电极，U 是关于嵌入锂离子总量的一个函数，即 U 在固相基质中是关于固相基质锂离子浓度 C_s 的函数。

2 非法拉第过程（电双层充电过程）

固相电极和溶液相交界面是电化学反应发生的场所，它的结构和性质对电极反应速率和反应机理有着显著的影响。在这个界面上，除了前面描述的法拉第过程外，电极过程还包含了孔隙液和导体固相基质之间的电双层充电过程。

图 2-12 所示为电池内部固相电极与电解液的交界处，由正负带电粒子形成了一个类似电容的结构，这就是电双层。电双层是由带电粒子在界面层中非均匀分布所引起的，这种非均匀分布使得物质孤立相的电中性遭到破坏，形成了类似于电容的电双层结构。这同样也造成了该界面上产生电压，电化学上通常把该电压称为相间电压。该电双层就像一个电容器，也具有一定的电容 C_{dl}。电双层的厚度与电解液的浓度有关，电解液中电解质的浓度越小，电双层的厚度就越大，相对应的电容也就越小。

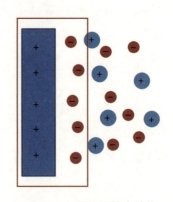

图 2-12　电双层的基本结构

描述锂离子电池电极上的电双层时，选择变量 q 作为电极电双层的电流密度，选择变量 $\overline{M_{Li^+}}$ 作为界面上的带电物质含量或者说是带电物质的通量密度，这与锂离子的能量密度是等量纲的。这两个量都是基于孔隙表面上的均匀量，它们都受到溶液中相对应的带电物质或者说是离子组成的特性的影响，特别是孔隙液中锂离子浓度 C_{Li^+} 的影响，以及受到电极表面过电位 $\eta_s = \phi_s - \phi_l$ 的影响。这里是以 ϕ_l 作为给定的参考电极，故 $U = 0$。因为界面作为一个整体时是显电中性的，并且在孔隙液相一侧的双电层的充电是依靠吸附溶液中的物质而形成的，所以双电层在该面上的电量可表示为以下形式：

$$q = -F \sum z_i \overline{M_{Li^+}} \qquad (2-152)$$

式中，q 为电流密度（A/cm^2）；$\overline{M_{Li^+}}$ 为带电粒子的通量密度（$mol/cm^2 \cdot s$）；F 为法拉第常数；z_i 为带电粒子的荷电数，也就是总的化合价。

该电流密度 q 是基于该双电层的界面而定义的。

对于电双层的电容 C_{dl}，以单位面积上的电容计算，是由电双层的电量 q 与变化电位在常态下的比值决定的，即

$$C_{dl} = \left(\frac{\partial q}{\partial u} \right)_{\mu, T} \qquad (2-153)$$

式中，μ 为常态；T 为热力学温度（K）。

在电双层的这个界面上，对于锂离子也可写出一个独立的物质守恒方程。忽略双层液相界面上物质在界面上的并行传输，结合式（2-146），该物质守恒方程可写成：

$$\frac{\partial a\overline{M_{Li^+}}}{\partial t} = aJ_{Li^+,faradaic} - aJ_{Li^+} = -\frac{as_i}{nF}i_{n,faradaic} - aJ_{Li^+} \quad (2-154)$$

式中，含下标 faradaic 的量为电极法拉第反应过程中实际通过该界面所转移的电荷或者物质。

结合式（2-141）、式（2-146）和式（2-152），式（2-154）变成：

$$\nabla \cdot \vec{i}_l = ai_{n,faradaic} + \frac{\partial aq}{\partial t} \quad (2-155)$$

式（2-155）表明，从固相基质到孔隙电解液中的电流传输同时包含了法拉第过程和电双层充电过程（非法拉第过程）。

3 锂离子传输过程

锂离子电池中的传输过程可分为物质在孔隙液相中的传输和固相基质中的传输。其中在孔隙液中，物质的传输分为扩散、弥散、对流和电迁移；在固相传输过程中，又分为电子的传输和固相中物质的扩散。下面就这些过程进行详细分析。

（1）液相传输过程

在多孔电极的孔隙电解液中，移动的溶质特别是溶液中的锂离子的通量密度取决于溶质物质的扩散、弥散、电迁移和对流。在稀释的电解液当中，物质的传输定律可以写成下面的形式：

$$\overline{N_{Li^+}} = -(\varepsilon D'_{Li^+} + \varepsilon D'_a)\nabla C_{Li^+} - z_{Li^+}(\varepsilon u'_i)FC_{Li^+}\nabla \phi_l + vC_{Li^+} \quad (2-156)$$

式中，$\overline{N_{Li^+}}$ 为锂离子的通量密度；$(\varepsilon D'_{Li^+} + \varepsilon D'_a)\nabla C_{Li^+}$ 为溶液中锂离子的扩散和弥散；$z_i(\varepsilon u'_i)FC_{Li^+}\nabla \phi_l$ 为液相中的电迁移过程；vC_{Li^+} 为液相传输中的对流过程。

因为孔隙是曲折不平整的，离子的有效扩散系数和电迁移率需要一个更正系数。基于孔隙因素考虑，用孔隙率 ε 去进行更正，则把 $\varepsilon D'_{Li^+}$ 认为是有效扩散系数，用 D_i 代替；$\varepsilon D'_a$ 被认为是有效弥散系数，用 D_a 代替；$\varepsilon u'_i$ 被认为是有效的电迁移率，用 u_i 代替。结合式（2-139）和式（2-156），可得到液相中电流密度如下：

$$i_l = F[\Sigma - z_{Li^+}(D_{Li^+} + D_a)\nabla C_{Li^+} - \nabla \phi_l \Sigma z_{Li^+}^2 u_i FC_{Li^+} + v\Sigma z_{Li^+} C_{Li^+}] \quad (2-157)$$

对于弥散，它表示的是沿着界面方向的一种扩散，这种行为在孔隙中可以不予以考虑，因为沿着表面的扩散远小于沿着孔体中心半径上的扩散。而且，在孔隙内的电解液中对流对于整体的溶液扩散影响是非常小的，因此对流情况也可以忽略，从而可把式（2-157）写成以下形式：

$$i_1 = F\left(\Sigma - z_{Li^+} D_{Li^+} \nabla C_{Li^+} - \nabla \phi_1 \Sigma z_{Li^+}^2 u_i F C_{Li^+}\right) \quad (2-158)$$

取 $\kappa = \Sigma z_{Li^+}^2 u_i F C_{Li^+}$ 为孔隙液中的有效电导率，则有

$$i_1 = -F \Sigma z_{Li^+} D_{Li^+} \nabla C_{Li^+} - \nabla \phi_1 \kappa \quad (2-159)$$

通常，孔隙液中的电导率可用式 $\kappa = \kappa_0 \varepsilon^{Bruggman}$ 计算得来，κ_0 为自由溶液的电导率(s/cm)，也即不在多孔结构中自由溶液的电导率；ε 为多孔结构的孔隙率；$Bruggman$ 为修订常数，通常取 $Bruggman=1.5$。

把式（2-159）写成欧姆定律的形式，则有

$$\nabla \phi_1 = -\frac{i_1}{\kappa} - \frac{F}{\kappa} \Sigma z_{Li^+} D_{Li^+} \nabla C_{Li^+} \quad (2-160)$$

式（2-160）即是孔隙液相中基于锂离子浓度梯度的欧姆定律。如果考虑溶液为均匀混合的情况，则会忽略锂离子浓度的变化，则有 $\nabla C_{Li^+}=0$。则式（2-160）变为简单模型下的欧姆定律，如下：

$$\nabla \phi_1 = -\frac{i_1}{\kappa} \quad (2-161)$$

（2）固相基质传输过程

在锂离子电池的固相基质中，有电子的传输运动和含锂离子物质的扩散运动，对于多孔固相基质，其电子的运动符合欧姆定律，可以得到

$$i_s = -\sigma \nabla \phi_s \quad (2-162)$$

式中，σ 为固相基质的有效电导率。

有效电导率主要是由各相导电物质决定的，并且还取决于导电物质由何种颗粒组成，锂离子电池中的导电物质也就是多孔性的正负极活性材料，因此 σ 在锂离子电池中受到导电物质的体积分数的影响，也就是受到孔隙率 ε 的影响。

锂离子电池的电化学反应原理实质是锂离子在晶格中脱嵌的过程，脱嵌反应后，锂离子则在固相晶格中进行扩散，多孔电极模型把正负极材料的固体颗粒假设成一个各向同性的球体颗粒，其半径为 r_s，则锂离子就在该球体固相晶格中进行扩散。为了更好地阐述锂离子在晶格中的扩散传输过程，引入一个收缩核模型，表达锂离子的嵌入和脱嵌过程，图 2-13 所示为磷酸铁锂电池正极材料的收缩核模型。

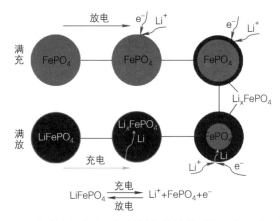

图 2-13 磷酸铁锂电池正极材料收缩核模型和正极反应方程式

在该收缩核模型中,当电池充满电的时候,正极活性材料为 $FePO_4$,随着电池持续进行放电,溶液中的锂离子和负极上通过外部电路到达正极的电子,结合正极活性材料 $FePO_4$ 发生化学反应,锂离子嵌入 $FePO_4$ 的球体颗粒中,从而生成 $LiFePO_4$。对于各向同性球体颗粒的正极材料,优先反应的是处于球体外部的 $FePO_4$ 物质,随着反应的进行,球体颗粒外部积累的锂离子浓度比内部的高,造成外部锂离子不断地往颗粒内部进行扩散运输,一直到电池放完电,$FePO_4$ 球体颗粒完全变成了 $LiFePO_4$ 的球体颗粒。当电池充电时,该过程则反过来,正极材料中的锂离子从球体颗粒 $LiFePO_4$ 中脱出形成 $FePO_4$。图 2-13 只是描述了正极活性材料在充放电时锂离子的扩散传输过程,而锂离子在负极材料上的传输扩散过程与正极基本是一样的,只不过放电时锂离子从负极球体颗粒活性材料中脱出,充电时为嵌入。在正负极的固相活性材料中,固相活性材料都看成是由半径为 r_s 的各向同性的球体颗粒构成。电池在充放电的过程中,锂离子在该球体颗粒中进行扩散传输,其浓度分布符合 Fick 扩散定理,即:

$$\frac{\partial C_{s,i}(r,t)}{\partial t} = D_{s,i} \frac{1}{r^2} \frac{\partial}{\partial r} \left[r^2 \frac{\partial C_{s,i}(r,t)}{\partial r} \right] \quad (2\text{-}163)$$

式(2-163)适用于锂离子电池的正负极材料,i 表示正负极的选取,$i = p$ 表示是正极活性材料,$i = n$ 表示为负极材料。c_s 为固相球体颗粒中锂离子的浓度,D_s 为锂离子在固相活性物质中的扩散系数,r 为锂离子距固体活性颗粒中心的距离。

当 $r = 0$ 时,也即锂离子处于球体颗粒的中心,因为此处没有发生锂离子扩散现象,从而有

$$D_s \frac{\partial c_s}{\partial r}\bigg|_{r=0} = 0 \qquad (2\text{-}164)$$

当 $r = r_s$ 时，也即锂离子处于球体颗粒表面处，此时的锂离子扩散传输过程是参与到了电化学反应中，所以有

$$-FD_s \frac{\partial c_s}{\partial r}\bigg|_{r=r_s} = \frac{i_r}{a} = \frac{aJ_{Li^+}}{a} = J_{Li^+} \qquad (2\text{-}165)$$

式中，i_r 为球体颗粒表面界面处的反应电流，前面提到过用 aJ_{Li^+} 表示单元体积下的电化学反应，也即现在所说的单元球体下的电化学反应，则会有 $i_r = aJ_{Li^+}$；a 为单元界面面积，也即单元球体的表面积；J_{Li^+} 为孔隙界面处的锂离子通量密度，也即单元球体的表面锂离子能量密度，也表示反应界面上的电流密度。

2.4 电化学电源的外特性

从燃料电池和锂离子电池这两种电源的功能来看，燃料电池作为发电装置，人们经常提及的输出功率便是其发电能力强弱的体现，而锂离子电池作为储能装置，容量便是其电能存储能力的体现。但从电化学电源的视角来看，燃料电池和锂离子电池具有类似的电极过程，其外特性也具有相似性。电化学电源的外特性一般是指可以直接从电源外部量测或观察到的特性，包括内阻、容量、工作电压、工作温度、能量和功率密度、寿命、安全特性等。了解电化学电源的外特性，将为在实际场景中高效、安全和长久地使用电化学电源奠定基础。本节将通过对外特性相似性和差异性的分析来描述两种电化学电源各自的特点。

2.4.1 工作电压

工作电压主要是指电动势、开路电压、端电压、（充放电）截止电压等。在 2.1 节的分析中，我们得知不同化学体系的电化学电源具有不同的标准电动势，如分别以氧气和氢气作为阴极和阳极的氢/氧质子交换膜燃料电池的标准电动势为 1.23V，以锰酸锂为正极材料的标准电动势为 4.25V。

上述电动势一般在热力学系统分析中采用，在组成锂离子电池时，人们更习惯于用对 Li/Li$^+$ 的电位来衡量材料的电位高低（图2-14），正负极的电位之差便体现为电池的电动势。在极化的作用下，电池的端电压将会偏离电动势，且极化越大，偏离越大，这种电压的偏差更多地反映在电池的内阻上。总体来看，锂离子电池具有比燃料电池更高的电压平台，大面积极片或多电芯并联后阻抗更小，电池系统体现为更大的功率密度，即人们常说的锂离子电池的特性较硬而燃料电池的特性偏软。

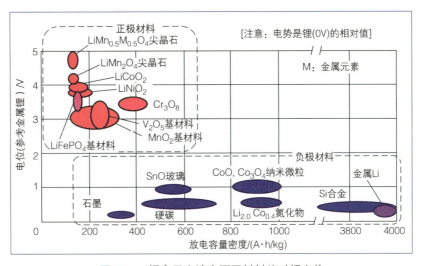

图 2-14 锂离子电池中不同材料的对锂电位

2.4.2 工作温度

质子交换膜燃料电池一般使用铂作为催化剂，其工作温度范围为 60～80℃，最适宜的工作温度范围为 80℃左右。近些年产生的高温质子交换膜燃料电池的工作温度范围为 120～200℃。锂离子电池的工作温度范围相对较低，一般为 -20～60℃，最适宜的工作温度范围为 0～45℃。可见，两种电化学电源具有差别较大的工作温度区间。

电化学电源工作时会发热。电化学电源的电动势由可用的吉布斯自由能 ΔG 决定，由式（2-19）可知，电化学电源的理论效率为

$$\eta_{\text{ideal}} = \frac{\Delta G}{\Delta H} \tag{2-166}$$

由式（2-166）可知，如按照高热值计算，得到氢/氧反应的理论热效率为 83%，实际燃料电池的效率通常用工作电池电压与理想电池电压的比率来表示。

由于电池电化学极化和欧姆极化等相关的损耗，实际电池电压低于电池电动势 $E = 1.23\text{V}$，即

$$\eta = \frac{P}{\Delta H} = \frac{P\eta_{\text{ideal}}}{\Delta G} = \frac{V_{\text{actual}}I\eta_{\text{ideal}}}{EI} = \frac{0.83V_{\text{actual}}}{E} = 0.675V_{\text{actual}} \quad (2\text{-}167)$$

可见，对于质子交换膜燃料电池来说，大部分的化学能以热量形式散去，相比于锂离子电池输出相同的能量具有更大的温升，因此，热管理系统对于燃料电池来说是非常重要的，可以及时散去多余的热量，维持燃料电池合适的工作温度。

另一方面，在 2.2 节和 2.3 节相关的电极过程模型中，很多动力学参数本身也受到了环境温度的影响，进而影响着电化学电源的动力学特性，根据阿伦尼乌斯定律，化学反应速率常数 k 与温度呈现指数变化关系。

$$k = A\exp{\left(-\frac{E_a}{RT}\right)^\beta} \quad (2\text{-}168)$$

式中，A 为指前因子；E_a 为表观活化能；R 为理想气体常数；T 为热力学温度；β 为用于修正的无量纲量。

从式（2-168）可以看到，温度越高，化学反应速率常数越大，反应越容易进行，锂离子电池和燃料电池这两种电化学反应也不例外。

实际上，除了化学反应速率常数外，固液相的扩散系数、生成物的形态等都很容易受到温度的影响，进而影响着电池的外特性。让电池工作在适宜的温度对于调节这些温度敏感的参数并提升电源的性能具有很重要的意义。

2.4.3 能量和功率密度

作为动力电源，燃料电池和锂离子电池的能量和功率密度是非常重要的参数。如今，燃料电池的功率密度已达到 4.4kW/L（例如第二代 Mirai），然而，与内燃机相比，它的功率密度仍然不理想，日本新能源·产业技术综合开发机构（NEDO）计划在 2030 年和 2040 年分别实现 6kW/L 和 9kW/L 的堆功率密度。

从上文的极化过程分析可以看到，减小内部极化和堆叠体积是提高功率密度的两种基本方法，前者需要具有更高活性的 Pt-M 催化剂来取代传统的 Pt-C 催化剂，而后者需要具有更薄金属化合物涂层的金属双极板。

目前，用于纯电动汽车的锂离子电池单体的能量密度可以达到 300W·h/kg，但用于复合电源系统中的锂离子电池需要兼具能量密度和功率密度，追求高功率密度需要薄的电极，而追求高能量密度就要厚电极，这就必须针对应用需求在设计上有所取舍和平衡。

2.4.4 使用寿命

在燃料电池中使用铂等贵金属作为催化剂以促进氢氧化学反应的进行。随着使用时间的持续，铂催化剂本身活性会降低，同时，电极本身因为结构、材料等变化也会不断地发生衰减。目前，质子交换膜燃料电池的使用寿命可达 1 万 h 以上，燃料电池在低温存储及低温冷启动时会造成寿命损失，而正常工作中启停过程、电流快速变化、水含量变化、燃料供给的压力波动、燃料的毒性杂质也都是造成燃料电池寿命衰减的重要原因。

锂离子电池的寿命受到充放电深度、充放电倍率、温度的影响，寿命衰减既有电极活性材料的损失，也有活性锂的损失，还包括电解液由于副反应减少导致的欧姆损失等。通常情况下，充放电深度深、充放电倍率大的锂离子电池的老化速度快。锂离子电池有最佳的工作温度范围，太高或太低的温度都会加快电池的寿命衰减。

因此，在实际使用时，需要进行合理的操作条件、工况和环境控制，以延长电源的使用寿命。

2.4.5 安全性

安全性（特别是热安全）是使用电化学电源时被普遍关注的问题。物质的燃烧通常需要满足三个要素：可燃物、助燃物（氧气）和热量，这三者是燃烧发生的必要条件，而充分燃烧或者剧烈燃烧，甚至爆炸，往往还包含链式反应的发生。在燃烧的过程中，可燃物体必须先行受热，挥发或分解产生可燃性气体，然后再与氧气进行剧烈化学反应。在密闭的环境中，由于受到物体阻碍，燃气不能迅速扩散，则燃气的压强会迅速升高，直到破坏阻碍的物体，形成冲击波并使被破坏的物体碎片飞散，形成爆炸。

如前文所述，燃料电池是发电装置，锂离子电池是储能装置，构成燃料电池本身的材料相比于锂离子电池更不易燃，加之燃料和电池分离的特点，使得燃料电池本身的安全性更佳。而锂离子电池的电解液本身就是燃料，即可燃物，在一些滥用条件下，电池内部产生足够的热量可使三元类锂离子电池正极材料释放出活性氧，为电解液的燃烧提供了助燃物。在热失控条件下，温度升高，即有可能满足燃烧的三条件，加之化学能存储在电池中，在热失控发生时的急剧释放会进一步加重燃烧和爆炸过程。电滥用、热滥用和机械滥用是触发锂离子电池热失控的关键因素。因此，在使用时特别需要对电池的电压、温度、碰撞进行监控，并对可能发生的滥用进行及时的预警。

第 3 章

电化学复合电源系统架构及构成

3.1 电化学复合电源的基本架构

3.1.1 电化学电源复合的必要性

车辆需要在不同的工况下行驶，包括坡道、超车、弯道、信号灯启停、紧急制动、低温冷启动等，并具有频繁变载的需求。车辆需要进行电化学电源复合的原因主要体现在以下两个方面。

首先，锂离子电池和燃料电池分别作为电能存储元件和电能转化元件具有不同的动态响应特性，它们对工况的适应性不同。燃料电池内部是通过氢气和氧气的催化反应来产生电能的，由于氢气和氧气化学反应速率有限，导致燃料电池在频繁负载切换时显示出了比锂离子电池更差的动态特性，这种看似缓慢的响应被称为输出特性偏软。如果车辆电源只由燃料电池构成，其偏软的动态特性可能难以满足车辆的动态功率输出需求。燃料电池需要搭配动态响应特性更好的锂离子电池来构成复合电源系统以满足复杂车用工况的需求。

其次，燃料电池单体电压在额定功率下一般低于1V，应用于车载场景时需要将数百片单体串联，以得到合适的输出电压供给电机等驱动系统。面对不同车辆电压的需求，燃料电池单体需要以不同的数量进行堆叠，这会带来以下几个问题：一是由于空间结构的限制，单体的堆叠数量是有限制的；二是只依靠单纯的堆叠也带来了电堆设计的多样性需求，导致开发成本增加；三是大量的燃料电池单体堆叠会带来电堆内部水、气、热等一致性问题，导致电堆的控制更加复杂。因此，通过在电池与驱动系统之间加入DC/DC变换器来实现电能的变换，以匹配车辆驱动系统不同电压的需求是比较自然的想法。同时，由于直流电功率是电压和电流的乘积，相对于燃料电池堆特性而言，DC/DC变换器也可以对车辆的功率需求进行电压和电流的适应性匹配，从而改善燃料电池输出特性软和动态性能差等不足，综合燃料电池与动力蓄电池的特性，以得到满足车辆需求的输出特性。

以上是复合电源最直接的需求，概括来说，复合电源系统是将两个及以上的电能转换系统或存储系统组合在一起，利用每个系统的优点，并且通过其他方式弥补其缺点的燃料电池与动力蓄电池组合。时至今日，交通电气化的进行产生了多种多样搭载锂离子电池和燃料电池的载运工具,如汽车、机车、飞机等,如图 3-1 所示。在不同的应用场景下,复合电源系统的设计往往有不同的侧重,对于燃料电池汽车动力系统,通过进行复合电源高能效设计,可以实现锂离子电池的动态性能与燃料电池持续稳态输出能力之间的合理匹配及优化设计,以达到系统的最佳性能。

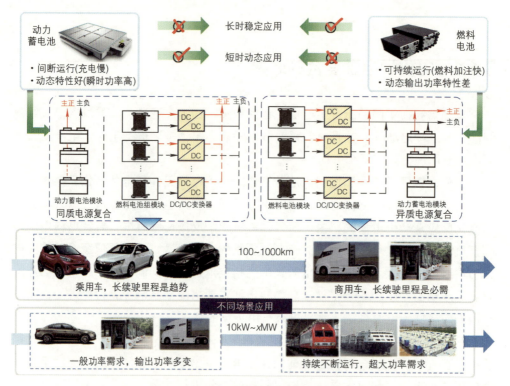

图 3-1　不同应用场景下的电源系统需求

3.1.2　电化学电源的复合模式

在本书中,将电化学电源的复合模式按照以下方式进行分类。

(1)按照异质电源复合和同质电源复合进行分类

异质电源之间的复合主要指燃料电池和锂离子电池之间的复合,也是本书的主要内容。当然,由于电能连接的便利性,也存在多种同质电源的复合,例如用模块化燃料电池堆的串联/并联来解决高功率需求问题,避免开发过大的燃料电池单堆,可类比于内燃机的多缸构型;也存在多个锂离子电池模块之间的串联/并联,同时提高功率和能量特性。

（2）按照功率型复合和能量型复合进行分类

按照是否需要以锂离子电池驱动行驶一定的里程，可以分为功率型复合和能量型复合两种。功率型复合中，锂离子电池主要提供瞬时放电功率、接收回馈制动再生电流，但不需要外接充电，也不需要提供较长距离的纯电动行驶模式，可以类比混合动力系统中的轻度混合模式。在燃料电池复合电源系统中，功率型复合多用于长距离运行的大型商用车辆。在能量型复合中，锂离子电池需要独立提供一定距离的续驶里程，也可以外接充电以直接补充电能，具体可以类比混合动力系统中的增程式和插电式构型。能量型复合多用于面向运营的乘用车及小型商用车。

3.1.3 电化学复合电源系统的架构

电源的复合分为两个层面：一是电气连接结构层面，二是功率和能量输出控制层面。前者可分为燃料电池直接并联型、动力蓄电池直接并联型以及双能量源间接并联型三类，后者可分为恒电压复合和恒电流复合两类，下面进行详细介绍。

1 电气连接结构

（1）燃料电池直接并联

在图 3-2 中，燃料电池与驱动电机之间的能量单向流动，动力蓄电池则通过一个双向的 DC/DC 变换器连接到直流母线。能量管理单元通过控制 DC/DC 变换器，使动力蓄电池在必要时为电机补充驱动功率。进行再生制动时，电机回馈的能量可通过直流母线被动力蓄电池储存，故能量可以双向流动。此方案的能源系统结构较为简单，对环境的适应能力强，但能量利用效率比较低。由于燃料电池和直流母线电压直接相连，燃料电池的输出电压受负载影响波动较大，容易造成输出电压和系统电压不匹配。为了避免出现直流母线电压超过燃料电池输出电压，从而使功率逆向流动造成系统故障的情况，必须加装二极管。同时要求燃料

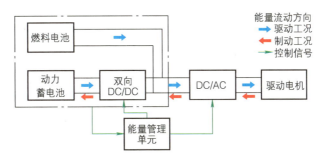

图 3-2 燃料电池直接并联结构

电池必须具有快速的动态响应和良好的电压保持性能，以避免母线上电压快速下降和电机输出转矩不足的问题。

（2）动力蓄电池直接并联

在图 3-3 中，燃料电池与直流母线之间连接一个单向的 DC/DC 变换器，动力蓄电池直接并联，其结构比第一种方案更简单可控。由于 DC/DC 变换器的存在，燃料电池的输出电压和母线上的电压分开，很好地解决了燃料电池输出电压受功率变化影响较大的问题。燃料电池的输出也与直流母线形成了隔离，更有利于对燃料电池的优化和控制。此方案中的 DC/DC 变换器一般进行升压变换，目的是使直流母线上的电压可以设定得较高，从而在相同的输出功率下大幅降低驱动系统电流值，有利于延长各功率电子元器件的寿命，减少线路上的损耗。因此，此方案具有经济性好、可控性高的优势。但由于直流母线上的电压直接施加于动力蓄电池，对其电压等级要求比较严格，而且母线电压波动较大，对动力蓄电池的耐久性也有很大的挑战。

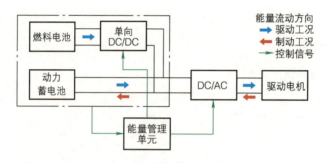

图 3-3 动力蓄电池直接并联结构

（3）双能量源间接并联

图 3-4 的双能量源间接并联结构和图 3-3 相比，动力蓄电池端和直流母线之间增加了一个双向 DC/DC 变换器，该结构不仅可通过 DC/DC 变换器来控制燃料电池的输出功率，而且可通过控制双向 DC/DC 变换器实现对动力蓄电池的充放电管理，有利于实现各种先进能量管理策略的移植与运用。总的来看，此种结构具有以下优点：间接并联的拓扑结构中，DC/DC 变换器实现了能量源的输出电压与直流母线电压的统一，提高了动力源系统的兼容性，更有利于采取更高的母线电压；系统输出电压的波动性较小，比较稳定，且 DC/DC 变换器的布置方便对多种能量源进行控制，降低了对能量源的技术要求，同时提高了氢燃料的能量利用率。

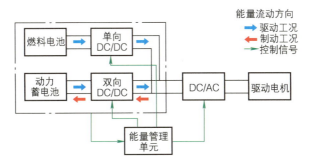

图 3-4 双能量源间接并联结构

2 功率和能量输出控制

前文介绍了复合电源的几种结构,在燃料电池汽车动力总成控制系统中,功率和能量的分配控制也是至关重要的。由于燃料电池通过 DC/DC 变换器与电机相连,所以通过对 DC/DC 变换器的控制可以将动力总成方案分为恒压源控制和恒流源控制两种模式。

(1) 恒压源控制

恒压源控制方案就是在车辆运行过程中,对 DC/DC 变换器的输出电压根据动力蓄电池、电机以及燃料电池所处状态的不同进行调节的方案,如图 3-5 所示。

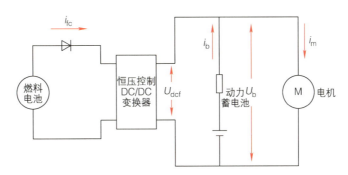

图 3-5 恒压源控制方案

如果 DC/DC 变换器输出电压低,动力蓄电池 SOC 将减小,输出功率将增大;相反,DC/DC 变换器输出电压高,SOC 将增大。在运行中,可以根据情况来调节 DC/DC 变换器的输出电压,以便尽量维持动力蓄电池的 SOC 在最佳范围内。如车速高时,DC/DC 变换器输出电压可以小一些,为车辆回馈制动时动力蓄电池提供充电余量,否则应取大一些。也可以基于 SOC 对 DC/DC 变换器输出电压进行调节,如 SOC 过高,DC/DC 变换器输出电压应取小一些。

这种方法的优点是给定 DC/DC 变换器输出电压后,不需要对能量进行具体分配,而由系统内部自动进行调节,对动力蓄电池也不存在过大的损害(动力总线电压可以限制在动力蓄电池允许的范围之内)。

(2)恒流源控制

恒流源控制方案就是在车辆的运行过程中,根据动力蓄电池、燃料电池和电机当前状态的不同调节 DC/DC 变换器的输出电流,如图 3-6 所示。

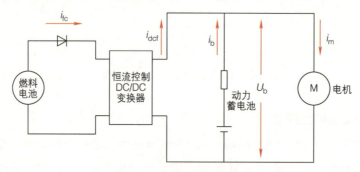

图 3-6 恒流源控制方案一

此种控制方案中,只采用允许大功率放电的动力蓄电池作为辅助动力源。由于电机作为可控恒流源,所以动力总线电压仍然由动力蓄电池唯一确定,对 DC/DC 变换器输出电流的控制根据动力蓄电池的 SOC 并对电机电流做前馈补偿,可以比较容易地控制动力蓄电池的电压和 SOC。

当然,也存在另外的情况,即对 DC/DC 变换器的输入电流做闭环控制,这种策略的好处是可以比较准确地控制燃料电池的输出电流,从而精确控制燃料电池的负载特性。

也有对电流动态响应要求比较高的场合,会在复合电源系统中加入超级电容,利用超级电容的功率特性达到更快的功率响应,如图 3-7 所示。同时采用动力蓄电池和超级电容作为辅助动力源,但超级电容不采用恒流源的控制方法,而是直接并联在动力蓄电池两端,这样可以起到平滑动力总线电压的作用,同时,超级电容中的电流根据动力总线电压自动分配。当车辆加速时,电机需求的功率增大,造成动力蓄电池输出电流增大,动力总线电压下降,此时,超级电容会放

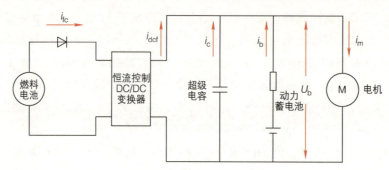

图 3-7 恒流源控制方案二

电，使动力蓄电池输出电流减小；当车辆下坡回馈制动时，动力蓄电池充电，使动力总线电压升高，于是回馈制动功率中会有一部分转移到超级电容中，以免动力蓄电池受到过大的充电电流冲击。

从上文的分析可以看出，燃料电池和动力蓄电池在复合电源系统中起到了非常关键的作用。下文将分别对两种电化学电源系统进行详细的介绍。

3.2 燃料电池堆与系统

3.2.1 燃料电池堆结构

根据之前章节所述，有如下考虑温度修正的能斯特方程：

$$E = E_0 + \frac{\Delta \hat{s}(T-T_0)}{nF} - \frac{RT}{nF} \ln\left(\frac{a_{H_2O}}{a_{H_2} a_{O_2}^{0.5}} \right) \quad (3\text{-}1)$$

式中，$\Delta \hat{s}$ 为生成气态水的反应熵，$\Delta \hat{s} = -44.43 \text{J}/(\text{mol} \cdot \text{K})$，并假定其与温度无关；$T_0$ 为标准态温度，$T_0 = 298.15\text{K}$；T 为当前温度；R 为理想气体常数，$R = 8.314 \text{J}/(\text{mol} \cdot \text{K})$；$a_i$ 为物质的活度。

由式（3-1）可知，只考虑热力学的情况下，燃料电池电压随温度变化的斜率约为 −0.23mV/K；假设阳极通入 3atm 的氢气，阴极通入 5atm 的氧气，则可逆电压 E=1.244V，仅增加 15mV。可见，温度和压强/浓度对于单体输出电压的影响非常小。如果要求单个电池产生 1kW 的电功率，需要产生大于 1000A 的电流。这一电流只可能在一个非常大的活性面积（>1000cm²）下产生，且要求燃料电池和负载之间的电缆非常粗以减少电阻损耗。一个更实际的解决方案是将多个燃料电池串联在一起，燃料电池的活性面积和连接电缆的横截面积将随着串联电池的个数增加而减小。例如，1kW 的输出功率可由 40 个燃料电池串联实现，每个燃料电池工作在 0.6V 的电压和 1A/cm² 的电流密度下。总电流在 24V 下将达到 42A 左右。因此，燃料电池堆通常是由多个燃料电池单体串联而成，在每个燃料电池单体中均流过相同的电流。电流由电子和离子定向移动所产生，电子流经燃料电池的固体部分（包括外部电路），而离子流经电解质（离聚物），并在交界处（催化剂层）进行电化学反应。

如图 3-8 所示,燃料电池堆的主要部件是膜电极组件（Membrane Electrode Assembly，MEA，MEA 的膜两侧有电极,且之间具有催化剂层）、MEA 外围的垫圈、双极板、电气连接的总线板（在电池组活动部分的每端各有一个）和流体连接的终端板（在燃料电池堆的每端各有一个）等。以下分别进行详细介绍。

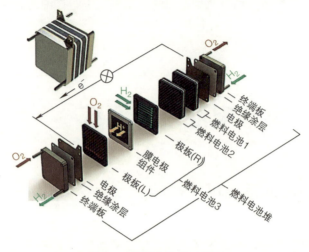

图 3-8　燃料电池堆示意图

1 双极板

在电堆内部的单体电池之间的连接直接由极板完成。除了电堆两端的极板外,中间的极板一面是阳极,另一面是阴极,故称为双极板,双极板也起燃料电池间的隔离作用。双极板上有流道,是提供燃料（氢气）和氧化剂（氧气或空气）的通道。流道引导反应气体流动方向,确保反应气体均匀分配到电极的各处。反应后剩余的反应气体和反应产生的水经过双极板流道排出燃料电池。双极板两面都有流道。流道的路径布置称为流场,流场布置有多种类型,图 3-9 展示了 4 种类型：单通道蛇行流场、交指形流场、平行流场、针状流场。

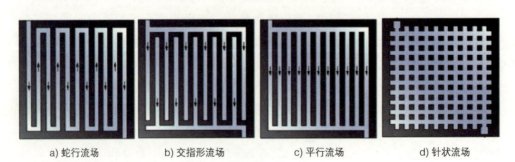

a) 蛇行流场　　b) 交指形流场　　c) 平行流场　　d) 针状流场

图 3-9　燃料电池双极板流场类型

双极板材料必须是电与热的良导体，具有一定的强度以及气体致密性，具有耐蚀性且对燃料电池其他部件与材料的相容无污染性，具有一定的憎水性协助燃料电池生成水的排出。目前，制作氢燃料电池双极板的材料主要分为三种：石墨、石墨-树脂复合材料和金属材料等。金属材料应用较多的是不锈钢和铝合金等。

图 3-10 所示是一种常用的采用多通道蛇行流道的双极板。板上有密封圈槽，密封胶圈直接镶嵌在槽中，板间不再采用密封垫片。由两块板背靠背贴合就组成双极板，或者同一块板的正面与反面加工成一样也可成为双极板。对于较大功率的燃料电池，需要在电堆中插入多块排热板，排热板插在两块双极板之间。冷却液通过冷却液通道流过排热板，带走热量。图 3-11 所示是带有冷却液通道孔的双极板。

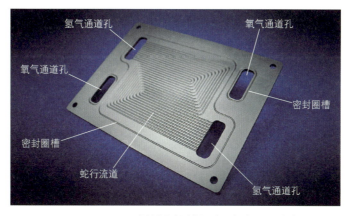

图 3-10 采用石墨材料的燃料电池双极板（阳极板）

图 3-11 带有冷却液通道孔的燃料电池双极板

图 3-12a 所示为双极板，图 3-12b 所示为模型中的排热板。双极板采用石墨-

树脂复合材料制作，板上有工作气体的蛇行流道，为清晰起见，图中只有3个流道。流道两端有工作气体通道孔。板上还有冷却液通道孔与装配螺栓孔。我们把只有一面有流道的极板称为单极板，两块单极板背靠背组成双极板。由于燃料电池的发电效率为50%~60%，剩余能量变为热量，所以大功率燃料电池的散热非常重要，一般采用在两块单极板之间插入排热板来散热。排热板由铝材制作，板上有排热液流道，流道可采用多种类型，但为了减小流体阻力，多采用平行流道，流道两端有冷却液通道孔，冷却液从一个孔进，另一个孔出。排热板可单独使用，也可两块面对面粘合成一块使用。目前流行的做法是直接在单极板背面制作排热液流道，两块单极板背靠背组成双极板，该双极板就集成了排热板，使结构简单，散热效果更好。对于小型燃料电池，可采用空气冷却，或每隔几个电池插一块排热板（水冷）；对于微型燃料电池就不需要排热板了，可直接采用空气吹拂散热。

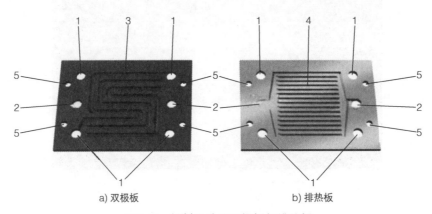

a) 双极板　　　　　　　　　b) 排热板

图 3-12　燃料电池的双极板与排热板

1—工作气体通道孔　2—冷却液通道孔　3—工作气体蛇行流道　4—冷却液流道　5—压紧螺栓孔

2 膜电极组件

实际使用的燃料电池将质子交换膜、催化层、扩散层集成为一体，称为膜电极组件，如图3-13所示。膜电极是燃料电池的核心部件，下面将分别对其各组成部分进行介绍。

（1）质子交换膜

质子交换膜是MEA中一个非常重要的组件，它兼有隔膜和电解质的作用。其隔膜作用就是阻止阴阳极之间气体相通，防止氢氧混合；其电解质的作用是仅使质子通过，而使电子传递受

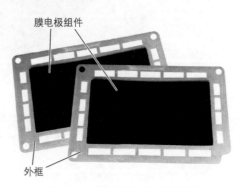

图 3-13　燃料电池膜电极组件

阻，则电子就被迫通过外电路流动向外输出电能。目前常用的质子交换膜为全氟磺酸型固体聚合物，酸分子固定在聚合物上，不能自由移动，但质子却可自由地通过电解质迁移。但是质子的移动受质子交换膜润湿条件的制约，质子交换膜润湿越好，质子传递阻力越小，也就越容易通过。相反，如果质子交换膜干涸，质子传递则受阻，燃料电池就会性能下降，甚至会损坏。当然，膜中的水也不能过多，否则将会淹没反应界面，阻碍正常的化学反应。

（2）催化层

催化层是使燃料和氧化剂发生电化学反应的物质，催化剂的好坏直接影响到燃料电池性能的好坏，目前催化剂多采用铂（Pt）。在催化电解水时表现出较高的电子传输能力和较小的过电位以及比较适宜的氢原子吸附自由能，可以温和地吸附氢原子并将氢气从表面脱附，过电位接近零。Pt族等金属及其合金在强酸性电解质中有较高的稳定性和催化活性，被广泛采用。但这类催化剂非常昂贵，在燃料电池的成本中占较大比例。为了减少催化剂的用量，一般将催化剂做成粗糙多孔的结构，使其有足够的比表面积以促进氢气和氧气反应。

（3）气体扩散层

气体扩散层是由导电材料制成的多孔合成物，它一方面为气体从流道扩散到催化层提供通道，另一方面对燃料电池的催化层起支撑的作用，气体扩散层孔隙率和孔径是其两个重要的参数。在质子交换膜两面敷设催化层与气体扩散层，5层整个厚度约1mm，组成膜电极组件，组件有外框。

3 集电极板、密封垫片、绝缘垫片

（1）集电极板

图3-14所示是膜电极组件及相应的集电极板。集电极板为铜板制作，安装在电堆两端，是电堆的电力输出端。

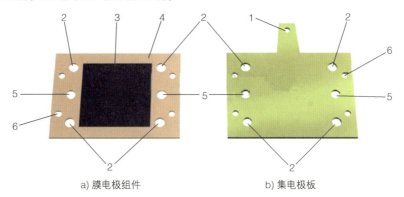

a）膜电极组件　　b）集电极板

图3-14　燃料电池的膜电极组件与电极板

1—电池接线孔　2—工作气体通道孔　3—膜电极组件　4—膜电极组件边框
5—冷却液通道孔　6—压紧螺栓孔

（2）密封垫片

为了防止工作气体与冷却液的泄漏，在所有叠装的零件之间都要垫密封垫片，密封垫片由专用橡胶片切成。目前许多燃料电池生产已不使用密封垫片，采用燃料电池专用密封胶粘合叠装的零件，提高生产效率，但密封垫片的方案方便拆卸。图3-15a所示是密封垫片。

（3）绝缘垫片

绝缘垫片（图3-15b）安装在集电极板与端盖之间，防止端盖带电。其由绝缘性好、有一定弹性的合成材料制成。

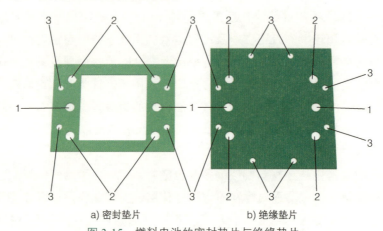

a) 密封垫片　　b) 绝缘垫片

图3-15　燃料电池的密封垫片与绝缘垫片

1—冷却液通道孔　2—工作气体通道孔　3—压紧螺栓孔

4 端板

两块端板安装在燃料电池堆两端，通过螺栓或绑带等压紧电堆。端板上有氢气入口管、氢气出口管、氧气入口管、氧气出口管、冷却液入口管、冷却液出口管与压紧螺栓孔等，如图3-16所示。

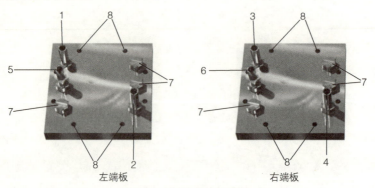

左端板　　右端板

图3-16　燃料电池堆端板

1—氢气入口管　2—氢气出口管　3—氧气入口管　4—氧气出口管
5—冷却液入口管　6—冷却液出口管　7—封口　8—压紧螺栓孔

3.2.2 空气供给系统

燃料电池空气供给系统根据负载需求，为燃料电池堆阴极供给合适的空气流量，空气供给系统主要由空气过滤装置、空气压缩机（简称空压机）、供给管道、加湿器、中冷器、电堆阴极流道、回流管道和电子节气门等部分构成，如图3-17所示。空气供给系统主要功能如下。

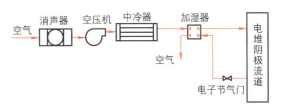

图 3-17 燃料电池空气供给子系统结构示意图

1）给燃料电池提供反应所需的氧气。一般用过氧比描述空气供给的充沛程度，即输入氧气和参与反应氧气的质量流量之比。空气供给系统在电堆的整个功率范围内必须提供足够的反应空气流量，目的在于保持期望的过氧比。

2）保证电堆入口空气的清洁性。任何颗粒或者化学物质（如一氧化碳等）都可能破坏催化剂和质子交换膜，从而导致电堆损坏。因此，空气供给系统必须过滤空气，去除空气中的杂质和有害的化学物质，如一氧化碳等。

3）给阴极加压。在任何情况下，燃料电池内部的空气压力都高于大气压。具体达到多少压力才能获取电堆较优的性能取决于电堆本身的结构设计。其中，比较典型的电堆压力值范围一般保持在1.5~2.5bar之间。因此，空气供给系统需要将电池内压力维持于该压力范围内，并尽量维持压力的稳定。

4）对空气进行加湿。质子交换膜必须保持在一个充分水化的状态，才能具有最佳的工作条件。特别是空压机压缩后气体温度升高，干燥的空气更需要进行增湿处理。因此，空气供应系统必须考虑电堆阴极入口处空气的相对湿度问题。

1 空气压缩机

如果把燃料电池系统比作人体，则电堆可以比作燃料电池的"心脏"，那么空压机可以称为燃料电池的"肺"。同样地，燃料电池系统的高性能输出需要强大的"心-肺功能"。

空压机在燃料电池系统中负责为电堆输送特定压力及流量的洁净空气，为电堆反应提供必需的氧气，是燃料电池系统除电堆外最核心的零部件。空压机需要满足效率高、体积小、无油、工作流量及压力范围大、噪声小、耐振动冲击、动态响应快等需求。针对这些需求，常见的空压机类型有螺杆式、罗茨式、离心式等。

如图3-18所示，螺杆式空压机通过电机驱动气缸内一对互相啮合的螺杆旋转，在螺杆之间形成压缩腔，从而产生压缩空气。螺杆式空压机的排气量几乎不受排气压力的影响，能在宽广的范围内保证较高的效率，缺点是噪声大、体积大。

如图 3-19 所示，罗茨式空压机的主要零件包括转子、同步齿轮、机体、轴承密封件等。罗茨式空压机工作过程如下：由于转子不断旋转，被抽气体从进气口吸入转子与泵壳之间的空间内，再经排气口排出。罗茨式空压机的工作范围宽广、结构简单、维修方便、使用寿命长、振动小，缺点是体积大，噪声很大，空气出口需要配备专门的消声装置。

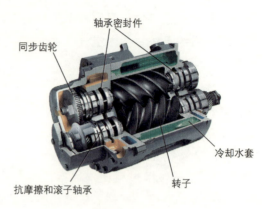

图 3-18 螺杆式空压机结构示意图

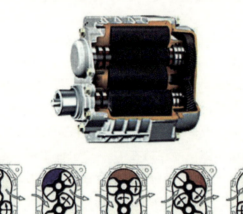

图 3-19 罗茨式空压机结构示意图

离心式空压机又称透平式空压机，其工作原理是当叶轮高速旋转时，在离心力的作用下，气体被甩到后面的扩压器中，而在叶轮处形成真空地带，这时外界的新鲜气体进入叶轮。叶轮不断旋转，气体不断地被吸入并甩出，从而保持了气体的连续流动。离心式空压机采用高速电机转子直接驱动叶轮，无机械传动装置，在效率高、噪声小、体积小、无油、功率密度高等方面具有良好的综合效果，被认为是最有前途的空压机类型之一。目前，本田、通用、现代以及上汽在燃料电池系统中使用的空压机类型都为离心式空压机，总体结构如图 3-20 所示。

典型的高速离心式空压机主要特征如下。

1）叶轮在蜗壳中高速旋转，并通过扩压器提升气体压力后输出，包括单级压缩和双级压缩。

第 3 章　电化学复合电源系统架构及构成

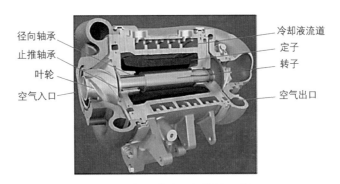

图 3-20　离心式空压机结构示意图

2）高速电机转子直接驱动叶轮旋转压缩气体。

3）高速电机转子由空气轴承进行支撑。

4）冷却液流经电机定子外侧的冷却液流道对空压机的本体进行冷却。

2 空气背压阀

背压阀的作用，顾名思义是控制/调节排气背压，所谓背压指管路后端的压力。一般在燃料电池系统空气路的电堆阴极出口安装背压阀，控制燃料电池堆阴极侧的压力。

压力的提高在一定范围内会提升电堆的平均电压，可通过电堆对操作条件的敏感性实验体现出来。当然，从系统的角度，空气侧压力的提升提高了对空压机性能的要求，同时提高了空压机的功耗，需要做一些权衡。另外，有些在低操作压力下工作的燃料电池系统可能没有背压阀，单纯靠空气路零件自身的流阻匹配电堆阴极侧的压力。

压力控制方法主要有两种，即闭环压力控制和开环压力控制，具体如下。

（1）闭环压力控制

如图 3-21 所示，闭环压力控制是指把电堆入堆处的空气压力作为控制目标，通过比例 - 积分 - 微分（Proportional-Integral-Derivative，PID）控制方法来调节背压阀开度以控制空气进堆压力的闭环控制方法。其中，目标压力是基于由整车控制器确定的功率需求所对应的工况得出的。

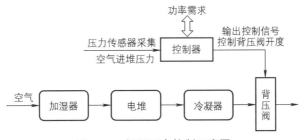

图 3-21　闭环压力控制示意图

（2）开环压力控制

如图 3-22 所示，开环压力控制是通过由实验确定的燃料电池发动机输出功率、空气进堆压力和背压阀开度的关系，根据功率需求所确定的工况点压力，直接查表得到背压阀开度值，通过 PID 控制方法控制背压阀达到相应的开度。这实际上是对空气进堆压力的开环控制。

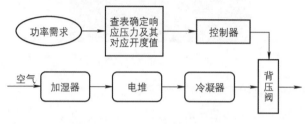

图 3-22 开环压力控制示意图

3.2.3 氢气供给系统

氢气供给系统是燃料电池发动机的核心子系统之一，为燃料电池发动机提供稳定流量和压力的氢气，实现燃料电池堆内部水平衡管理的作用。燃料电池系统在实际运行过程中，阳极侧的氢气一直处于过量状态，同时，阴极侧产生的水也会一直向阳极渗透。因此，燃料电池阳极侧过量氢气的循环和水的管理对燃料电池的性能起着至关重要的作用。

氢气供给系统主要性能体现在如下四个方面。

1）管路接口处的高压静密封及阀门密封。它的重点在于管路、阀门泄漏率在规定范围内，同时要求接头密封性能好，拆装方便，且成本较低。主要采用的方式有锥管螺纹密封、球面密封以及平面密封。

2）减压阀减压稳压性能。它的重点在于要求减压跨度大，不同流量和阀前压力下减压阀后端压力波动小。同时，由于多级减压以及安全保护阀门造成的体积过大，需要对减压模块进行集成以减小体积。

3）管道阀门洁净度。它的关键在于选取的管道精度等级以及阀门对气体介质纯度的影响程度。

4）氢气利用率的提升。一方面，氢气直排造成氢气浪费且存在安全隐患，而氢气反复循环又会造成杂质累积降低氢气纯度。另一方面，阳极水含量过高和过低都会影响燃料电池的性能和寿命，水含量过低会导致质子交换膜过干，影响质子的传输，而阳极水分过多，会影响氢气在阳极的扩散，造成水淹，引起局部氢饥饿。因此，有必要通过对燃料电池供氢系统进行研究与优化，增加燃料电池的氢气利用率，优化燃料电池阳极的水管理，提高燃料电池发动机的性能和寿命。

1 非循环式氢气供给模式

（1）直排流通模式

直排流通模式指的是燃料电池发动机在运行过程中将未反应的氢气直接排放到外界环境中。此种方法结构简单、成本较低，不需要氢气循环装置。受传质阻力和反应效率的限制，燃料电池阳极侧通入的氢气不能完全参与电化学反应，将电堆内未反应的氢气直接排放到环境中，不仅会造成一定的氢安全隐患，而且还会降低燃料电池发动机的氢气利用率和发电效率。另一方面，电堆中未反应的氢气中含有大量的水分，因此，在没有阳极加湿系统存在的情况下，直接排放会引起质子交换膜出现膜干现象，进而导致燃料电池水分失衡，降低燃料电池的性能和寿命。

（2）死端模式

死端模式即将燃料电池供氢系统的出口进行封堵，使供氢系统形成封闭的系统。由于对供氢系统出口进行封堵，氢气会在电堆内部停留更长的时间，降低了氢气的浪费，提高了氢气的利用率。但是燃料电池在正常工作过程中，阴极侧氮气和惰性气体在压差或浓度梯度的作用下，会反扩散至阳极聚集，随着氢气循环时间的加长，杂质在阳极侧累积程度也会增加，降低了氢气纯度。与此同时，阴极侧反扩散至阳极侧的水也极易导致阳极侧发生水淹，造成氢饥饿。这些都会降低燃料电池的发电性能，因此，死端供氢模式难以满足燃料电池发动机耐久性及可靠性的使用要求。

2 氢气循环供给模式

（1）压力变化回氢模式

压力变化回氢模式如图 3-23 所示，其主要由两个单向阀、汽水分离器和流量控制器等组成。该方案利用燃料电池堆进出口的压力变化实现氢气循环。通过控制氢气供应量来改变燃料电池堆进出口压力差，并利用单向阀实现氢气的自发循环。压力变化回氢模式具有系统结构简单、控制策略简单、容易实现的优点。但压力回氢模式响应速度较慢，压力波动较大，对质子交换膜的耐压性能要求较高，容易造成质子交换膜机械疲劳，且压力变化回氢模式会导致电堆性能一致性较差，很难满足商业化应用。

（2）单氢气循环泵回氢模式

单氢气循环泵回氢模式如图 3-24 所示。单氢气循环泵回氢模式在燃料电池供氢回氢系统设计中属于传统设计方案，其特点是响应速度快，工作区间范围广，且可以根据燃料电池工作状况进行主动调节。单氢气循环泵模式的典型应用代表为丰田汽车公司，其在 Mirai 燃料电池乘用车上应用的两叶罗茨式氢气循环泵技术也已经开发到第三代。但是氢气循环泵也面临着成本高、体积大、质量大，存在额外的能量消耗、振动以及噪声等问题，这些都制约着氢气循环泵在燃料电池发动机上的集成与应用。

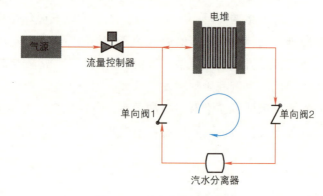

图 3-23 压力变化回氢模式

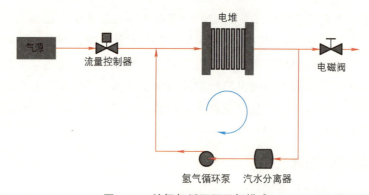

图 3-24 单氢气循环泵回氢模式

（3）单引射器回氢模式

单引射器回氢模式如图 3-25 所示。该模式利用高压高速氢气对燃料电池出口的氢气进行抽吸，实现氢气的循环。相比于氢气循环泵，引射器具有结构简单、运行可靠、噪声低、无额外功耗等特点。现代汽车公司在其 Nexo 燃料电池乘用车中采用的就是单引射器模式，且基于单引射器模式，现代公司开发了阳极氢气浓度估算器和吹扫控制器来精确估算燃料电池阳极侧的氢气浓度。但是引射器在应用过程中存在工作区间窄，低功率工作区引射效果不佳，且工作稳定性差的问题。随着技术的进步和发展，出现了可变喷嘴引射器，其通过改变引射器喉口截面积实现可变氢气循环量，最终实现在不同工况下大、小流量氢气再循环。

可变喷嘴引射器的典型应用代表是本田汽车公司，其在上一代燃料电池汽车 FCX Clarity 中采用了可变喷嘴引射器回氢的方案。可变喷嘴引射器虽然解决了普通引射器工作区间较窄的问题，但是可变喷嘴的结构也使其本身结构也更加复杂，体积和质量也更大。

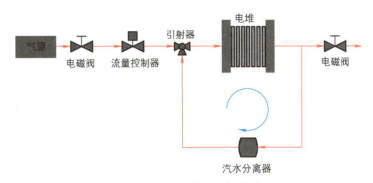

图 3-25　单引射器回氢模式

（4）双引射器并联回氢模式

图 3-26 所示为双引射器并联回氢模式。美国 DTI 公司提出一种双引射器并联回氢设计方案，该回氢系统主要由氢气分流阀和两个不同流量的引射器组成，根据电堆工作的不同功率，分别通过高、低流量引射器进行氢气循环。当电堆工作在高功率区间时，采用高流量引射器进行氢气循环，当电堆工作在低功率区间时，通过低流量引射器进行氢气循环。相对于单引射器回氢模式，双引射器并联回氢模式的工作区间较大，能够满足电堆在不同功率下的使用需求。但是双引射器并联回氢模式含有两个引射器，增加了系统体积、质量和成本，使系统结构和控制策略更加复杂。

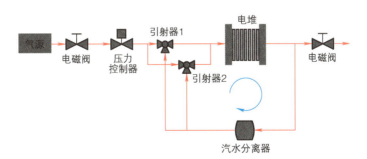

图 3-26　双引射器并联回氢模式

（5）氢气循环泵与引射器并联回氢模式

氢气循环泵与引射器并联回氢模式如图 3-27 所示。Argonne 实验室的燃料电池系统阳极供氢方案中采用了氢气循环泵和引射器并联的回氢模式。在低功率小流量阶段采用氢气循环泵进行氢气主动循环，在大功率大流量阶段采用引射器进行氢气被动循环。这种氢气循环方案避免了氢气循环泵在电堆大功率区间运行时的能量浪费，也解决了引射器在电堆小功率区间引射效果不佳的问题，但是氢气循环泵与引射器并联的方案增加了系统的复杂性和成本。

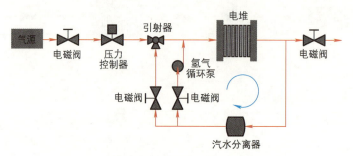

图 3-27 氢气循环泵与引射器并联回氢模式

（6）引射器加旁路喷射回氢模式

引射器加旁路喷射回氢模式如图 3-28 所示。鉴于引射器的应用过程中存在着工作区间较窄以及杂质、水分吹扫困难的问题，因此有研究人员开发出一种在传统引射器的基础上添加旁路喷射器的方案。在燃料电池的工作过程中，水分、氮气及惰性气体会通过质子交换膜反渗到阳极侧，因此需要对燃料电池阳极侧进行定期吹扫，以保证燃料电池阳极侧充足的氢气供应和较高氢气浓度，旁路喷射器的作用就是在燃料电池运行过程中为阳极侧提供大量的氢气进行吹扫。引射器加旁路喷射回氢模式虽然解决了引射器吹扫的问题，但是仍未解决引射器在小功率小流量阶段引射效果不佳的问题。

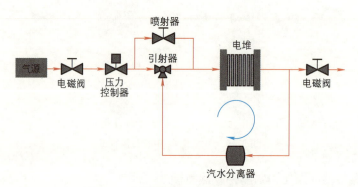

图 3-28 引射器加旁路喷射回氢模式

3.2.4 热管理系统

燃料电池的正常工作温度在 60～80℃之间，工作温度过高、过低都会影响其性能，甚至影响到使用安全。为保证燃料电池高效工作，需对电堆内部的温度进行精确控制。对于一些小型或微型燃料电池，因其功率小而产热较少，可通过对外的热辐射实现自我冷却，不需要设计冷却系统。但大功率燃料电池功率大而且产热多，热辐射的热量远小于工作产生热量，必须通过冷却系统实现温度平衡，保证电堆可在常温以及极端环境中稳定工作。

电堆热管理系统的主要功能可分为低温加热和高温散热两个子功能，并基于燃料电池控制器（Fuel-cell Control Unit，FCU）控制电堆散热器风扇、电堆水加热器、电堆水泵、电子节温器四个部件，使电堆满足不同环境、不同工况下的正常工作温度需求。电堆冷却回路其他零部件还包括：电堆、去离子器、单向阀和节流阀、散热器以及电堆进水口温度传感器和压力传感器、出水口温度传感器等。为提高冷却系统控温效率，将冷却系统分成冷却小循环与冷却大循环，冷却系统结构如图 3-29 所示。

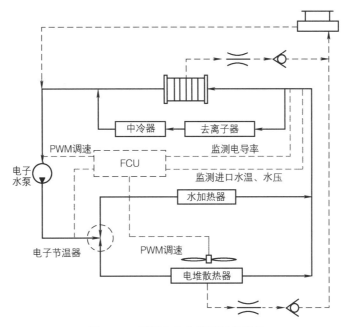

图 3-29 燃料电池热管理系统结构

冷却小循环：当出堆水温低于 60℃时，电子节温器只开启小循环，从而实现电堆的快速升温，此时水循环的主要路径为水泵→节温器→电堆→水泵。

冷却大循环：当冷却液出堆水温大于60℃时，电子节温器开启大循环，当水温达70℃时，节温器完全打开，冷却液全部通过散热器，同时启动电子风扇给散热器进行冷却。此时水循环的主要路径为水泵→节温器→散热器→电堆→水泵。

低温加热：为使电堆能实现低温快速启动，在冷却小循环回路设置正温度系数热敏电阻（PTC）加热器。当环境温度较低时，节温器开启小循环并启动加热器，从而实现电堆的快速冷启动升温。

通过节流阀、单向阀与膨胀水箱相连可为电堆进行除气，同时也可通过散热器除气管向膨胀水箱排气。其中，节流阀可减少冷却液进入水箱的水流量、单向阀可避免水箱中的冷却液倒流进入电堆、散热器。去离子器可吸附冷却水中的阴阳离子，降低冷却水的电导率，但因其水阻较大，需要将其与电堆并联。

3.2.5 燃料电池发动机控制系统

燃料电池发动机控制系统包括控制器、传感器和执行器，执行器主要是风机、水泵以及阀门等；传感器主要是压力、温度、电压和电流传感器等。由于流量和湿度传感器的价格和性能的原因，系统中往往不配置这两种传感器。

控制系统的作用是根据整车的功率需求控制燃料电池发动机工作在最佳状态，尽量避免本质失效情况的出现，即保证可靠性、安全性、最佳动力性和高效率。控制系统的具体功能包括：与整车通信，根据整车的需求，控制燃料电池发动机辅助系统的工作状态；检测发动机的工作状况，对不同等级的故障进行相应的处理。燃料电池发动机控制系统的功能具体可分为通信功能、控制功能和故障诊断功能。

（1）通信功能

燃料电池发动机需要向整车管理系统汇报当前的工作状态和相关的工作参数，接受整车的操作指令并获取当前整车功率需求的信息。通信是燃料电池发动机和整车管理器联系的纽带，其可靠性是整车安全运行的关键。通信功能的设计目标是实时性和可靠性。通信功能的设计必须具有足够的通信速率和数据处理的能力，此外，通信功能必须具备高度的抗干扰性。

（2）控制功能

控制功能是指控制燃料电池发动机的辅助系统按照适合的工作流程进行工作，并且根据当前的功率输出控制电堆的工作温度和供应燃料的温度、湿度、压力和流量在最佳状态。控制功能的设计目标是快速性、稳定性和鲁棒性。控制对象分别为空气供给系统、氢气供给系统、水热平衡系统以及能量输出管理，如图3-30所示。

对空气供给系统的控制主要是控制压缩机或风机的运行状态。由于空气压缩机是燃料电池发动机附属功率消耗最大的部件，对于空气供应量控制的优化有助于提高燃料电池发动机的总体效率。

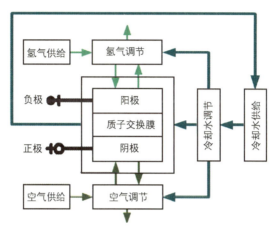

图 3-30　燃料电池发动机示意图

对氢气供给系统的控制主要是控制氢气的压力和流量。通过阀门对储氢设备中的氢气进行压力调节，进行增湿后供给燃料电池堆，并在氢气循环泵的作用下进行循环。对氢气的压力调节对于高压燃料电池系统尤其重要，压力调节不当很容易导致质子交换膜永久损坏，造成电堆失效。

水热平衡系统主要是控制系统的温度和湿度，由于质子交换膜燃料电池对水热的敏感性和水热之间的非线性耦合关系，水热平衡的控制水平直接影响燃料电池发动机性能的多个方面，是控制系统的关键之一。

(3) 故障诊断功能

故障诊断功能是指控制系统对燃料电池发动机的相关工作参数、执行机构和环境参数进行检测，确定燃料电池发动机的工作状态，并对既有的故障进行相应的处理。对工作参数的检测包括对供应空气、氢气的温度、湿度、流量和压力等参数的采样；对执行机构的检测包括对变频器、阀门等执行机构状态的检测；对环境参数的检测包括测量环境空气的温度、湿度和发动机周围氢气的浓度。通过识别发动机和其工作环境的状态，基于控制系统的智能化技术可以对潜在的故障进行预处理，对已经发生的故障根据相应的故障等级采取相应的措施。故障诊断功能不仅能够为调整燃料电池发动机到最佳状态的控制提供必要的参数，同时可以减少系统失效的概率，对于发生的故障可以做到及时处理，避免因系统失效带来恶性后果。

3.3 锂离子电池组与系统

目前与燃料电池适配的电池主要是锂离子动力蓄电池,日本丰田汽车沿用了其混合动力的镍氢电池方案,但中国企业几乎全部是采用锂离子电池方案,尤其在中国的燃料电池商用车应用中,企业出于追求高安全性和低成本的目标,几乎都是采用磷酸铁锂的方案,也因此存在低温性能不好和电池电量难以准确估计等困难。因此,了解锂离子电池系统也是研究复合电源系统的基础。

锂离子电池系统可分为单体电池(Cell,又称为电芯)、电池模块(Module)、电池包(Pack)三个层面,以下分别进行介绍。

3.3.1 单体电池

与燃料电池往往根据电解质进行分类不同,锂离子电池往往根据其正极材料体系进行分类。目前车用的锂离子电池正极材料主要分三元镍钴锰(NCM)和磷酸铁锂两大类,其中,三元镍钴锰材料一般是指镍钴锰酸锂 $LiNi_{1-x-y}Co_xMn_yO_2$,该材料存在三元协同效应,其电化学性能优于任何单一材料,综合了 $LiCoO_2$ 的循环稳定性,$LiNiO_2$ 的高比容量以及 $LiMn_2O_4$ 的热稳定性、安全性和价格低的优点,但因为有钴、镍等贵金属,成本较高。

现阶段锂离子动力蓄电池负极材料基本上都是石墨类碳负极材料。通过对石墨类碳负极材料进行表面包覆改性,增加负极材料与电解液的相容性,减少不可逆容量,增加倍率性能。未来,负极材料将向高容量方向发展,如采用掺硅石墨甚至锂金属负极。

电解液将反应所需的化学物质与阳极和阴极接触,锂离子电池电解质是锂离子电池中离子传输的载体。一般成分是锂盐和有机溶液,锂盐主要有 $LiPF_6$、$LiBF_4$ 或 $LiClO_4$,溶剂主要有碳酸二甲酯(DMC)、碳酸二乙酯(DEC)、碳酸甲乙酯(EMC)、丙酸丙酯(PP)等。电解质目前仍是有机液体,正在往固态电解质方向发展。

根据封装方式、电芯形状的不同,市场上的电芯可分为三大类:方形电芯、圆柱电芯和软包电芯,前二者是用硬壳封装,钢壳、铝壳居多。在生产制造过程中,还没进行封装的电芯被称为裸电芯,三种电芯封装形式各有优劣。

(1) 方形电芯

图 3-31 所示为方形电芯典型的结构图,图中所给出的方形电芯内部由两个卷绕后的裸电芯单元组成,封装于金属材质方形外壳中。简单来讲,方形电芯可以拆分为顶盖、裸电芯、壳体、电解液及其他零部件。

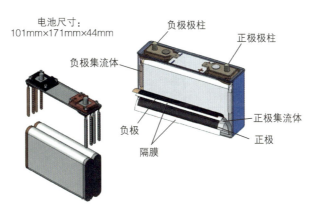

图 3-31　方形电芯结构示意图

顶盖主要由正、负极极柱以及泄压阀(也称防爆阀/安全阀)组成。在电芯热失控产生大量气体的情况下,方形电芯上顶盖上的泄压阀会打开释放气体,避免电芯内部压力过大造成爆炸,是电芯安全的一道保障。

裸电芯的制造可采用卷绕或叠片工艺,图 3-31 中的裸电芯是采用卷绕工艺制成的,组成裸电芯的极片是用铜箔/铝箔作为集流体,再涂上活性材料制成的。极片顶部的金属箔片经裁切形成极耳,将正负极电流导出。

方形电芯采用方形钢壳或铝壳作为壳体,散热性、可靠性好,空间利用率高,不易受外力破坏。方形电芯的尺寸可以根据车型需求进行定制化设计,而由此带来的问题就是型号众多,难以标准化。

(2) 圆柱电芯

典型的圆柱电芯结构包括:正极极片、负极极片、隔膜、电解液、外包装壳、盖帽/正极帽、垫片、安全阀等(图 3-32)。圆柱电芯一般以盖帽为电池正极,以外壳为电池负极。

圆柱电芯的标准化程度较高,常见的型号有 18650、21700 等,型号的前两位数字代表圆柱电芯的直径(mm),第 3、4 位代表圆柱电芯的高度(mm),第 5 位的 0 指的是圆柱(如果有的话)。特斯拉现在用得较多的圆柱电池是 18650 和 21700,4680 这种大圆柱电池也已投入批量应用。

圆柱电芯比表面积大,且投入市场应用早,生产工艺成熟,与方形电芯、软包电芯相比,主要优势是制造难度低、良品率高、一致性好,具有较高的成本优势,但劣势在于空间利用率、成组效率低。

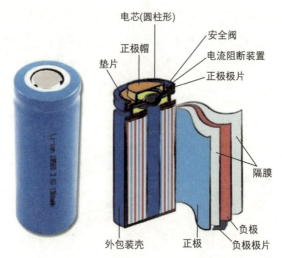

图 3-32　圆柱电芯结构示意图

(3) 软包电芯

软包电芯其实很常见,手机中常用的就是小型软包电芯。其由铝塑包装膜替代金属壳体,包裹着正负极材料、隔膜、电解液(图 3-33)。由于铝塑膜冲壳深度有限,密封困难,因此软包动力蓄电池的厚度受限,面积更大。由于壳体重量占比小,软包电芯能量密度较高,但在散热特性、可靠性和成组效率上存在一定的劣势。

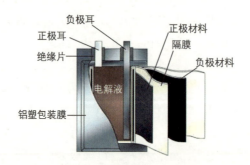

图 3-33　软包电芯结构示意图

安全方面,软包电芯在内部压力过大时封口会破裂泄压,不易爆炸,不需要设计防爆阀,但软包特有的铝塑膜包装无法分担外部挤压力,挤压时易造成内部卷芯变形而发生热失控,且无法保证内部发生热失控后爆破或者热传导的方向,会鼓气裂开。

就可靠性而言,铝塑膜主要由聚酰胺(25μm)、轧制铝(40μm)、聚丙烯(50μm)层叠而成,很容易被金属小颗粒刺穿造成漏液问题。聚丙烯层受力会发生蠕变,长期使用后内部化学体系产气后很容易将封装区撑破。

3.3.2 电池模块与电池包

单个电芯并不足以驱动电动汽车，需将多个电芯串并联，才能实现驱动车辆所需的电压、电流和电量需求。

1 传统电池模块方案

在动力蓄电池系统技术发展过程中，电池模块是电池系统中非常重要的部件。模块是将多个电芯串并联，再加上起到汇集电流、收集数据、固定保护电芯等作用的辅助结构件，所形成的模块化电池组。几种电芯的典型模块结构如图3-34～图3-36所示。

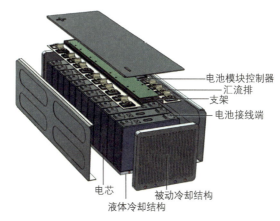

图3-34 方形电芯模块典型结构

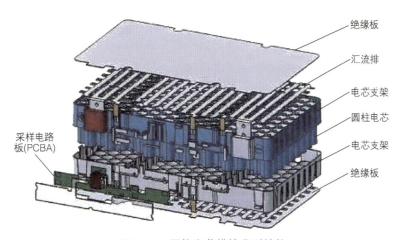

图3-35 圆柱电芯模块典型结构

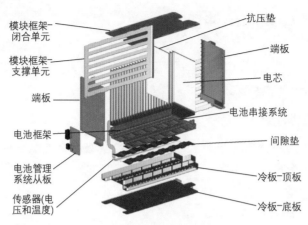

图 3-36 软包电芯模块典型结构

采用模块这种模块化设计的好处在于电池结构更为稳定,且电池系统的可维护性高,如果个别电芯出现故障,可以单独更换相应模块,维修的工作量较低。但这种模块化设计需要使用大量不能提供能量的结构件,占用宝贵的安装空间,拉低电池系统的能量密度,影响车辆的续驶里程表现,这一劣势在圆柱电芯、软包电芯的电池模块上尤为明显。

圆柱电芯是小单体,成组需要大量的圆柱电芯,以 85D 版 Model S 的电池包为例,该电池包里有 16 个模块,每个模块有 444 节圆柱电芯,圆柱与圆柱之间存在大量空隙,空间利用率低。此外,电芯数量越多,对电池管理系统的挑战就越大。而软包电芯虽然理论能量密度要更高于方形电芯和圆柱电芯,但由于其本身刚性不足,需要添加更多结构件保护电芯,所以成组效率也比较低。

2 新型无模块化方案

锂离子动力蓄电池的能量密度得到了大幅提升,成为高能量密度动力蓄电池系统的基础。在系统集成上,传统的动力蓄电池系统包括了多个具有类似的机械、电气、电子零部件的电池模块,存在成组效率低、能量密度低的缺点。近些年出现的无模块化技术,例如电芯到电池包(Cell to Pack,CTP)、电芯到底盘(Cell to Chassis,CTC)、电芯到车身(Cell to Body,CTB)等技术,尝试取消模块,以降低零部件数量、生产成本,并提高效率。CTP 技术将电芯直接集成到电池包内,减少或去除动力蓄电池系统"电芯 - 模块 - 电池包"的三级结构,使体积利用率可提升 15%,零件数量减少 15%,生产效率提升 30%,从而大大提升纯电动汽车(Battery Electric Vehicle,BEV)的续驶里程,降低成本。目前国内采用 CTP 技术的企业主要有比亚迪、宁德时代等。特斯拉、大众等企业也提出了更为激进的结构型电池包概念,即 CTC/CTB 技术。CTC 技术是直接将电芯集成在地板框架内部,将地板上下板作为电池壳体。比亚迪推出的 CTB 技术是另一种类似于 CTC 技术的电池高度集中的设计方案。与特斯拉等所提出的 CTC 技术不同，CTB 技术仍然保留了车身上的横梁结构，CTC 则是无横梁设计，电池包本身成为承受载荷的结构件，做了特殊的结构加强设计。如图 3-37 所示，CTP、CTC/CTB 技术是目前 BEV 动力蓄电池成组方式的重要发展趋势。相比于 CTP 技术，CTC/CTB 需要与整车制造企业进行深入合作开发，且在带来高比能量的同时，电池系统检测、维修便利性、梯次利用等问题也逐渐引起了业内关注。总之，提升系统集成度仍然是 BEV 动力蓄电池系统共同的发展目标，而采用 CTP 还是 CTC/CTB 技术将由具体的商业模式决定。

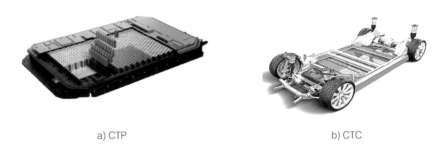

a) CTP   b) CTC

图 3-37 不同形式的动力蓄电池成组方式比较

3.3.3 热管理系统

电池热管理系统是从使用者的角度出发，来确保电池包工作在适宜温度范围内的整套系统，主要包括电池箱、传热渠道、传热介质、检测设备等部件。电池热管理系统主要有以下五项功能：电池温度的准确测量和监控；电池组温度过高时的有效散热；低温条件下的快速加热，使电池组的温度到达整车工作的范围内；有害气体产生时的有效通风；保证电池组温度场分布的均匀性。

热管理系统最主要的目标就是控制住电池包的温度，温控的目标可以分为两个方面，一个是将整个电池包的工作温度控制在一个合适的范围内，另一个是将电芯、电池模块之间的温差控制在一定值以下。温度范围的控制会根据电池的不同而不同，而温差的控制总是希望温差越小约好。

1 电池极限温度的控制

在不同的环境条件及车辆运行工况下，电池包的热管理系统要保证让电池包在安全的温度范围内运行，并且尽可能地将电池包的工作温度保持在最优的工作范围之内。因此，设计电池热管理系统的前提是要知道电池的最佳工作温度范围，该范围通常由电池的制造商提供，有时候也可以由使用者根据试验来确定。

对于确定的电池系统，其应用的电性能要求是比较明确的。确定电池系统的可工作温度范围主要是由系统控制的 SOC 范围、最大输出功率和最大输入功率等参数来决定，需要通过测量电池系统在不同温度下的这些参数，来确定电池系统的正常工作温度范围。

目前常用的锂离子动力蓄电池的最佳应用温度范围在 20~35℃，正常使用温度在 0~40℃，超过该温度范围则会对性能和寿命产生较大的影响。在电动汽车应用中，由于采用的电芯数量较多，产热量较大，即使在温度较低时，车辆运行一段时间后，电池包的温度也会逐渐上升到正常温度，所以一般需要进行上限温度限制，此外，高温也是安全性的主要原因。

车载动力蓄电池系统中，即使是锂离子电池，由于内部成分不同，其各自所能承受的极限温度也不同。例如，锰酸锂电池的极限温度一般不超过 55℃，磷酸铁锂电池的极限温度一般不超过 60℃。除此之外，根据现有的研究，锂离子电池在极低的温度（0℃以下）下，其有效容量和功率会大幅降低，在充电过程中还极易因为析锂引发寿命衰减和安全事故。因此，为了保证电动汽车能在冬天的低温环境下工作，电池热管理系统应当拥有对电池包的低温加热的功能。

2 电池的温度一致性控制

在电池的应用过程中，电池的内外温差也是需要注意的。一般情况下，只能够测量电池的表面温度，由于电池内部的传热限制，不同电流下，电池的内外温差也是不一致的。电池包中单体电池或电池模块之间的温度差异主要是由以下因素引起。

1）电池在工作中由于单体电池间内阻不一致而引起的发热量不一致，内阻的一致性主要取决于生产商的质量控制水平及电池衰老速率的一致性。

2）单体电池或者电池模块由于在电池包内所处的位置不同而导致的传热效率不一致。处于电池包内中间位置和冷却介质出口处的单体电池容易积累热量，周边和冷却介质入口处的电池散热效果会好一些。另外，电池箱体的热导率、电池正负极的摆放位置、模块中单体电池的尺寸及连接方式、电池内部的电流密度变化等均会造成电池模块产热在空间分布上的不均匀，导致温度场的分布不均匀。

3）温度场的不均匀性。采用流体介质（气体或者液体）散热时，随着冷却介质的流动，其温度会逐渐升高，即冷却路径也会使电池之间出现温度差异。

在正常应用条件下，电池的电性能（容量和功率）差异应该不超过 5%，试验数据表明，常用的锂离子电池温度差别不超过 5~8℃，电池的性能差别就不会超过 5%。因此，很多研究人员推荐单体电池之间的最大温差应该不超过 5℃。

3 常用热管理系统结构形式

锂离子电池包热管理系统根据能量的来源不同可以分为主动式管理和被动式管理。以电池温度过高为例,安装在系统内部的、能够在高温下提供冷源的方式为主动式冷却,即主动式管理,而只利用周围环境冷却的方式为被动式冷却,即被动式管理。

按照传热介质的不同可以分为空气强制对流冷却、液体冷却、相变材料冷却、空调制冷、热管冷却、热电制冷等。需要根据不同的周围温度和使用情况要求等选择不同的冷却方式,其中,空气强制对流冷却和液体冷却是常用的车载冷却方式。

(1) 空气强制对流冷却

空气冷却是指空气作为冷却介质直接穿过电池模块以达到冷却电池包的目的。一般采用强制空气对流冷却的方式,即通过外加风扇等装置将空气送入电池箱,带走电池散发出来的热量。这种方式需要尽可能增加电池间的散热面积、散热槽及距离,成本低,但电池的封装、安装位置及散热面积需要重点设计。空气强制对流冷却的电池包内部可以采用串行式和并行式的空气流道,如图3-38所示。

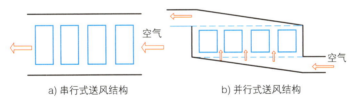

a) 串行式送风结构　　　　b) 并行式送风结构

图3-38　送风结构示意图

(2) 液体冷却

在相同流速下,空气的传热速率远低于直接接触式流体,这是因为液体边界层薄,热导率高。因此在复杂车用工况下,液体冷却才可以更好地满足电动汽车动力蓄电池的散热要求,目前大多数中高端乘用电动汽车均采用了液体冷却方案。

采用液体与外界进行热交换把电池包产生的热量送出,需要在电池模块间布置管线或围绕电池模块布置夹套,或者把电池模块沉浸在的液体中。采用不同类型电芯的电池包中的液冷板/管的结构及液冷电池包的整体结构如图3-39所示。若液体与电池模块间采用传热管、夹套等,则传热介质可以采用水、乙二醇、油,甚至制冷剂等。若电池模块直接沉浸在液体传热介质中,则必须采用绝缘措施防止短路。传热介质和电池模块壁之间进行传热的速率主要取决于液体的热导率、黏度、密度和流动速度,传热液体的质量和夹套、管路的质量会明显影响液冷电池包的质量能量密度。

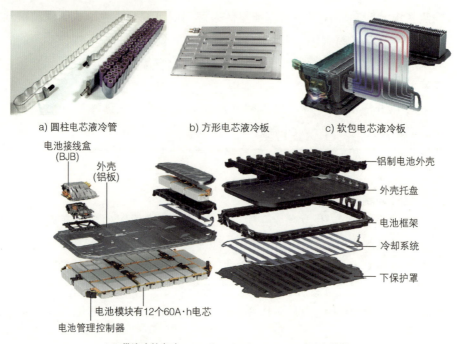

a) 圆柱电芯液冷管　　b) 方形电芯液冷板　　c) 软包电芯液冷板

d) 带液冷的奥迪e-tron Sportback 55 quattro电池包结构

图 3-39　电池包中的液冷板/管的结构及液冷电池包结构

（3）加热方法

纯电动汽车或油电混合动力汽车的电池包、电池模块在低温环境下也需要相应的加热方法和设备来提升其低温性能表现，使电池内部能够在低温环境下保持在正常的工作温度范围内，满足正常的充放电使用需求，使整车达到最佳性能状态。为了改善电池低温性能表现，提升电池在低温环境下的放电电压和放电效率，目前使用的方法主要是传统的热传导加热方式，该方法通过在电池包或电池模块外部添加高温液体、高温气体、电热丝等手段来实现热量由外而内的传导。

传统加热方法包括循环高温液体加热、循环高温气体加热、电池表面电热丝类加热膜加热、电池模块填充相变材料或填充化学反应产热材料加热，此类加热方法有许多共同的特点：①加热不均匀，存在较大的温差；②加热时间长，加热效率低；③结构复杂，成本高；④需要外部加热源或填充物。

新型内部加热原理是利用电池本身在低温条件下阻抗大的特点，通过对其进行充放电来产热。电池内部加热可分为充电加热、放电加热、交流加热和自加热。其中，前三者的原理都是利用低温环境下电池内部较大的电化学阻抗，使电流流过电池时产生较大的热量，从而提高电池的温度。考虑到低温条件下锂离子电池充电可能会导致锂枝晶的发生，相对于充电加热，放电加热则更具有安全性。但是在低温条件下，电池可用容量降低，在温升的过程中，为了尽快达到目标温度，通常需要较大的放电倍率，从而需要消耗较多的能量。因此，该方法通常与外部加热的方式联合使用，通过设置不同的目标来对整个低温加热系统进行优化，但会增加整体的复杂度。与充放电加热方式不同，交流激励加热则能够在加热电池时，尽可能少地消耗电池内部的容量。当交流激励加热利用外部交流电源时，其相当于对电池进行反复充放电，能够保证在温升的同时不消耗能量。交流激励通常可利用正弦波形或是方波，其中方波的加热效果相对更好一些。交流加热因其相对于其他加热方式，具有结构易实现、加热效果好，且消耗电池的电能少的特点，得到了许多学者的关注，并且交流加热的实现方式也呈现出百家争鸣的现象，如设计外部 RC 振荡电路、结合车载电机驱动系统等。

3.3.4　电池管理系统

不管车辆使用的是哪种锂离子电池，动力蓄电池都是由一个个小的单体电池通过串、并联的方式组成电池模块，再由电池模块最终组成车辆的动力蓄电池单元。一辆汽车上有许多的单体电池，而每一个小的单体电池都是单独制造的，它们的电化学特性存在差异，故出厂后的电池包中每个单体电池的储能性能存在差别。因此需要在电池模块的基础上，通过电池管理系统（BMS）对电池一些参数进行实时监控，同时可以通过这样的管理系统对电池的充放电进行控制，以保证更加合理的充放电、更长的续驶里程以及更长的使用寿命。

目前，电池管理系统有两种基本形式，一种是集中式，即采用一块硬件实现对所有电池的管理，另一种是分布式。一般而言，集中式电池管理系统适用于电池数量较少的电池总成，系统实现较为简单，而分布式电池管理系统适用于电池数量较多的电池总成，系统实现较为复杂。

如图 3-40 所示，分布式电池管理系统往往采用分级的系统管理方式，大多有主、从两层架构，以方便扩展和复用。一般情况下，电池模块管理层用来进行单体电池一些基本参数的测量，并通过通信技术上传到电池包管理层，进行数据采集和基本信息的提取，一般没有复杂的算法。而电池包管理层的主要工作是进行 SOC、健康状态（State of Health，SOH）等状态的估算测量，并对电池的运行状态进行实时监控，在发生危险时进行故障的报警等。由于两级实现的功能不同，硬件设计上两者的处理器的能力也不一样。

电池模块管理单元也称为单体电池管理单元（Cell Monitor Unit，CMU），行业中也常称之为"从控"，CMU 的主要功能包括监测单体电池电压和温度、电池均衡、热管理、异常报警、从主控信息交互、硬件保护等。电池包管理单元（Battery Management Unit，BMU）也常称为"主控"，BMU 的主要功能包括电池包电流采集、总电压采集、漏电检测、断电保护、状态参数标定和在线估计等。具体的 BMS 硬件结构如图 3-40 所示。

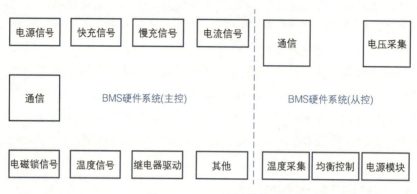

图 3-40　BMS 硬件结构

1 架构与通信方式

在通信设计上，一般有 CAN 总线和菊花链两种模式。基于 CAN 总线的连接拓扑结构一般为星形总线结构，图 3-41 所示为电池管理系统的基本结构，图中表明了电池管理系统每级硬件电路的连接方式，电池包管理单元和模块管理单元通过 CAN 总线进行信息交换和控制。

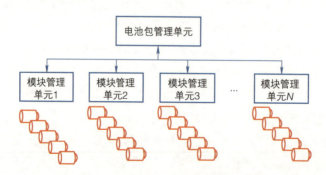

图 3-41　基于 CAN 总线的电池管理系统的基本结构

为了降低通信成本，在各模拟前端（Analog Front End，AFE）芯片厂家推动下，菊花链通信技术被应用到 BMS 中，如图 3-42 所示。

BMS 主板上的微控制器通过串行外部接口（SPI）或通用异部接收发送设备（UART）通信，通过通信转换芯片将信号转换为差分信号。主板以差分信号的形式与第一个模拟前端板进行通信，差分信号从第一个 AFE 板出来后，依次进入后序的 AFE 板，这样主板最终得以与所有 AFE 板通信。各个板之间需要隔离通信，使用的隔离器件通常是变压器和高压电容。通常的菊花链结构差分信号连接到最后一个 AFE 板就停止了。有些厂家还支持环式菊花链，即差分信号进入最后一个 AFE 板后，仍然会出来，并通过另一路通信转换芯片回到主板上的微控制器中。这种模式的菊花链可以在整个通信链路上实现两个方向的通信，在某个 AFE 板的通信出现故障时，给用户提供多一个方式去连接后面的 AFE 板。

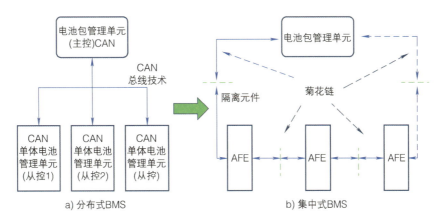

图 3-42　通信架构的变迁及菊花链

早期 AFE 芯片与微控制器的通信接口基本都是以 SPI 为主，针对菊花链通信，各芯片厂家分别开发出了 AFE 间的差分信号通信技术和将差分信号转换为 SPI 或 UART 等接口协议与微控制器通信的技术。各家对自己的菊花链通信技术的命名也不同，比如 Linear 的 isoSPI、NXP 的 TPL、Maxim 的 differential daisy-chain UART，差分信号转成的与微控制器通信的串行信号类型也不一样，另外，对差分信号隔离所采用的器件也有区别，比如变压器或电容，目前行业规范趋向于统一标准。

2 针对单体电池的监控

如图 3-43 所示，电池管理系统中单体电池电压、单体电池温度等信息均是由模块管理单元测量处理后传递给电池包管理单元。与此同时，针对电池在使用过程中出现的不均衡现象能够实现电池均衡，保证电池均一性。

模块管理单元中涉及模拟量（电压、温度等）的测量必须由模数转换器（Analog to Digital Converter，ADC）实现。一些公司针对 BMS 应用开发了专用的 ADC 芯片，并将电压采集、电流采集、温度采集、均衡控制等功能集成到其中。这种芯片即 AFE 芯片，负责实时采集、处理、存储电池包运行过程中的重要信息。BMS 的 AFE 主要包含采集模块、均衡开关、通信模块等。采集模块一般包含 ADC、参考源（REFRENCE）和模拟开关（MUX）。通信模块是 AFE 和微控制单元（Micro Controller Unit，MCU）之间的数据交互接口，一般是 SPI、

I2C 或是 UART。

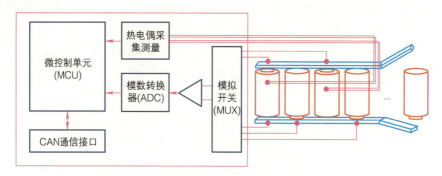

图 3-43　模块管理单元结构图

对于小型的电池系统，可以直接基于 AFE 芯片和 MCU 实现基本的电池监控和管理功能，如图 3-44 所示，具体包括以下功能。

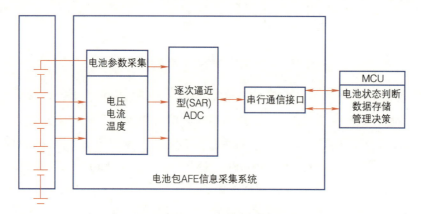

图 3-44　AFE 简化功能框图

1）信息采集功能。通过 AFE 对电池模块的基本参数进行采集，其中包括对电池模块的电压、电流和温度的采集，这些参数会经过 ADC 转换，然后系统会将转换后的数据传输给主控进行分析与处理。

2）过充电、过放电保护功能。实时监控单体电池电压，当充电或放电过程发生单体电池电压或电流超出阈值时，系统可以直接控制继电器关断，停止充放电。

3）均衡功能。对于电压差异较大的单体电池进行均衡，主要为被动均衡，即将高电压的单体电池进行放电以实现所有电池电压相同。

4）通信功能。所采集到的各参数信息经过 ADC 转换为数字信号，ADC 输出的数字信号通过串行接口在各系统之间传输，并且通过总线传递给整车电子控制单元，进行信息交互。

5）信息存储功能。用于存储主要数据，如采集得到的电池模块的电压、电流及温度等当前的各个参数的使用状态和时间等。

3 针对电池包的管理

对于大型的电池系统，对电池的监控和管理的要求更高，电池包控制单元的设计要求是要有足够多的外围设备控制和通信接口，同时考虑到电池包的关键核心算法均在电池包控制单元中执行，其应该具有足够强大的计算和数据处理能力。电池包控制单元主要进行电池包级别的电池监控和外围电路的控制，其中就包括对充放电电流、预充电继电器、正负极主继电器的控制。

BMS 硬件包含 MCU、电源、AFE、隔离变压器、CAN 控制器等。BMS 功能可分为测量功能、核心算法和应用功能，如图 3-45 所示。

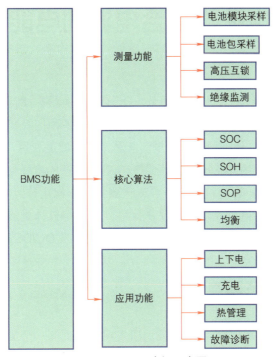

图 3-45　BMS 功能示意图

1）测量功能：主要包括对电池模块的电压采样和温度采样、对电池包的总电压采样和总电流采样、高压互锁监测、绝缘监测。测量功能实时监控着电池包内单体电池的基本状态，是 BMS 所有功能的基础，为后续热管理以及 SOC、SOH、功率状态（State of Power，SOP）估计功能提供输入。

2）核心算法：主要包括 SOC、SOH、SOP 估计以及均衡算法。SOC 估计是 BMS 的核心功能之一，是确保电池安全高效使用的关键；SOH 估计通常用容量衰减和直流内阻来判定电池的寿命衰减情况；SOP 估计可以最大限度地提高电池的利用效率。估算 SOP 的核心是实时在线估算电池的每一个等效阻抗，目前工程上常用的方法是靠试验数据，用查表法实现。

3）应用功能：主要包括上下电控制、充电控制、热管理以及故障诊断等。上下电控制主要包括预充电控制以及高压继电器协调控制；充电控制是指依据电池的温度、SOC、SOH 等计算可接受的充电电流并与充电机协同；热管理包括高温的散热和低温的加热、保温；故障诊断包括对电池本身故障、传感器故障、高压继电器故障、碰撞、托底等不同的故障检测和处理。

3.4 电化学复合电源的电能变换器

作为复合电源系统的基本组成部分，DC/DC 变换器在燃料电池汽车传动系统的运行中发挥着非常重要的作用。DC/DC 变换器有多种拓扑和控制方式，可以分为隔离的和不隔离的，升压型和降压型。其基本思想都是利用开关管对电压或电流进行高频斩波，将电感中存储的磁场能量或电容中储存的电场能量进行量化控制。

在电流变换领域，有一种说法是"一代器件，一代拓扑"。不可否认，电力电子器件在 DC/DC 变换器的发展中起了决定性作用，但具体到应用中，充分利用器件的性能，利用拓扑结构和控制方法实现特定功能才是 DC/DC 变换器设计的目标。

3.4.1 电力电子器件

1957 年，美国通用电气（GE）公司研发出世界上第一个工业用普通晶体闸流管 [简称晶闸管，又称可控硅整流器（SCR）]，标志着电力电子技术的诞生。电力电子器件又称为功率半导体器件，电流为数十至数千安，电压为数百伏以上，主要用于电力设备的电能变换和控制电路，其不断发展引导着各种电力电子拓扑电路的不断完善。按照导通与关断的受控情况，可将功率器件分为不控型器件、半控型器件和全控型器件。另外，随着技术的发展，还出现了宽禁带功率半导体器件。

1）不控型器件。不控型器件的导通和关断无法被控制信号控制，而是完全由其在电路中所承受的电流、电压情况决定，属于自然导通和自然关断。不控型器件主要有功率整流二极管、快恢复二极管、肖特基二极管等。

2）半控型器件。半控型器件可用控制信号控制其导通，但无法控制其关断，其关断只能由其在主电路中承受的电压、电流情况决定,属于自然关断。GE 公司研发的 SCR 就是其中的代表,主要用于相控电路。通过在 SCR 栅极和阴极之间加上一定正电压,可使器件导通。SCR 能以小电流控制较大的功率,标志着电能的变换、传输和应用进入新的技术发展时代。

由 SCR 组成的相控电路被十分广泛地用在电解、电镀、直流电机传动、发电机励磁等整流装置中,与传统的汞弧整流装置相比,不仅体积小、工作可靠,而且取得了十分明显的节能效果。因此,电力电子技术的发展也越来越受到人们的重视,已普遍应用于变频调速、开关电源、静止变频等电力电子装置中。

但半控型器件具有只能控制开通而无法控制关断的特性,若要在直流供电场合实现这类器件关断,必须另加电感、电容和其他辅助开关器件组成强迫换流电路,这样会造成变流装置整机体积增大、质量增加、效率降低,并且工作频率一般低于 400Hz。

3)全控型器件。全控型器件既能被控制导通,也能被控制关断。20 世纪 70 年代后期,以门极可关断晶闸管(GTO)、双极结型晶体管(BJT)、电力 MOS 场效应晶体管(Power MOSFET)为代表的全控型器件迅速发展,第二代电力电子器件应运而生,其工作频率达到兆赫级。集成电路的技术促进了器件的小型化和功能化,这些新成就为发展高频电力电子技术提供了条件,推动电力电子装置朝着智能化、高频化的方向发展。

从控制参数上可将全控型器件分为电流控制型与电压控制型,电流控制型器件有 GTO、BJT、电力晶体管(GTR)等,电压控制型器件有 MOSFET、绝缘栅双极晶体管(IGBT)、静电感应晶体管(SIT)、MOS 控制晶闸管(MCT)等。全控型器件的导通关断特性使得各类电力电子变换电路及控制系统开始不断涌现,如直流高频斩波电路、软开关谐振电路、脉宽调制电路等。

早在 1947 年,美国贝尔实验室就发明了世界上第 1 只锗基 BJT,其基极是控制极,通过较小的输入电流来控制集电极和发射极之间的电压和电流。由于锗基 BJT 在热稳定性方面的缺陷,20 世纪 60 年代逐渐被硅基 BJT 取代。功率 BJT 具有低饱和压降和低成本优势,但存在驱动功率大、热稳定性差等问题。

电力 MOSFET 的问世打开了高频应用的大门,这种电压控制型单极型器件,主要是通过栅极电压来控制漏极电流,因而它有一个显著特点就是驱动电路简单、驱动功率小、开关速度快、高频特性好,最高工作频率可达 1MHz 以上,适用于开关电源和高频感应加热等高频场合,且安全工作区广,没有二次击穿问题,耐破坏性强。其缺点是电流容量小、耐压低、通态压降大,不适用于大功率装置。目前,MOSFET 主要应用于电压低于 1000V,功率从几瓦到数千瓦的场合,广泛应用于充电器、适配器、电机控制、个人计算机电源、通信电源、新能源发电、不间断电源设备（UPS）、充电桩等设备中。

20世纪90年代后期，IGBT集合了MOSFET的驱动功率小、开关速度快和BJT通态压降小、载流能力大的优点，成为现代电力电子技术的主要器件，在中低频大功率电源中占重要地位。IGBT综合了MOSFET和BJT的优势，有输入阻抗高、开关速度快、驱动电路简单等优点，又有输出电流密度大、通态压降小、电压耐压高的优势，电压一般是600~6500V。通过向IGBT施加正向门极电压可形成沟道，提供晶体管基极电流使IGBT导通，反之，若提供反向门极电压则可消除沟道，使IGBT因流过反向门极电流而关断。相比较而言，IGBT开关速度低于MOSFET，却明显高于GTR；IGBT的通态压降同GTR接近，但比功率MOSFET低很多；IGBT的电流、电压等级与GTR接近，而比电力MOSFET高。由于优良的综合性能，IGBT已经取代GTR，成为逆变器、UPS、变频器、电机驱动、大功率开关电源中广泛应用的器件，是现在电动汽车、高铁等的电力电子装置中主流的器件。

20世纪90年代，集成了驱动和故障检测的智能功率模块使功率器件的发展向大功率、高频化、高效率跨了一大步。

4）宽禁带功率半导体器件。上述功率半导体器件均以硅材料为基础，经过近60多年的持续开发与迭代，传统硅基功率器件的性能已经逐渐逼近硅材料的极限。21世纪初，各国产业龙头相继开始了以SiC和GaN为代表的宽禁带（Wide Band Gap，WBG）功率半导体器件的研发。由于宽禁带材料在跃迁能级、饱和漂移速率和导电导热性能方面具有优势，使用宽禁带材料制造的新一代电力电子器件，可以变得更小、更快、更可靠和更高效，SiC MOSFET和GaN高电子迁移率晶体管（High Electron Mobility Transistor，HEMT）等器件非常适合应用于高压、高温、高频和高功率密度的场合，这也带来了电力电子器件发展的新机遇。宽禁带功率半导体器件在家用电器、电力电子设备、新能源汽车、工业生产设备、高压直流输电设备、移动基站等系统中都具有广泛的应用前景。

如图3-46所示，宽禁带功率半导体器件的成熟与应用，极大地拓展了功率半导体器件家族的应用领域，使功率半导体器件具有了更优异的器件性能和更广阔的开关频率范围。

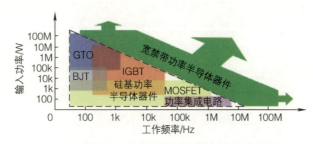

图3-46 硅基与宽禁带功率半导体器件的应用范围

目前，以Ⅳ族化合物 SiC 和Ⅲ-Ⅴ族化合物 GaN 为代表的第 3 代半导体材料成为最受重视的材料。SiC 以其 3.26eV 的宽带隙和高热导率等优异性能，在 1200V 以上的功率器件应用中得到了长足的发展，SiC MOSFET 正逐渐在电动汽车和新能源等高端应用领域中占据越来越多的市场份额。但 SiC 衬底和外延材料还不够成熟，高活跃性的碳原子的存在使 SiC 晶圆面临高缺陷密度、成本高和器件良率低等一系列挑战，同时 SiC MOSFET 栅极氧化层普遍存在可靠性问题，这是 SiC 功率半导体器件工艺的主要难题之一。

GaN 目前主要应用于 650V 电压等级以下，其特殊的异质结构和二维电子气可以产生极高的电子迁移率，达到极高的开关频率，在射频和蓝光 LED 等高频领域得到深入研究和应用。随着工艺技术的发展，GaN 器件在 5G 通信、数据中心、UPS 和快速充电等领域也得到了广泛关注。目前，主流 GaN 器件是在硅衬底上生长的，从而能够与硅器件共用工艺平台，因此，硅基 GaN 在成本上占据显著优势。尽管硅基 GaN 器件可实现高开关频率，但并未充分利用 GaN 的高击穿电压特性，因此无法扩展至更高的电压，未来的发展方向是使用创新的方法，通过在块状 GaN 衬底（GaN-on-GaN）上同质外延生长的厚 GaN 层来创建三维垂直型 GaN 器件结构，此时电流流经材料的大部分区域，避免了横向结构（混合）硅基 GaN 器件特有的近表面电流传导的固有缺陷。

此外，以氮化铝（AlN）、氧化镓（Ga_2O_3）和金刚石为代表的禁带宽度超过 4eV 的超宽禁带半导体材料也受到了人们的关注。但由于这类超宽禁带半导体的生产工艺复杂和成本过高，限制了其市场规模，目前主要用于超高压器件和高敏传感器等特殊应用领域。

3.4.2 隔离型 DC/DC 变换器

隔离型 DC/DC 变换器多用于输出电路与输入电路电气绝缘，或者希望利用变压器多副边产生多路输出的场合。隔离型 DC/DC 变换器往往需要变压器和开关管的协同工作，开关管将直流电脉动化，从而可以引起变压器原副边耦合磁场的变化，通过电磁感应将电能传输到副边，再通过整流恢复为直流。随着磁性材料和开关管的高频化，隔离型 DC/DC 变换器的尺寸走向小型化。

图 3-47 所示的单端反激电路是最基础的隔离型 DC/DC 变换器，反激式 DC/DC 变换器中的变压器起着电感和变压器的双重作用，在主功率管导通时，将能量储存在变压器的磁场中，在主功率管关断期间，变压器储存的磁能转换为电能，通过整流二极管传递给输出端。这种间接传送能量的变换器不适合大功率场合。

图 3-48 所示的单端正激电路形式上与反激电路类似，不同点在于该拓扑是直接传送能量，可以应用的功率场合较反激电路更多；单端正激电路变压器的磁利用率低、开关管电压应力高等缺点也限制了它在大功率场合中的应用。

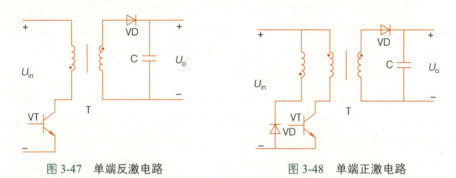

图 3-47　单端反激电路　　　　　图 3-48　单端正激电路

图 3-49 所示的半桥电路可以作为单相逆变器或直流变换器主电路拓扑。半桥电路相对于单端正激电路而言，开关管电压应力减小为输入电压 U_{in}，变压器磁心利用率提高了一倍。但是，半桥电路的缺点是 C_1、C_2 电容电压不对称可能引起变压器偏磁。

全桥电路如图 3-50 所示，比较适用于高压输入的大功率场合。全桥电路的优点包括主功率管电压应力较小，为输入电压 U_{in}；相同的功率等级流过功率管的电流是半桥电路的一半；变压器磁心利用率高。其缺点包括开关管的压降或驱动脉冲的不对称会引起变压器铁心的偏磁；相当于两个功率管串联使用，导通损耗大；存在功率管直通的风险。

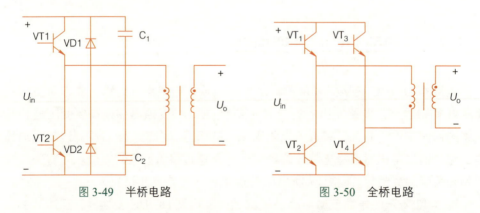

图 3-49　半桥电路　　　　　图 3-50　全桥电路

图 3-51 所示的双管正激电路的优点包括主功率管的电压应力较单端正激电路小；桥臂上串联的二极管具有钳位主功率管电压尖峰和为变压器提供磁复位通路的作用；从结构上消除了桥臂直通的现象，可靠性高。其缺点包括为了保证可靠的磁复位，其工作占空比只能小于 0.5；为保证获得更高的输出电压，须提高

变压器的变比，从而使变压器副边续流二极管的电压应力增大。因此，它特别适用于输入电压较高，输出电压不太高的中大功率场合。

图 3-52 所示的推挽电路拓扑的优点包括结构简单，只需要两个主功率管；驱动电路不要隔离，电路简单；原边绕组可以自动磁复位。其缺点包括对变压器绕制的对称性和功率器件参数及其驱动脉冲宽度的一致性要求较高，容易产生磁心饱和的现象；在开关管关断时，漏感能量在开关管上会引起高的电压尖峰。上述缺点限制了推挽电路的应用场合。

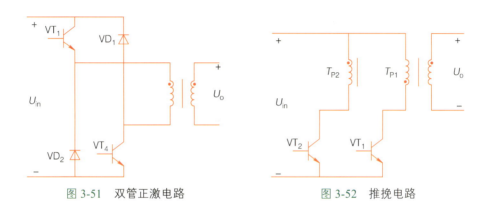

图 3-51　双管正激电路　　　　　图 3-52　推挽电路

3.4.3　非隔离型 DC/DC 变换器

非隔离型 DC/DC 变换器中，Buck 和 Boost 电路是最基本的电路。一方面，这两种电路应用最为广泛，另一方面，理解这两种电路也有助于理解其他电路。下面以 Buck、Boost、Buck-Boost、Cuk 四种变换器拓扑为例（图 3-53），进行一些分析比较。

图 3-53a 中，Buck 为降压变换器。当开关管 VF 开通时，V_i 通过 Q 与 L 向电容和 V_o 充电；当开关管关断时，电感 L 续流逐渐降低，电容的电流将由正逐渐降为零，并变为负向，向 V_o 充电。直到开关管开通，电感 L 中的电流重新增加。图 3-53b 中，Boost 为升压变换器。当开关管开通时，V_i 通过 L 与 VF 向 L 充电，电容向 V_o 充电，电感 L 中的电流增加；当开关管关断时，V_i 与 L 同时向 V_o 与电容充电，电感 L 与二极管 VD 中的电流由最大值减小。如果降到零值，则为电流断续工作方式；如果减到某一正值后上升，则为电流连续工作方式。Buck-Boost 和 Cuk 变换器既可以实现升压，也可以降压。Buck、Boost 与 Buck-Boost 是用电感作为存储能量的元件，Cuk 是用电容作为存储能量的元件。

Buck-Boost 变换器的缺点是输入输出电流断续，滤波电容压力大。Cuk 电路串联时无论先降后升还是先升后降，其电压增益与占空比关系都一样，输出电压都是反相的，电路相对复杂，但能达到输入/输出电流连续的效果，通过将输入/输出电感耦合，可以达到"零纹波"，可使体积小型化。但 Cuk 变换器不被广泛应用，原因是用电容作为传送能量的元件，电容需要耐受极大的纹波电流，这导致电容成本高，可靠性也较差。

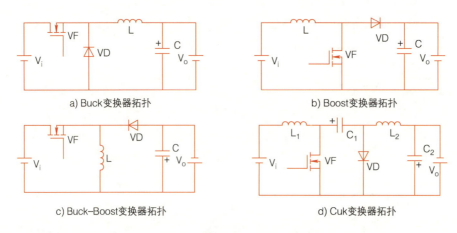

a) Buck 变换器拓扑　　　　　　b) Boost 变换器拓扑

c) Buck-Boost 变换器拓扑　　　　d) Cuk 变换器拓扑

图 3-53　四种基本 DC/DC 变换器拓扑

基本的非隔离型 Boost 变换器可以起到升压作用，输入电流纹波是电感电流纹波，在理论上可以获得很高的电压增益。但是在实际工程应用中，由于受到变换器本身寄生参数和开关管特性的影响，在极限占空比的条件下电压增益也不会超过 6 以上，并且器件上的电压应力等于输出电压，在实际工程应用中会导致器件的选型困难。针对传统 Boost 变换器本身的不足，许多学者从不同的方向和角度对 Boost 变换器进行优化，得出了一系列的非隔离型升压 DC/DC 变换器。非隔离型升压 DC/DC 变换器的基本升压思想是将输入端的能量在某些运行模式时储存到电感或电容之中，在其他运行模式时，输入电源与电感、电容中储存的能量一起向负载端供电，达到电压提升的效果。因此，根据电感和电容的不同组合方式，可以将非隔离型升压 DC/DC 变换器分为图 3-54 所示的几类。

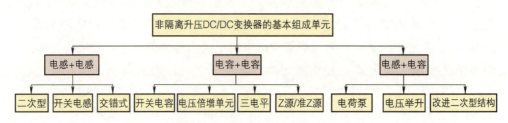

图 3-54　非隔离升压 DC/DC 变换器的基本组成单元

可见，主要储能器件是电感的非隔离型升压 DC/DC 变换器的基本组成单元包括二次型结构、开关电感结构和交错式结构；主要储能器件是电容的非隔离型升压 DC/DC 变换器的基本组成单元包括开关电容结构、电压倍增单元、三电平、Z 源和准 Z 源；主要储能器件是电感和电容的非隔离型升压 DC/DC 变换器的基本组成单元包括电荷泵、电压举升、改进型二次结构。

3.4.4　Boost 型多相交错并联 DC/DC 变换器

由于燃料电池电压平台较低，因此在燃料电池复合电源中常使用 Boost 及其衍生拓扑的 DC/DC 变换器用于稳定输出电压和限制输出电流。最简单的单相 Boost 电路通过电感完成升压，电容保持电压，输出电压与输入电压极性相同。当开关管导通时，燃料电池的能量存储在电感当中，当开关管断开时，电感中储存的能量和燃料电池的能量通过二极管为负载供电，同时为输出电容充电。理论上，Boost 电路在给定的输入电压下可以任意比例提升输出电压，但在实际应用中不可无限增大升压比，因为当 DC/DC 变换器工作在大功率的情况下，功率器件的寄生参数会造成较大的能量损耗，也会产生较大的电感电流纹波，而较大的电流纹波不利于燃料电池的工作。为了抑制纹波，需要增加滤波电感和电容，导致该拓扑的质量和体积增大。高饱和电流、高电感值的磁性器件制造成本高、能量损耗大的缺点进一步导致了系统成本上升和效率下降等问题。另外，单相拓扑的动态响应速度较慢，功率器件需要承受较高的电压和电流。

针对单相 Boost 所存在的诸多问题，交错并联 Boost 拓扑能提高系统功率，降低输入输出滤波器件的参数（如电感值、电容值）和体积，具有低输入电流纹波、高频高效、响应快的特点，因此被更多地应用到燃料电池复合电源中。多相交错并联，就是将一个较大的周期性电源分成多个能量较小的电源，各相驱动脉冲通过移相的方式，也就是使这些较小的电源在相同的频率下以 $2\pi/N$（N 为相数）的相位差工作，从而增大周期性电源的有效工作频率。该拓扑结构通过多个单相 Boost 变换器并联得到，采用一个共用的滤波电路，一个共用的控制模块，在满足燃料电池系统要求的情况下减小了 DC/DC 变换器的体积，动态响应快，功率处理能力强。

针对燃料电池中由功率变换器产生的电流中的低频和高频分量的研究表明，它们降低了电堆的输出功率，降低了交换膜的耐久性，并且增加了燃料消耗。功率变换器的并联和交错切换可以有效地对电流中的高低频分量进行滤波，从而降低了燃料电池纹波电流，并增加了功率输出。多相交错并联 Boost 电路拓扑结构不仅满足了所需的升压比，还可以减小对功率器件的要求和输入电流纹波，提高燃料电池的寿命。多相交错并联 Boost 拓扑结构如图 3-55 所示。

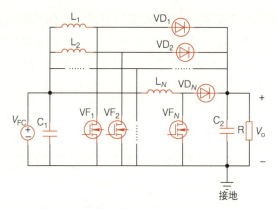

图 3-55 多相交错并联 Boost 拓扑结构

多相交错并联本质是功率开关管的交错开通，第 N 相的占空比 D 比其前一相延迟 T_s/N（T_s 为每相的开关周期的时间），即延迟 $2\pi/N$ 的相位差。假设升压电感 $L_1 = L_2 = \cdots = L_N$，绕阻 $R_{L_1}, R_{L_2}, \cdots, R_{L_N} = 0$ 可忽略不计，且每一相的占空比相同，则在每段交错时间 $t_{1/N}$ 内，总的输入电流波形应该是相同的，由 N 相电感电流叠加而成，最终电流合成效果如图 3-56 所示。由图可知，输入电流的频率增大至原来的 N 倍，即 $f_{I_{FC}} = Nf_s$（f_s 为开关电源的频率），交错并联可以有效地增加输入电流纹波的开关频率，输入电流纹波得到明显改善。低纹波可以减小滤波电容的容量和体积，从而提高 DC/DC 变换器整体的功率密度。

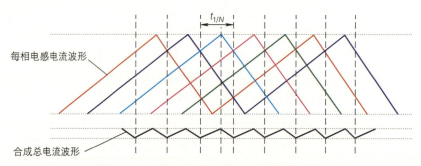

图 3-56 多相交错并联 Boost 电感叠加电流

输入纹波电流 ΔI_{FC}、输出电压纹波 ΔV_O 在不同交错相数下随占空比变化的情况如图 3-57、图 3-58 所示，可得出如下结论。

1）电流纹波随着交错并联的相数增加而减小，由相数和占空比两个因素决定；电压纹波在功率开关管同时导通时，随着占空比的增大而增大。

2）多相交错并联的占空比为 K/N 时可以实现零纹波。

3）两相和四相的纹波变化在 0.4~0.6 的占空比变化范围内相差不大。

因此，DC/DC 变换器的设计需综合考虑占空比的变化范围和交错并联的相数。

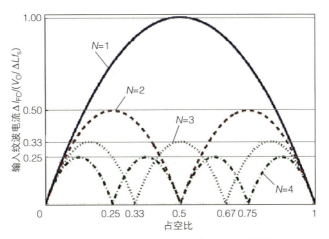

图 3-57 输入纹波电流随占空比的变化趋势

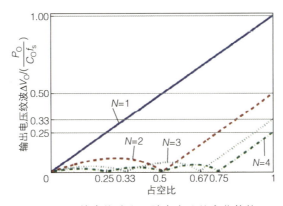

图 3-58 输出纹波电压随占空比的变化趋势

1 两相交错并联 Boost 拓扑

综合考虑 DC/DC 变换器的设计要求，输出功率大小以及实际的电路稳定性和可控制性，选用两相交错并联 Boost 拓扑在一些情况下已能满足需求，其功率开关管以相位差 180°交替导通，相对于多相拓扑结构简单，控制结构复杂度较低，成本低。图 3-59 为两相交错并联 Boost 拓扑。

DC/DC 变换器稳定工作时，能量由燃料电池系统向输出负载流动，当功率开关管导通时，燃料电池电源系统输出的能量存储在升压电感中，此时电感电流开始上升，整流二极管反向偏置，输出滤波电容通

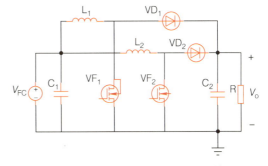

图 3-59 两相交错并联 Boost 拓扑

过负载电阻放电；当功率开关管关断时，燃料电池电源系统和升压电感同时将能量输出给负载，此时整流二极管进行续流，与输出滤波电容和负载形成回路，升压电感中的电流减小。在一个开关周期中，两相交错并联 Boost 变换器的功率开关管 VF_1 和 VF_2 以 180° 交错工作，理论上存在以下 4 种工作模式。

1) VF_1 和 VF_2 同时导通。

2) VF_1 导通、VF_2 关断。

3) VF_1 和 VF_2 同时关断。

4) VF_1 关断、VF_2 导通。

图 3-60 展示了该变换器各工作模式下的电流流向情况，各工作模式下电路主要元件工作情况及特点见表 3-1。

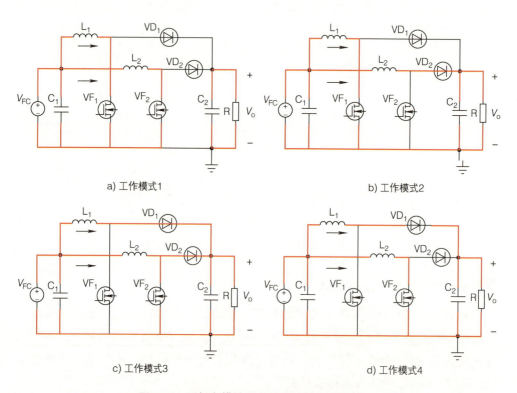

图 3-60　两相交错并联各工作模式的电流流向

表 3-1　两相交错并联 Boost 电路元件工作情况

工作模式	SiC 开关管 VF_1	SiC 开关管 VF_2	SiC 二极管 VD_1	SiC 二极管 VD_2	电感 L_1	电感 L_2
1	导通	导通	关断	关断	储能	储能
2	导通	关断	关断	导通	储能	放能
3	关断	关断	导通	导通	放能	放能
4	关断	导通	导通	关断	放能	储能

但在实际的工程应用中，4种工作模式中开关管不会同时导通或同时关断，即工作模式1和3不会同时出现，需要根据占空比范围分两种情况：$0 < D < 0.5$ 和 $0.5 \leqslant D < 1$。该变换器拓扑主要波形如图3-61所示，可见，两相交错并联拓扑结构在给定的开关频率下以180°的相位差工作。两路电感电流叠加之后，有效工作频率增大为原开关频率的2倍，总的输入电流纹波相对单路电感电流纹波有明显减小。而在 $0.52 \sim 0.72$ 的占空比范围内，电压纹波相对较小。

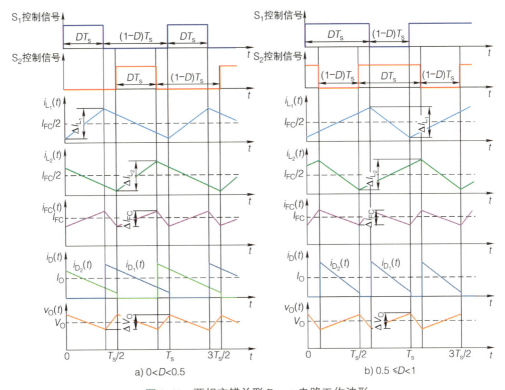

图3-61 两相交错并联Boost电路工作波形

2 四相交错并联Boost拓扑

四相交错并联Boost DC/DC变换器在实际应用环境中会增加许多辅助设备，具体电路拓扑如图3-62所示。输入、输出接口装设霍尔电压、电流传感器，用于实时监测燃料电池堆和锂离子电池包的工作状态。输入电流经过汇流点后分为 I_1、I_2、I_3、I_4 四路电流，分别由四路并联Boost分支拓扑升压、输出电容 C_2 滤波后，为后级锂离子电池提供能量。其中任意一路分支开关管的工作周期为 T，四路并联Boost分支的功率管交错导通，每相相位依次相差 $T/4$，即超前或滞后90°。

R_1、S_1 和 S_2 组成滤波电容 C_1 的启动预充电电路，原理为直流变换器初始上电时，燃料电池组通过制动电阻 R_1 为输入滤波电容 C_1 正负极板上提供电量。当输入接口处的霍尔电压传感器检测到滤波电容 C_1 电压上升至燃料电池开路电压附近时,控制器接通继电器 K_1 和 K_2 的原边线圈,切除电阻 R_1,接通 DC/DC 变换器主电路。

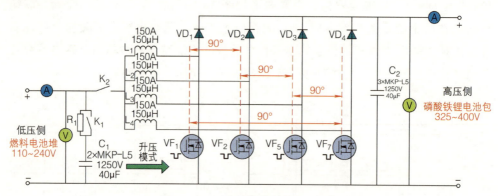

图 3-62 四相交错并联 Boost 拓扑

四相交错并联 Boost 电路的工作原理和稳态电压电流波形通常是由各个分支拓扑状态叠加而成的。考虑到单相 Boost 电路运行状况,在连续工作模式(CCM)下,为了避免电感 L_1 的磁心在多个工作周期后出现直流偏置下的磁滞回线饱和,必须在磁心上移至出现单一方向极化之前提供反向的伏秒数,迫使电感磁心恢复到磁滞回线中点。则燃料电池电压在功率管导通时间的伏秒数与两端接口电压差在功率管关断时间的伏秒数相等,即通常意义上的伏秒平衡。稳态下各个支路电感上的电压波形和输入端燃料电池电流波形如图 3-63 所示。

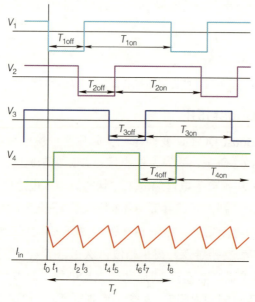

图 3-63 稳态下各支路电感的电压波形和输入端燃料电池的电流波形

输入端燃料电池电流波形受支路电感电压的影响分为 8 块不同的时间区域，每块区域电流上升或下降的斜率不同。下面根据不同的时间区域分析四相交错并联 Boost DC/DC 变换器的工作原理。

第一阶段（$t_0 \sim t_1$）：电路工作状态如图 3-64a 所示。第一相和第四相支路开关管关断，电流从支路电感 L_1、L_4 的右端，经过肖特基二极管 VD_1、VD_4 分别向输出滤波电容 C_2 和锂离子电池提供能量；第二相和第三相支路开关管开通，电流经由功率管 VF_2、VF_3 为支路电感 L_2、L_3 充能，输出滤波电容 C_2 为这两相提供续流功能。考虑到单相电感电流下降斜率大于上升斜率，故"两升两降"的结果是总的输入电流在第一阶段下降。

第二阶段（$t_1 \sim t_2$）：电路工作状态如图 3-64b 所示。第一相、第二相和第三相支路保持原来的状态不变。第四相支路开关管闭合，电流经由功率管 VF_4 为支路电感 L_4 充能，导致"三升一降"的结果是总的输入电流在第二阶段上升。

第三阶段、第五阶段以及第七阶段并联拓扑的工作状态与第一阶段类似；第四阶段、第六阶段以及第八阶段并联拓扑的工作状态与第二阶段类似。不同之处在于开关管导通或关断相的编号不一样。

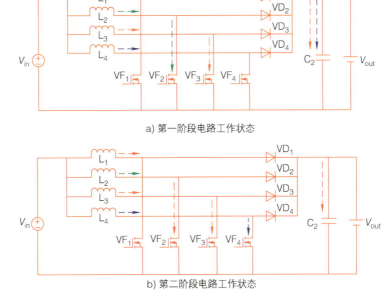

图 3-64 四相交错并联 Boost 电路工作原理

由稳态状态下的输入端燃料电池电流波形可知，受其他支路电感电流纹波峰谷叠加相消的影响，燃料电池电流在上升至支路电感电流纹波峰值之前，提前出现下降拐点，且总输入电流纹波上升或下降的斜率较支路电感电流大幅下降，使得输入端燃料电池电流纹波的频率为开关管频率 f 的 4 倍，峰峰值降低。

第4章

电化学复合电源系统设计

4.1 复合电源设计关键技术

4.1.1 复合电源系统的优化设计原则

乘用车、客车和货车对动力系统的功率、寿命等的需求不同。乘用车的动力系统功率为百千瓦级,而货车的动力需求可达兆瓦级,且乘用车的使用寿命为5000h以上,而货车要求达到10000h以上。不同的应用场景对动力系统有不同的需求,面向复杂场景的优化设计是复合电源系统设计的一方面。

燃料电池运行过程中的反应气饥饿、动态电位循环及高电位是引起催化剂及其载体等材料衰减的主要原因。此外,一些极限条件,如0℃以下储存与启动、高污染环境也会造成燃料电池不可逆转的衰减。归纳起来,这些衰减因素主要包括在以下几种车辆运行的典型工况中:动态循环工况、启动/停车过程、连续低载或怠速运行、低温储存与启动过程。因此,面向复杂工况的优化设计是复合电源系统设计的另一方面。

基于新能源汽车复合电源综合设计技术,需要面向不同应用场景进行动力系统优化匹配,实现复合能源系统的最优化配置,提升系统整体性能的同时完成汽车综合性能提升与成本控制。具体方案如图4-1所示,主要包括以下几个环节。

1)对复合电源及动力系统,从参数化建模、系统关键参数确定、基于机理分析和结合数据驱动的方式构建出系统级参数化模型,获取系统参数与性能表现的映射关系。

2)基于设计工况的特征分析,利用参数化模型对车辆在目标工况下的整车驾驶场景进行动态模拟,获取系统输出关键状态数据并进行性能预测。性能预测包含整车动力性预测、经济性预测、寿命预测、成本预测、轻量化以及续驶里程情况预测。

3)针对由整车动力性、经济性、续驶里程与轻量化等指标组成的多目标优化问题,在系统既定的约束下进行求解,获取燃料电池系统、动力蓄电池系统、DC/DC变换器及电机系统的最优化配置方案,最大化提升系统效率与经济性,形成一套综合多位一体化的复合电源优化设计技术。

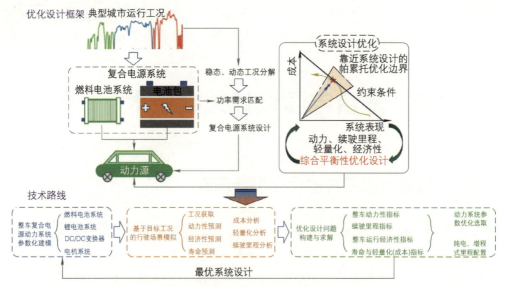

图 4-1 面向目标工况的新能源汽车复合电源系统优化设计

4.1.2 准稳态模式下复合电源系统的优化

燃料电池所具有的零排放、效率高、补能快、续驶里程长的特性使其成为新能源汽车的重要发展方向，但其在应用中也存在动态响应慢、功率密度低、电压平台低、能量单向流动等不足；锂离子电池具有充电较慢、功率特性较好、电压平台较高、可回收制动能量的特性，适合高动态应用。因此，由燃料电池、锂离子电池与 DC/DC 变换器构成的燃料电池复合电源系统被广泛研究与应用，复合电源的设计需要在两者之间取长补短，以提供满足新能源汽车需求的优质电源，如图 4-2 所示。

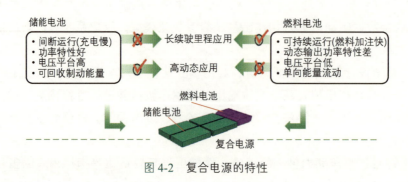

图 4-2 复合电源的特性

需要针对燃料电池系统常用的准稳态工况点范围和动态加载特性，进行燃料电池系统架构的优化设计，同时对于影响燃料电池运行性能的 BOP 关键零部件进行优化设计,主要内容包括以下几点。

(1) 阳极供回氢系统的优化设计

燃料电池系统的阳极侧氢气供给目前主流的方式都是采用氢气循环,该方式有如下一些优点。

1) 可以利用燃料电池堆尾排排出的高温、高湿的氢气与储氢系统提供的干燥氢气以直接混合的方式对进入燃料电池堆的氢气进行加温、加湿,加温、加湿的效率高。

2) 通过循环利用氢气的方式,可以保证以过量的氢气进入燃料电池堆,提高燃料电池堆内部氢气压力分布的均匀性,同时有利于阳极侧液态水的排出,改善燃料电池堆的性能。

3) 通过循环利用氢气的方式,可以在保证燃料电池堆内部有过量氢气的同时,采用间隙排氢的方式将液态水和杂质气体排出系统,这样大幅提高了氢气利用率和系统效率。

从上述内容可以发现,对于燃料电池堆,尤其是大功率燃料电池堆,氢气循环系统的性能对燃料电池的效率与寿命有着关键影响。目前,燃料电池的氢气循环核心装置主要采用机械氢气循环泵(简称氢泵)或引射器,图4-3所示为四种常用的氢气循环方案。

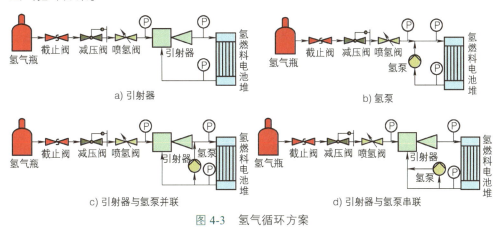

图 4-3 氢气循环方案

引射器具有无运动部件、结构简单、可靠性高、体积和质量小、成本低、无寄生功率等突出优点,但是其很难适应大功率燃料电池系统在宽功率范围内变化的要求;而氢气循环泵可以通过调节转速以适应不同的电堆功率范围,但是其体积大、噪声高,且会产生较大寄生功率。同时,由于循环氢气要求绝对无油,而氢气又极易泄漏,因此氢泵的设计难度大、制造成本高。

综合分析以上几种氢气循环方案的优缺点,可在对氢电复合电源优化设计的前提下,采用定制化的单级/双级引射器的氢气循环方案,例如以下方案。

1)根据整个复合电源的整体方案,确定燃料电池系统常用的准稳态工况范围,通过减小引射器所需适用的工况范围来降低引射器的设计难度、提高常用工况范围内燃料电池系统的性能。

2)根据燃料电池堆各工况点所需回氢当量比的范围,对引射器的具体设计方案进行分析。可以采用单级或双级引射器两种方案,也就是如果单级引射器无法覆盖燃料电池堆所需的氢气循环需求,则可以采用双级引射器,即小功率下采用单级引射器,在大功率下通过增加一级引射器的方案增加氢气循环的范围。其优点是既增加了引射器氢气循环的覆盖范围,又规避了增加氢气循环泵所带来的系统复杂度增加。

100kW级的燃料电池系统,如采用氢气循环泵,其功耗在1kW左右,通过采用引射器方案可以使整个系统的效率提高1%左右,效果明显。

(2)阴极空压机的优化设计

采用复合电源架构后,燃料电池的工况相对稳定,空压机不需要在全工况范围内维持较高的工作性能,这使得我们有机会针对燃料电池的常用工况点进行最优化设计以获得最高的常用工况点效率输出,从而降低寄生功耗,提高动力系统的效率。可采用的设计策略如下。

1)叶片扩压器。采用叶片扩压器会降低空压机的工作范围,但是会提高特定工作区域的效率。

2)涡轮增压。如果燃料电池常用工况点在功率较高的区域,电堆尾气通过涡轮进行循环利用,可显著提高空气供给系统的效率(如90kW电堆可以从尾气中回收1.7~3.5kW能量)。

在气动设计过程中,结合试验设计(Design of Experiment,DOE)及空压机结构参数化进行最优化设计以获得极致输出效率。

(3)DC/DC变换器的优化设计

燃料电池复合电源对DC/DC变换器的要求包括:较高的电压增益、较低的输入电流纹波、宽运行范围、低应力、高功率密度、高效率、较少的器件个数、输入输出端共地连接等。下面介绍其中较为重要的性能需求。

1)电压增益。随着燃料电池汽车直流母线电压的不断升高,对DC/DC变换器电压增益的要求也越来越高。从目前来看,要求DC/DC变换器在不使用极限占空比的条件下需要达到10以上的升压比。

2)输入电流纹波。由于DC/DC变换器中的储能元件随着开关状态的切换进行着不断的充电和放电过程,导致DC/DC变换器的电流输入侧会出现较高的电流纹波。当变换器的输入纹波,即燃料电池的输出纹波过大时,会严重损害燃料电池的寿命,因此,要求后端的DC/DC变换器具有较小的电流纹波。

3）运行范围。燃料电池汽车使用的 DC/DC 变换器要起到功率追踪的作用，在行驶环境不断变化的过程中，负载端的功率需求也会快速变化，但是希望直流母线的电压变化范围比较小，以利于电机的高效稳定输出，这就导致燃料电池输出端的电流会急速增加，输出电压会快速下降，因此需要 DC/DC 变换器具有宽范围的运行能力。

4）电压/电流应力。电压/电流应力的大小是衡量 DC/DC 变换器拓扑结构优劣的重要指标，器件承受的应力过大会导致变换器的可靠性下降。此外，器件承受的应力决定了在实际应用中器件的参数选择，过大的参数会增加器件的尺寸和寄生参数，从而降低系统的效率和功率密度，因此，燃料电池汽车使用的 DC/DC 变换器应该具有较低的应力。

5）共地。DC/DC 变换器的输入端和输出端不共地会导致额外的电磁干扰（Electromagnetic Interference，EMI）问题，尤其是当开关频率较高时，系统会受到更大的干扰和产生更多的噪声，导致系统的可靠性下降。因此，在燃料电池汽车领域，要求 DC/DC 变换器需要具有输入输出共地的特性。

6）器件个数。使用更多的器件可以在多方面改善 DC/DC 变换器的性能，但是会使得变换器的造价更高、功率密度下降、损耗升高。因此，在满足需求指标的前提下，要尽可能降低器件的个数。

7）效率及功率密度。效率和功率密度是衡量电能变换装置的重要指标，过低的效率和功率密度会导致所设计的结构没有实际应用价值。目前，电能变换装置的发展趋势也是朝着小型化、高效化的方向发展。因此，在设计时需要统筹考虑特性指标、效率和功率密度的问题。

4.1.3　全温域高效热管理设计

燃料电池和动力蓄电池需要热管理技术使其性能处于最优工作区间，基于复合电源中燃料电池和动力蓄电池的不同工作特性及产热特性，需要从整体角度进行复合电源全温域高效热管理综合设计，具体思路如图 4-4 所示。

低温状态下，燃料电池反应生成的水会在催化层及气体扩散层结冰，导致启动失败。可以基于内部热-电-水-气耦合模型，对燃料电池内部冰、水含量等内部状态进行实时估计，采用基于模型的预测控制对低温冷启动过程的负载电流进行实时控制，实现燃料电池低温冷启动。

动力蓄电池在低温环境中性能衰减严重，而燃料电池通过氢氧电化学反应会释放出电能和热能，其中，电能用于驱动电机运行，而热能通常以废热的形式释放。基于燃料电池废热开发动力蓄电池的低温加热技术，可以实现高效无损加热。

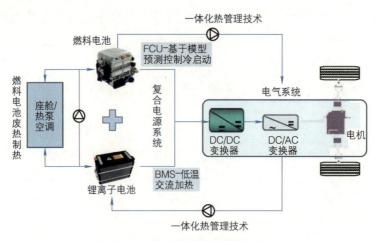

图 4-4 全温域高效热管理设计

在上述内容的基础上，可以实现一体化热管理技术。在系统层面上，为复合电源系统和整车设计开发新型热循环技术，采用空调电制冷满足复合电源的冷却需求，燃料电池废热满足对动力蓄电池及座舱加热的需求，以能耗低、效率高为目标，实现动力蓄电池、燃料电池及整车空调热交换的综合优化。

4.1.4 复合电源在线阻抗测量

对于燃料电池与锂离子电池，其电化学阻抗能用于表征和分析其内部的反应过程与结构变化。以燃料电池为例，其阻抗由欧姆阻抗（来源于质子传输过程）、传质阻抗（来源于反应物在气体流道和反应界面间的运输过程）和极化阻抗（来源于反应界面上的电荷分离与转移过程）构成。电化学阻抗谱（Electrochemical Impedance Spectroscopy，EIS）方法通过施加在被测电化学系统不同频率的电压或电流扰动，测量在系统上产生的响应以获得完整的 EIS 图像。由于该方法能在线获得电池在一定频谱上的阻抗信息，被认为是了解和诊断燃料电池以及锂离子电池性能的重要工具，EIS 提供的信息对于状态估计与故障诊断具有极为重要的意义。一个典型的燃料电池电化学阻抗谱测量装置结构如图 4-5 所示。

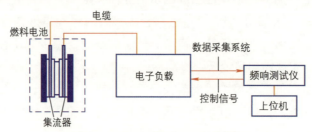

图 4-5 电化学阻抗谱测量装置结构

第4章 电化学复合电源系统设计

目前，基于阻抗的电池电极过程分析、状态估计与诊断研究取得了丰硕的成果，但大多数研究的阻抗测量过程依赖于专用测量设备，对阻抗数据的提取需要使用上位机及专用软件进行离线计算。阻抗测量和计算设备难以满足低功耗、强实时和耐高压的要求。部分基于嵌入式平台开发的阻抗测量方案则存在性能较低、扩展性差和不耐高压的问题。以上问题制约了这些研究成果在商用燃料电池复合电源系统中的应用。因此，紧凑、通用、模块化的，集成在 DC/DC 变换器上的复合电源在线阻抗测量系统有利于复合电源的状态估计和诊断，具有较高的应用价值，得到了广泛研究。

EIS 的测量需要在系统响应近似线性的前提下才有意义。对于燃料电池这样的非线性系统，若施加的扰动过大将导致响应偏离线性区间，而扰动过小，其响应信号强度弱，容易被噪声和其他因素所掩盖。因此，在确定扰动幅值时，必须在线性度和信噪比之间进行权衡。同时，对燃料电池单体进行巡检时，对不同单体同时进行阻抗测量可能引入的串扰以及测量低频阻抗时结果不稳定现象等都是在设计测试过程中需要考虑的问题。另外，为了控制系统体积、功耗与成本，需要使用计算性能和存储空间有限的嵌入式系统实现频率响应分析和阻抗提取功能。目前，用于在线阻抗信息提取的技术方案主要包括直接测量模拟信号特征、对采样数据进行互相关分析和使用专用电化学测量芯片等几类方法。

1）基于模拟信号特征检测的方案。峰值和过零检测方案通过直接测量模拟信号的过零点和有效值得到电流与电压信号的幅值与相位特征，并由此计算阻抗信息。该方案的基本思路是使用有效值或峰值检测电路，分别获得两组信号的幅值；使用过零检测电路，分别获得两组信号过零点或超越参考电压的时刻，两者的相位差则通过微控制器的计时器测算。

这类方案的问题在于模拟电路结构复杂，抗干扰能力弱，在电磁干扰严重的环境中可靠性差。基于集成芯片的设计，需要挑选符合测量频率和幅值范围的芯片型号，以获得较好的性能表现；而基于分立模拟器件的设计，则需要精心设计放大和滤波电路，并考虑阻抗匹配，避免引入噪声或降低信噪比。另外，响应信号相对于直流信号幅值较小，需要复杂的信号处理电路实现对交变信号的提取，带来了额外的失真和误差。

2）基于数字信号算法的方案。快速傅里叶变换（Fast Fourier Transform，FFT）算法可从测得的电压和电流的时域信号中提取所选频率成分的幅值与相位信息，进而用于 EIS 的计算，因此，该算法在阻抗测量领域应用较早，且效果较好。但 FFT 仅适用于稳定周期信号的频谱分析，故要求燃料电池在阻抗测量过程中需处于稳态或准稳态，这限制了阻抗测量的应用场景和可用工况，并对激励源的性能提出了较高的要求。针对 FFT 算法在分析突变、非平稳信号方面和时频分析能力方面的缺陷,可用短时傅里叶变换(Short-Time Fourier Transform,STFT)或小波变换(Wavelet Transform,WT)代替 FFT 运算。其中,小波变换由于其分辨率灵活、基函数可变等优势,得到了许多研究者的关注。

3)基于专用电化学测量芯片的方案。随着 EIS 技术在电化学、生物医学等领域的应用,各芯片制造商也推出了集成了 EIS 测量、功能的芯片。然而,这类芯片主要用于小功率设备或生物医学领域,其内置的激励源输出能力弱且耐压等级低,目前尚不适用于商用燃料电池堆等高电压、大电流的系统。

4.2 基于 DC/DC 变换器的宽频在线阻抗测量案例

4.2.1 交变激励源需求分析

本案例面向车载燃料电池复合电源 EIS 测量需求,以一款由 6 片燃料电池单体(活性面积 227cm^2,最大电流密度 1.6A/cm^2)组成的电堆为适配对象的原型样机,其单体极化曲线如图 4-6 所示。

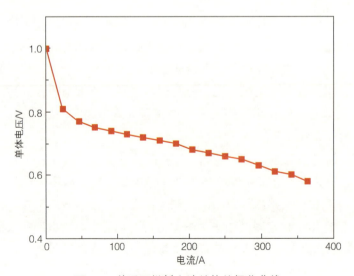

图 4-6 待适配燃料电池单体的极化曲线

燃料电池阻抗测量有两种可行的模式：恒电位模式与恒电流模式。其中较为常用的是恒电流模式，可以避免恒电位模式中因为端电压测量不准确带来的过电流或直流偏置问题。该模式下，燃料电池的工作电流保持恒定，测试设备通过在该恒定电流上施加一个交变扰动电流分量以实现激励功能。综合性能、成本、体积与效率等因素，交变激励源采用独立 DC/DC 变换器产生。

为了保证 EIS 测量过程中系统响应近似线性，需要限制交变激励的幅值。一般而言，在阻抗测量设备能够有效测量并分辨激励信号的前提下，激励的幅值越小越好。通常认为激励幅值不应超过燃料电池直流电流的 5%，实际测试中使用的幅值可能更小。本案例中，燃料电池的最大输出电流为 200A，对应的输出电压范围为 4~6V。为了提高阻抗测量的信噪比，并降低控制的难度，将激励源的最大输出电流幅值设为 10A，即燃料电池许用最大输出电流的 5%，激励的波形为单一频率正弦波。由于 DC/DC 变换器所产生的激励信号中带有开关纹波，为了减少电流纹波对 EIS 测量的不利影响，设定允许的最大纹波电流为 100mA。考虑燃料电池的 EIS 特性，设计的交变激励频率范围为 1~500Hz。

4.2.2　交变激励源拓扑选型与参数计算

本例设计的交变激励源为独立的 DC/DC 变换器，其峰值电流约为 22A。考虑到车载应用下要求变换器体积紧凑，开关纹波低，并具有较低的损耗以提高效率，减轻散热系统负担。根据上文的分析，合适的相数应当在不过分增加元器件数量和系统复杂度的前提下，降低所需的磁性元件的体积和质量并减少损耗。在考虑各方面的因素并权衡利弊后，本例设计的交变激励源采用四相交错并联 Boost 拓扑。在该设计下，单个支路的峰值电流约为 5.5A，根据焦耳定律 $Q = I^2R$，以及开关器件和功率电感的典型直流电阻（在数十到数百毫欧之间），总损耗功率处于较低的水平。

由于该激励源适配的燃料电池和储能电池的电压等级较低，因此选择了传统的硅材料 MOSFET 作为功率开关器件，并选择 DC/DC 变换器开关频率为 100kHz。

DC/DC 变换器中，滤波电感的大小对于电流纹波和轻载工况下电流的连续性具有重要影响。对于多相交错并联拓扑，每一个支路在工作时都是独立的，在器件参数一致性良好的前提下，各支路的电流和承载的功率也是基本均匀的。在所设计的激励源正常工作的范围内，每个电感均工作在连续电流模式下。对于四相交错并联 Boost 拓扑，按开关占空比 D 进行分段分析，其各个支路栅极驱动电压、各支路电感纹波电流、总电流纹波波形如图 4-7 所示，其中，V_{g1} ~

V_{g4} 为各相功率开关的驱动电压波形，$i_{L1} \sim i_{L4}$ 为各相电感电流纹波，i_{Lo} 为总输出电流纹波。可见在各相电流叠加后，总电流纹波的周期为各支路电感电流纹波周期的 1/4。

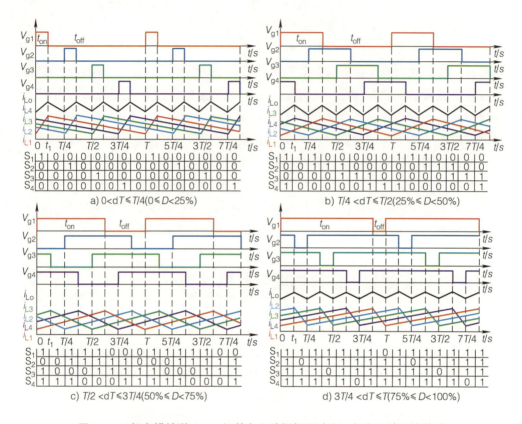

图 4-7 四相交错并联 Boost 拓扑各支路栅极驱动电压与各支路电流纹波

由图 4-7 中的总电流纹波 i_{Lo} 的波形可见，在稳态下，纹波升降的幅值是相等的。因此，对纹波幅值的分析只需要取电流上升或下降段之一即可，本例取纹波线性上升段进行分析。根据设计条件，激励源的开关占空比范围为 42.86%~70.37%，将总纹波电流 Δi_{Lo} 设为 0.1A，开关频率 f 设为 100kHz。不同于一般的 Boost 拓扑 DC/DC 变换器，交变激励源的输入电流为受控对象，其幅值与频率范围受用户控制，故此处将两种边界条件作为参数计算电感。当输入电压为 4V，输出电压 13.5V 时，对应最大占空比为 70.37%；当输入电压为 6V，输出电压为 10.5V 时，对应最小占空比为 42.86%，可求得电感的最小取值为 53.56μH。该值为电感的最小值，考虑到电感制造误差，以及大电流下电感值衰减，需要适量提高电感值以提高裕量，改善恶劣工况下的性能，因此，本例最终选用了 120μH 的铁硅铝磁心电感，电感饱和电流为 30A。

对于输出电容，由于交变激励源设计时其输出端与电池组相连，即激励源的输出电压将被电池组所钳位。但是考虑到实际的电池组参数并非完全理想，线路上存在的寄生参数和该激励源可能作为一般的 Boost 或 Buck 拓扑 DC/DC 变换器使用的情景，本例按照一般交错并联 Boost 拓扑 DC/DC 变换器的设计方式进行输出电容计算。交错并联的四个支路共用一组输出电容。根据设计需求，取最恶劣情况进行计算，此时最大负载电流 I 为 20A，输入电压为 4V，输出电压为 13.5V，对应的占空比为 70.37%。设定允许的输出纹波电压 ΔV 为 0.1V。最终可求得输出电容 C 的最小值为 407.4μF。考虑到成本、性能和体积等多方面需求，并留出耐压余量，选择使用耐压等级为 50V 的铝电解电容作为主要输出电容。铝电解电容的精度较低（允许的容差为 ±20%），且等效串联电阻较大，而并联使用可以改善该问题。此处使用两个 220μF 和两个 47μF 的电容器，其总容值大于计算得到的最小值，以进一步改善工作范围内的输出电压纹波，并避免容值误差和温度变化导致的电容不足问题。考虑到过滤高频噪声的需求，另外搭配耐压为 50V、电容值 0.1μF 的贴片多层陶瓷电容作为辅助输出电容。

4.2.3　电流与电压采样电路设计

根据阻抗的定义，若求得电压和电流信号的幅值与相位差，即可由幅值比得到阻抗模，由相位差求得阻抗虚部与实部之比（求相位差的反正切函数值）。

在此场景中，由于交流信号的幅值远小于直流信号，对于使用交流耦合的测量电路，应当考虑隔直流电容器的设计和放大电路的精度以避免交流波形失真；对于直流耦合，应当考虑 ADC 的测量精度和信号通路上的误差及噪声以避免响应信号被掩盖，且各采样电路的设计应当尽可能保证一致。从阻抗测量的系统需求而言，电压采样电路应具备测量多路电池单体电压信号的能力。此外，考虑到燃料电池堆的高电压和寄生电感在系统急停等恶劣工况下可能产生的感生电动势，采样电路应当能承受高共模电压及瞬时电压尖峰的冲击。综合以上需求，设计信号采样电路总体架构如图 4-8 所示。

考虑到阻抗测量需要对频率低至 1Hz 的正弦信号进行测量，所需要的隔直流电容量过大，在体积和成本上均不适应车载需求，因此使用直流耦合。电压与电流信号首先通过输入滤波器对高频噪声进行初步滤波，保护电路实现对电压尖峰的抑制和吸收。将燃料电池单体两极的电压信号接入差分放大器，去除共模电压后，各放大器的输出即燃料电池单体电压叠加激励响应电压。进入后级电路的电压信号则由多路复用器选通。电流传感器的输入支持单端或差分信号，也经过差分放大器的前级处理。随后选通的电压信号与电流信号由运算放大器进行调理和缓冲,在此阶段,可对信号幅值进行缩放调整。最后由高精度 ADC 对两路信号进行连续同步采样,MCU 负责控制 ADC,读取转换数据,并选通所需的电压信号。

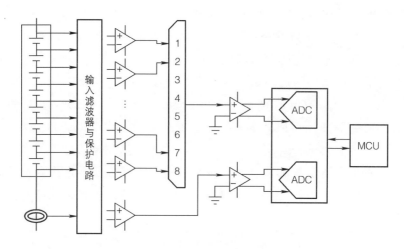

图 4-8　信号采样电路总体架构

电流与电压采样电路将输入及输出端的电流和电压值转换并处理为 ADC 能承受并处理的电压信号,微控制器将根据测得的信号对 Boost 拓扑的开关占空比进行实时控制,另外,过电压、欠电压、过电流、超负载等故障诊断功能的实现和判断也依赖于以上信号。由于电流和电压信号的测量精度直接影响到激励信号质量和设备运行安全,因此需使用精密传感器或电流放大器。

本例设计的交变激励源样机的电压等级较低,因此使用了非隔离测量电路设计。德州仪器(TI)公司的 INA293 精密电流放大器可提供 1.3MHz 的带宽,能在 $-4 \sim 110\text{V}$ 的共模电压下工作,并具有很高的直流和交流共模抑制比,适合在中低压 DC/DC 变换器中使用。INA293 通过测量串联在电路中的分流器电阻的电压降实现对电流的测量,该放大器提供 20V/V、50V/V、100V/V、200V/V 和 500V/V 五种固定增益。在选型时,需要考虑 ADC 允许的输入电压范围和激励电流幅值。此外,还需要选择电阻值合适,功率足够的采样电阻。最终设计的电流测量电路如图 4-9 所示。

在电压测量方案上,使用了精密电阻分压后直接采样的设计。所选用的精密放大器为亚德诺(ADI)的 AD8628,该放大器具有轨到轨的输入输出能力,且误差低、共模抑制比高,适合低压精密信号的处理。最终设计的电压测量电路如图 4-10 所示。

第4章 电化学复合电源系统设计

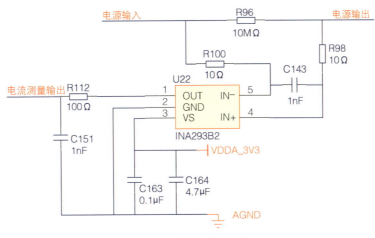

图 4-9 电流测量电路

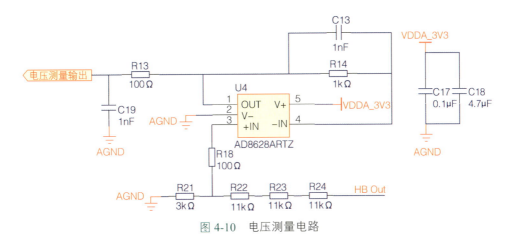

图 4-10 电压测量电路

4.2.4 交错并联 Boost 变换器及驱动电路设计

由于交错并联的各个支路都是相互独立的，因此，在设计功率器件电路时使用了 4 个完全相同的 Boost 拓扑结构。为了进一步提高总体效率，将传统 Boost 拓扑高边的二极管改为 MOSFET，如图 4-11 所示。由于要求高边 MOSFET 的栅极电压与被整流电压的相位保持同步，故称为同步整流。该拓扑在续流阶段导通高边功率开关，由于 MOSFET 的通态电阻低，故导通时压降远小于功率二极管，能显著减少损耗，但因为需要对高低边功率器件的栅极信号相位进行控制，增加了控制的复杂度。本例选择意法半导体（STMicroelectronics）公司的隔离式单通道 MOSFET 驱动 STGAP2SICS，其峰值驱动电流可达到 4A，允许的最大开关频率为 1MHz，允许的输出最小脉宽为 100ns，符合交变激励源的设计需求。由于选用的驱动器为单通道设计，因而每个支路都需要高边与低边共 2 个驱动器，故总计需要 8 个驱动器构成 MOSFET 驱动电路。最终设计的 MOSFET 驱动器电路如图 4-12 所示。

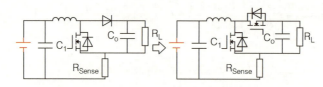

图 4-11 传统 Boost 拓扑改为同步整流 Boost 拓扑

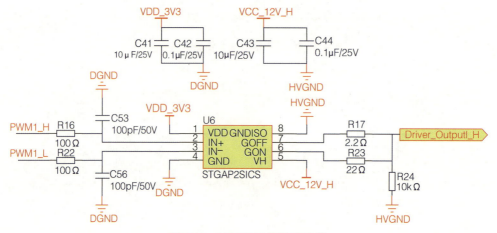

图 4-12 MOSFET 驱动器电路

4.2.5 在线阻抗测量结果

所使用的燃料电池的操作条件见表 4-1。测试中使用直流电子负载消耗燃料电池产生的电能，并在直流电流上叠加幅值为 6A，频率范围为 1~1000Hz 的正弦交变激励电流。由于配备的 NI-9222 采集卡通道数有限，故使用 1 个通道测量电流信号，其余的每个通道测量 2 个串联燃料电池单体的电压信号。为了方便对比，下文的实验数据将把阻抗测量装置测得的数据相加后，与数采系统求得的阻抗数据进行比对分析。

测量时，使燃料电池先以给定的运行条件连续运行 15min 以上，在观察到各燃料电池单体电压稳定后，向燃料电池施加激励。随后由阻抗测量装置进行测量，同样为连续测量 3 次后取均值。完成一个频率的阻抗测量后，使燃料电池以稳定电流在预设参数下运行 5min，再进行下一个频率的阻抗测量。如此循环直至所有频率的阻抗数据采集完毕。

表 4-1 燃料电池操作条件与运行参数

操作条件与运行参数	数值
空气压力	170kPa
氢气压力	190kPa
气体计量比	2∶2
气体相对湿度	50%
冷却水温度	70℃
电流密度	700mA/cm^2
电堆输出电流	159A
燃料电池单体电压	0.71V

为了验证数据采集系统的精度与可靠性，先使用阻值为 3.75mΩ 的分流器电阻（精度 0.2%）作为标准试样进行测试，该分流器串联在燃料电池与电子负载之间。测试时，由电子负载产生负载电流与激励电流波形，使用数据采集系统同时测量电流信号和分流器上的电压降，并由测得的数据计算分流器的阻抗谱。其中，正弦激励电流的频率范围为 0.5～2000Hz，激励电流幅值和电堆输出电流如上文所述。

测量结果如图 4-13 所示，可见在 0.5～1000Hz 范围内，数据采集系统对分流器的阻抗模和相位角的测量结果具有良好的精度和稳定性，其中，对阻抗模的测量误差不超过 ±1%，对相位角的测量误差不超过 ±1.5%。结果证明，数据采集系统的阻抗测量结果可以作为阻抗测量装置的参考对象。

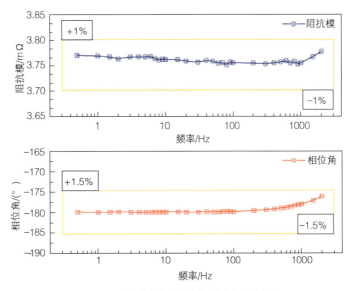

图 4-13 阻抗谱测量精度对比测量结果

由阻抗测量装置测得的各燃料电池单体阻抗数据如图 4-14 所示,由数据采集系统测得的各燃料电池单体阻抗数据如图 4-15 所示,为了方便对比和表述,使用单位面积阻抗作为阻抗单位。从阻抗数据中可见,当测量频率较高时(500~1000Hz),燃料电池的阻抗值较小,响应电压微弱,对阻抗测量装置的灵敏度和精度都有较高的要求。从等效电路的角度分析,此时激励电流频率较高,等效电路中的电容成分被短路,因此测得的阻抗值较小,其主要成分为欧姆阻抗和极化阻抗。在中等频率范围内(50~200Hz),电池阻抗的虚部明显增大,由燃料电池阻抗的定义和构成可知,此时传质阻抗和极化阻抗成为主要影响因素。在低频区域(1~10Hz),传质阻抗占主导地位,测得的阻抗值明显增大,有利于对微弱信号的提取,但由于信号频率低,其采样周期也相应延长。由于阻抗测量要求燃料电池工作在准稳态下,较长的采样时间将引入更多外界随机因素,导致低频阻抗的测量结果的不确定性更大。此外,可以看到各个燃料电池单体间的阻抗存在差异,在低频区域则更加明显,推测是燃料电池单体在电堆中的位置不同,导致各单体内部的水含量、气体分布、工作温度等并不一致,从而使阻抗特性间存在差异。远离气体和冷却水进出口的燃料电池单体 1 阻抗最高,而靠近进出口的燃料电池单体 6 阻抗最低,可见良好的气体循环和冷却水流动条件对改善燃料电池的性能表现具有重要意义。

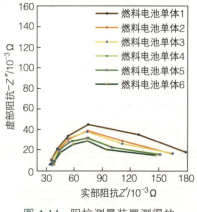

图 4-14 阻抗测量装置测得的燃料电池单体阻抗

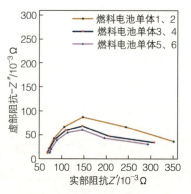

图 4-15 数据采集系统测得的燃料电池单体阻抗

将燃料电池单体 1 和 2、3 和 4 以及 5 和 6 的阻抗实部及虚部数据分别相加并计算相位角后,与数据采集系统测得的阻抗数据进行对比,结果表明,本例所设计的阻抗测量装置测得的阻抗值与基准数据的误差小于 ±4%,而相位误差小于 ±1°,总体测量精度较高,可满足嵌入式阻抗测量的需求,如图 4-16 所示。

第 4 章 电化学复合电源系统设计

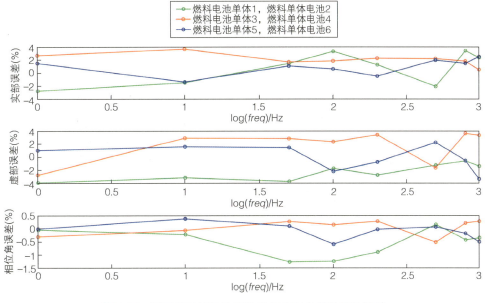

图 4-16 测量装置测得的阻抗数据相对参考数据的误差

 4.3 大功率多模块复合电源设计案例

4.3.1 350kW 级燃料电池复合电源系统

为了满足大功率交通运输领域动辄百千瓦级的功率需求，一方面可以通过增加燃料电池单体个数来提升单个电堆的输出功率，但这会导致电堆内流体分配、温度与应力分布不均的问题更加突出，提升电堆的设计难度。另一方面，可与中小功率燃料电池系统共用同型号的电堆与辅助系统零部件，采用多燃料电池模块组合的方式提升系统输出功率。目前，多模块燃料电池系统在大功率交通运输领域已经得以应用。本案例是中国第一台多模块燃料电池复合电源机车，燃料电池单堆功率为 115kW，系统由 4 堆组成，总输出功率为 400kW，该项技术由中车集团和同济大学共同研发，如图 4-17 所示。

多模块燃料电池系统如图 4-18 所示，本燃料电池系统主体由 4 个额定功率为 115kW 的燃料电池模块构成（分别定义为 A、B、C、D），通过功率集成向整车输出 1500V 的高压电。系统包含三套动力供电系统（原车 380V 交流高压电、110V 辅助低压电、1500V 主高压电），两套 24V 低压供电系统（执行器驱动电源和控制器电源）。

图 4-17　燃料电池机车

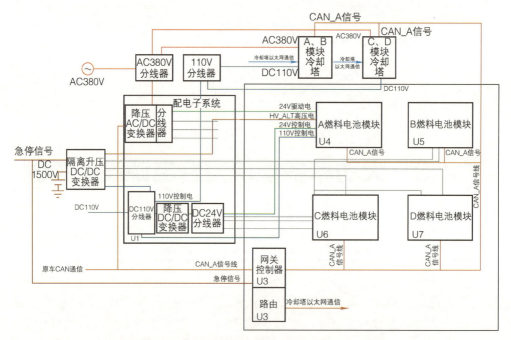

图 4-18　350kW 级燃料电池系统电气原理图（彩色部分为 A 模块电气连接关系）

4.3.2　主功率高压系统方案

主功率部分高压系统电气架构如图 4-19 所示，系统中含有四类电流变换器：非隔离升压 DC/DC 变换器、降压 AC/DC 变换器、降压 DC/DC 变换器和隔离升压 DC/DC 变换器。综合考虑燃料电池模块的电压-功率特性和车辆电压制式，系统利用两级升压方案实现燃料电池功率向车辆主高压系统注入。两级升压方案中，中间电压设置为600V。二级升压DC/DC变换器、降压AC/DC变换器、降压DC/DC变换器构成配电子系统，实现350kW燃料电池系统与车辆电压制式的匹配。

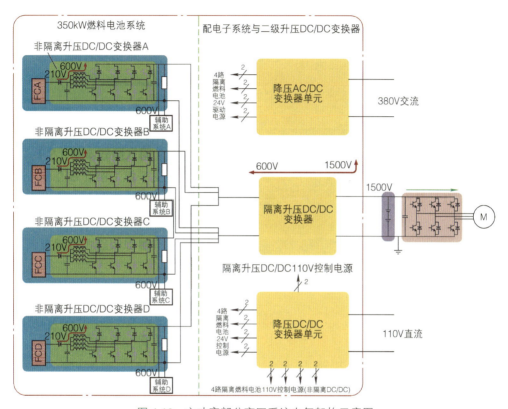

图4-19 主功率部分高压系统电气架构示意图

1 非隔离升压DC/DC变换器

350kW系统包含4个独立的非隔离升压DC/DC变换器，其利用电能变换将燃料电池堆功率输进中间级电压为600V的直流系统，单个非隔离升压DC/DC变换器结构如图4-20所示。其主特征为单向电流控制型四相交错并联Boost电路。

燃料电池堆主功率输入输出简单描述如下：燃料电池主功率输入端口只有电流输入，严禁电流输出，一级升压后，600V主功率输出端口与非隔离升压DC/DC变换器的600V端连接，端口电压由非隔离升压DC/DC变换器的600V端决定。

该电源变换器还包括600V辅助功率端口、110V控制电输入端口、CAN通信端口等。

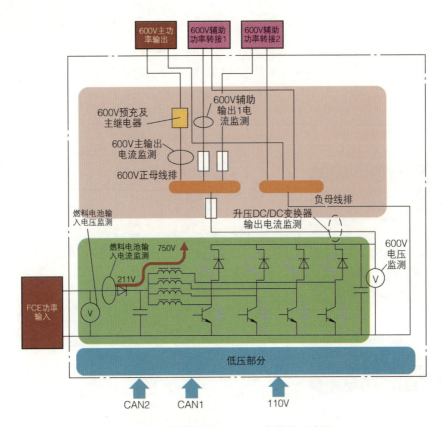

图 4-20 非隔离升压 DC/DC 变换器示意图

2 二级升压 DC/DC 变换器

隔离升压 DC/DC 变换器用于建立 350kW 燃料电池系统中间级 600V 电压，并将非隔离升压 DC/DC 变换器转换的电能进行二次转换，为车辆 1500V 系统提供能量。隔离升压 DC/DC 变换器是以低压侧电压（600V）稳压为目标的电压控制型双向直流变换器，结构如图 4-21 所示。

输入端口包括 A、B、C、D 四路，端口额定电压 600V，功率 100kW，峰值功率按 1.2 倍额定功率持续 6min 计算，输入功率大于 120kW。由于该隔离升压 DC/DC 变换器为双向使用，因此，端口输出功率能力应与输入功率等同。

主功率输出为 1500V，该端口与整车 1500V 电压系统连接，端口额定输出功率 372kW，峰值功率按 1.2 倍额定功率持续 6min 计算，输入功率大于 446kW。由于该隔离升压 DC/DC 变换器为双向使用，因此，端口输出功率能力应与输入功率等同。

除了以上主功率输入和输出之外，该 DC/DC 变换器还包括 110V 控制电输入和 CAN 通信端口等。

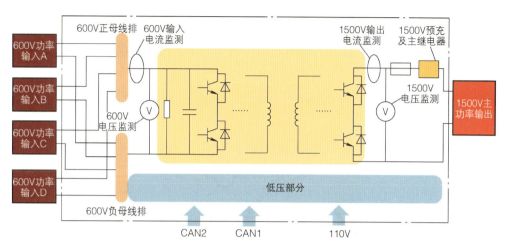

图 4-21 隔离升压 DC/DC 变换器示意图

第 5 章

电化学复合电源系统管控

5.1 复合电源管控需求

包括锂离子电池和燃料电池在内的电化学电源具有很强的时变性和非线性。在使用过程中，面临着安全状况恶化和寿命衰减问题，进而影响电源系统的性能。复合电源管控的目的在于及时了解电池的当前状态，解决现有的故障，并对未来的寿命和安全状况进行预测，实现高安全性、长寿命的电池应用。复合电源管控主要包括电池内部状态估计、寿命和安全性评估预警、故障诊断以及能量管理等关键技术。下面将对此进行详细介绍。

5.1.1 燃料电池系统运行特性及需求

燃料电池系统包括空气子系统、氢气子系统、水热循环控制系统等。燃料电池的正常运行需要各子系统的协调配合。燃料电池堆正常工作温度范围为 $60 \sim 80$℃，最佳工作压力为 1.3bar，工作湿度可达 100%。燃料电池温度过低会导致催化反应速度变慢，进而导致电池内阻增大。工作压力不合适将会导致反应物浓度等不合适，从而易造成反应物饥饿，进而损坏膜电极。另外，工作压力的不稳定也有可能导致膜电极的机械疲劳损伤。电堆的工作湿度太高易导致生成液态水，造成气体流道堵塞，影响反应速度；而湿度太低又会造成离子传导困难，导致反应内阻增大。在燃料电池系统工作的过程中，除了电压、电流、温度、压力、湿度等可以通过直接测量得到外，燃料电池内部的反应物浓度、膜电极水含量、电堆的寿命以及是否发生故障等，都需要间接得到。因此，状态估计、故障诊断等显得尤为必要。

1 反应物供应问题

在车辆的动态条件下，电池的输出功率时刻在变化，进而使得氢气或氧气需求也在变化，这种变化可能会导致分配到电堆内部流场的气体不足，造成饥饿现象，局部饥饿将导致电流密度分布不均匀，从而导致热点甚至膜穿孔；单体级别的饥饿则可能进一步导致反极现象，造成水分解、碳载体腐蚀和 Pt 催化剂溶解等严重后果，产生不可逆的性能损失。

尽管氢缺乏对燃料电池造成的损害比缺氧要大，但借助于纯度很高的高压氢气存储，氢气供应子系统调节的响应速度往往较快，而空压机与背压阀存在动态响应延迟，更容易导致阴极侧发生缺氧。氧饥饿对伏安特性曲线的影响如图 5-1 所示，相同进氢量的情况下，在电流密度较低时，正常运行情况与氧饥饿情况的伏安特性曲线差别并不明显。但随着电流密度逐渐增加，氧饥饿现象对极化曲线的影响越来越显著。在相同电流密度下，氧饥饿现象越严重，电池输出电压比其正常值降低越多。将燃烧 1kg 氢气实际提供的空气质量与理论中完全燃烧 1kg 氢气所需要的空气质量的比值定义为空气过量系数。正常情况下，空气过量系数在 2.2～2.5 之间可以保证燃料电池的正常使用。如果空气过量系数减少到 1.6～2.0，在高电流密度下，燃料电池性能会大幅下降。如果始终保证充足的供气量，则会增加进气子系统的功率损耗，降低系统整体的效率。过氧化系数表示燃料电池堆阴极内部实际进入的氧气质量与阴极侧实际参与反应的氧气质量的比值，与空气过量系数相比，更能反映燃料电池系统真实的进气需求。因此，实时获得燃料电池系统空气过量系数，对燃料电池系统控制优化具有非常重要的作用。

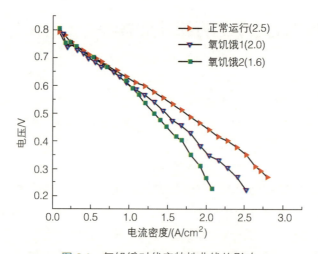

图 5-1　氧饥饿对伏安特性曲线的影响

2　工况对寿命的影响

燃料电池是一个复杂的系统，膜电极的衰减是燃料电池寿命衰减的主因。膜电极通常包括催化剂铂、质子交换膜、催化层、多孔运输层（气体扩散层和微孔层）等，不同组件的衰减机理不尽相同。衰减不仅发生在特定的组件上，也可能发生在组件接触的界面上，如反应位点的催化层与膜的界面上。此外，双极板的衰减也不可忽视，如在 0℃ 以下运行时，石墨板微孔内残存水的冷冻与解冻会削弱材料的强度，而金属双极板金属阳离子污染导致的电池性能下降问题也值得关注。

燃料电池的衰减除了与材料和设计有关，也与运行工况密切相关，可以将工况划分为四种典型单一工况，即启停工况、怠速工况、变载工况和恒功率工况。其中影响最大的是启停、怠速和变载工况，下面一一介绍。

（1）启停工况

启停工况指不进行拉载，只建立开路电压（Open Circuit Voltage，OCV）的工况。该工况包括建立阴/阳极和冷却三路流体循环的启机过程和停机吹扫过程。启动、停车也是车辆最常见的工况之一。研究发现，车用燃料电池由于车辆停车后环境空气的侵入，在车辆启动或停车瞬间阳极侧易形成氢空界面，导致阴极高电位产生，瞬间局部电位可以达到1.5V以上，引起碳载体氧化。根据对美国城市道路工况的统计，对于目标寿命5500h的乘用车辆，启动停车次数累计高达38500次，平均7次/h，若每次启动停车过程的时间是10s，则阴极暴露在1.2V以上的时间可达100h。因此需要通过系统策略来控制高电位的生成。此外，碳腐蚀速率与进气速度密切相关，在启动过程中，快速进气可以降低高电位停留时间，达到减少碳载体损失的目的。启停工况导致燃料电池衰减的主要原因有以下几点。

1）反向电流。反向电流（reverse-current）普遍存在于启机阶段或停机阶段，启机阶段是因为作为燃料的氢气重新通入阳极腔时，与阳极腔内通过泄漏和跨膜扩散积存的空气共存形成氢空界面；停机阶段是因为大气中的空气通过燃料电池单体之间缝隙进入阳极腔或电堆阴极腔的空气跨膜扩散进入电堆阳极腔，并与残存的氢气形成氢空界面，氢空界面处的高电位差加速了碳的腐蚀和析氢反应。

2）自由基攻击膜。启停工况下电位和氧气的浓度会在较大范围内变化，容易导致过氧化氢的生成，从而产生自由基，而自由基对膜的攻击导致膜的衰减是造成燃料电池性能下降的主要原因之一，会导致质子交换膜变薄，表面粗糙度增大，产生裂纹或针孔，这些形态变化会导致质子传导率和膜的稳定性降低。

3）催化剂铂的衰减。启停工况下因为没有电子的移动（即没有电流形成），不会发生铂的电化学奥斯特瓦尔德熟化。铂离子在电拖曳和浓度梯度作用下会扩散到催化层内部以及质子交换膜的内部，并被氢气还原重新生成铂粒子，进而形成富铂区域，该富铂区域通常呈带状结构，即所谓的"铂带"。影响到铂溶解速率、铂离子扩散速率、氢气与铂离子反应速率的因素均能影响催化剂的衰减。其中，最主要的影响因素为电池的工作电压，当电压大于0.8V时，铂的溶解速率显著提升。较高的相对湿度也会加剧铂的溶解，主要是更高的湿度会导致更致密的水网存在，利于铂离子的传递运输，进而加剧了铂离子的还原。

4）局部压力不均与压力循环。燃料电池内部并不是均匀受力的理想结构，燃料电池双极板的流道与脊相互交替，致使被双极板夹在中间的MEA受力不均——脊正下方的MEA受到较大的压紧力，流道正下方的MEA没有压紧力作用在表面。沿着流道的方向，由于沿途气体的消耗、水的生成、流阻的存在，会导致电堆阴/阳极入口的气体压力比阴/阳极出口的气体压力高出几千帕至几十千帕。此外，由于启停过程中存在反复通断气体供应的现象，导致膜两侧的气体压力出现应力变化，致使膜两侧出现压力循环变化。当大气环境较干燥时，启停过程中容易出现较大的反应气体湿度反差，会导致膜的水含量发生显著变化，进而出现应力循环。局部压力不均或压力循环会导致质子交换膜厚度变薄，厚度不均匀，膜表面产生孔隙、裂痕，直至失效。能够通过机械损伤的方式导致膜衰减的因素包括气体流量与压力、气体相对湿度、燃料电池预紧力、流道的设计参数等。

（2）怠速工况

怠速工况是燃料电池系统对外输出功率为零的工作状态，即燃料电池堆输出功率仅供燃料电池辅助系统消耗，不对整车提供输出功率。当低载运行或怠速时，燃料电池电压处于较高范围，阴极电位通常在 0.85～0.9V 之间，在这个电位下的碳载体腐蚀与铂氧化也会直接导致燃料电池性能衰减。在整个车辆使用寿命周期内，怠速时间可达 1000h 以上，因此，怠速状态引起的材料衰减同样不可忽视。利用混合动力控制策略，在低载时通过给动力蓄电池充电，提高燃料电池的总功率输出，也可起到降低电位的目的。怠速工况导致燃料电池衰减的主要原因有以下几点。

1）电化学奥斯特瓦尔德熟化。铂颗粒发生溶解生成铂离子，铂离子在铂粒子表面发生还原反应。其中，铂离子通过电解质/离聚物（electrolyte/ionomer）进行传递，电子通过碳载体进行传递，该过程既涉及铂的溶解（生成铂离子），也有电子参与还原反应，还原反应发生在催化层表面，电化学奥斯特瓦尔德熟化会导致小颗粒铂的溶解与更多大颗粒铂的形成，铂颗粒直径的分布由小颗粒均匀分布逐渐呈现出平均直径增大、铂颗粒数量减少趋势。与启停工况类似，怠速工况下影响铂离子溶解速率的首要因素仍然是电位。

2）铂的迁移与铂带的形成。怠速工况下铂的溶解、迁移与铂带形成与启停工况下的机理相同。

（3）变载工况

变载工况是实车应用场景下最常见的工况类型，燃料电池电压在 OCV 与最低工作电压之间变化。变载工况是指车辆运行过程中由路况不同导致的燃料电池输出功率随载荷的变化过程。通常，车用燃料电池系统是采用空压机或鼓风机供气，燃料电池在加载瞬间，由于空压机或鼓风机的响应滞后于加载的电信号，会引起燃料电池出现短期空气饥饿现象，即反应气供应不能维持所需要的输出电流，造成电压瞬间过低。尤其是当燃料电池堆各单体阻力分配不完全均匀时，会造成阻力大的某一个或几个燃料电池单体首先出现反极，在空气侧会产生氢气，造成局部热点，甚至失效。在动态加载时，除了会发生空气饥饿外，氢气供应不足会使燃料电池出现燃料饥饿的现象，导致碳氧化反应的发生。采用复合电源构造，辅以相应的控制策略，可以避免燃料电池载荷的大幅度波动，从而避免了加载瞬间由于空气饥饿引起的电压波动以及燃料饥饿等问题。变载工况导致燃料电池衰减的主要原因有以下几点。

1）氢气饥饿。氢气饥饿分为全局氢气饥饿和局部氢气饥饿。全局氢气饥饿主要是氢气过量比过小导致的。但即使氢气过量比充足，也会因为水淹堵塞气体扩散层（Gas Diffusion Layer，GDL）或微孔层（Micro Porous Layer，MPL）、电堆流道设计不合理、动态变载过程中辅助供气系统变化迟滞等诸多因素，导致氢气在质子交换膜/电极平面内分布不均，进而导致局部氢气饥饿。在氢气饥饿区域，正极发生析氧和碳腐蚀，负极发生氧还原，进而导致电极多孔结构的破坏，物质传递发生恶化，铂颗粒脱落，进一步加剧局部区域的电流、热量的分布不均，加速恶化，最终导致燃料电池性能下降。影响氢气饥饿程度的因素包括气体计量比、微观结构的排水性能等。

2）湿度与压力循环。大电流密度下，由于电极反应和电拖曳现象加强，导致膜和离聚物中的水含量提高。相反，小电流密度下，膜和离聚物的水含量降低。变载带来的电流循环意味着膜水含量的循环变化，继而导致膜处于不断收缩-膨胀循环的状态中。湿度循环会导致膜产生应力循环，破坏膜的机械结构。除此以外，燃料电池系统如果未采用恒压控制策略，在变载过程中，燃料电池阴/阳极气体压力会出现波动，频繁的变载工况导致的压力循环也会对膜产生机械损伤。

3）催化剂铂的衰减。变载工况由于电位变化范围涵盖了OCV和最低工作电压，也会存在高电位工况，即存在铂溶解与铂的迁移、电化学奥斯特瓦尔德熟化现象。

3 水热管理问题

锂离子电池的反应体系是完全封闭的，与外界没有物质交换；而燃料电池则完全依靠外界供应的氢气和空气（氧气）作为反应物，反应产物水也需要从燃料电池内排出，因此，燃料电池内部与气体及水含量相关的状态估计对于复合电源系统的控制同样具有重要价值。

水淹和膜干是燃料电池内的另一类常见的控制问题，并且经常发生在水和热管理不当的情况下。低温燃料电池质子交换膜（PEM）最常用的材料是全氟磺酸聚合物，其质子电导率很大程度上取决于其水含量，并对电池性能产生重大影响。一旦膜脱水干燥，质子就不能有效迁移，从而使PEM的传输电阻和欧姆电压损失增加。同时，低质子电导率也阻碍了质子到达催化层的表面，催化层的有效反应表面积减小，极化损耗也增加。此外，膜干燥时，MEA容易出现局部热点，区域温度升高可能导致PEM性能不可逆下降甚至失效，例如PEM出现分层和穿孔。此外，PEMFC内部的温度对水的相变过程有显著影响，水蒸气通常在气体扩散层表面冷凝形成液态水，当进气露点温度恒定时，电堆内部的相对湿度特别容易受到内部温度的影响。

尽管目前已经有一些研究设计了特殊的原位测量传感器以直接测量燃料电池内部流场的气体成分和水含量，但受限于成本、体积等因素，此类研究现阶段无法大规模应用于商业化燃料电池以及复合电源系统内。因而对于膜水含量、多孔介质与流道中的液态水饱和度、阴极氧分压、阳极氢分压、阴阳极氮分压、阴阳极水蒸气分压和内部温度等关键内部状态暂时还需要通过外部测量参数进行估计。

4 故障诊断问题

质子交换膜燃料电池输出性能受内部状态影响显著，不当的膜水含量、液态水含量、氧气浓度、渗氮浓度会引起膜干、水淹、缺气等内部故障。对这些故障进行准确诊断和及时处理将进一步提升燃料电池的输出性能和使用寿命。同时，燃料电池系统也包含电堆、空压机、氢气循环泵、阀等一系列电气单元和水气管路，在使用过程中也存在电气单元故障、水气泄露、绝缘性能下降等故障，对这些故障的诊断也是燃料电池系统管控的主要功能。

5 其他问题

燃料电池系统在复杂环境下的启动、停机、怠速等运行状态的切换也需要协同对空压机、氢气循环泵、阀等设备的操作，这些操作控制也会影响燃料电池系统的性能，也是燃料电池系统管控的基本需求。

5.1.2 锂离子电池系统运行特性及需求

1 荷电状态估计问题

SOC 是锂离子电池最为关键的内部状态，是电池内部存储电荷的量化指标，反映了锂离子电池内部的剩余电量水平，燃料电池则没有该状态。准确的 SOC 估计不仅能够避免电池过充电、过放电，而且能够提高电池容量和能量的利用效率，延长电池使用寿命，防止起火、爆炸等危险事故的发生，是复合电源系统控制和性能优化的关键参数。然而，SOC 作为动力蓄电池的隐含状态量，无法借助传感器等手段直接测量得到，仅能通过外部可测的电流、电压和温度等数据进行估计和推断。

2 寿命状态估计和预测问题

"每用必损"是锂离子电池的重要特性。寿命衰减背后的机理非常复杂，电池的老化受到了工作温度、电流大小、截止电压等因素的影响。总体来说，使用过程中，电池的容量会不断衰减，内阻会不断增大。SOH 便反映了电池寿命衰减情况。剩余使用寿命（Remaining Useful Life，RUL）是动力蓄电池常被关注的另一个重要状态量，反映了动力蓄电池在未来的剩余使用寿命。SOH 估计和 RUL 预测的意义在于及时对动力蓄电池的寿命进行评估，从而为动力蓄电池的维保、售后提供支持，并采取合适的控制方式以延缓寿命的衰减。

3 安全防护和预警问题

电滥用、热滥用和机械滥用会导致锂离子电池产生热失控。机械滥用指的是由碰撞等引起的针刺、挤压以及重物冲击等；电滥用一般是由电压管理不当或电气元件故障引起的，包括短路、过充电和过放电等；热滥用是由温度管理不当导致的过热引起的。锂离子电池使用时应尽量避免发生上述滥用行为，以防对锂离子电池的安全性造成危害。此类属于锂离子电池安全的主动防护。

即便是做到完全在安全阈值范围内运行，锂离子电池仍然可能会发生热失控危害。此时，被动的安全防护成为避免重大伤害的最后防线。锂离子电池系统内包含了众多的单体电池，一旦单体电池发生热失控，将会在不同电池之间蔓延。因此，从电池结构出发阻断热失控蔓延的路径非常重要。

4 热管理问题

锂离子电池具有合适的运行温度范围。高温下工作将可能加速电池的寿命衰减，甚至诱发安全问题。低温下，锂离子电池的充放电能力也降低，具体表现为在低温下充电易导致金属锂析出，从而引发电池的寿命和安全问题。同时，低温下电池内部电极过程进行困难，导致可放出的电量以及放电的电流都会受到影响。因此，需要热管理系统将电池的温度控制在合适的范围内，同时尽量缩小电池模块/包内不同单体电池之间的温度差异，以提升电池的一致性。

5 其他问题

SOP 可表征复合电源系统在不同健康状态和荷电状态下充放电功率的极限，优化匹配燃料电池、锂离子电池与汽车动力性三者之间的关系，控制燃料电池尽量运行在高效区间，并最大限度地发挥电机再生制动能量回收能力。对 SOP 的实时估计也对整车控制单元进行能量管理和优化起到重要作用，其对于合理使用燃料电池与锂离子电池，避免燃料电池出现频繁快速变载以及锂离子电池出现过充电、过放电现象，延长复合电源系统使用寿命有重要的理论意义和实用价值。

5.1.3 复合电源运行特性及需求

1 能量管理问题

电化学系统衰减与其功率输出关系密切，因此，实际应用过程中，燃料电池系统和动力蓄电池系统的寿命互为博弈关系，寿命的长短很大程度上取决于对不同电源的使用规划。需要进行整车工况识别与预测、基于多目标优化的复合能源系统能量管理、基于实时状态反馈的电源系统控制，由此形成预测 - 规划 - 管理的自上而下的复合电源全寿命周期的均衡与优化管理技术，有助于实现整车动力性、经济性以及核心部件寿命统一的多目标性能优化，增强燃料电池汽车竞争力。

2 健康状态和剩余寿命问题

同作为电化学电源，SOH 和 RUL 是燃料电池和动力蓄电池管控中都关注的问题，分别表征了燃料电池与锂离子电池当前阶段量化的老化程度以及在未来失效发生之前的量化可用时间，反映了复合电源系统的耐久性。随燃料电池运行时间的增长，质子交换膜由于高温、低湿、高电压、高气压等因素将会逐渐变薄，导致质子传导率下降。变载和怠速工况下，电位变化和高电位会氧化和溶解铂催化剂颗粒，降低催化层表面积。启动工况下的氢空界面则会造成碳腐蚀、破坏气体扩散层与微孔层。随着锂离子动力蓄电池使用时间和充放电次数的逐渐增加，以及过充电、过放电等滥用情况的发生，锂离子电池内部将发生 SEI 膜增长、电解质分解、集流体腐蚀等副反应，活性锂离子库存以及正负极活性材料将会有所损失。在上述因素的影响下，复合电源系统内的燃料电池与锂离子电池健康状态恶化，性能衰退，在外特性上表现为容量的衰退（锂离子电池）和内阻的增加。电池老化的影响因素众多，且各因素之间存在着很强的耦合关系，可直接测得的电池容量或其他特征量可在一定程度上表征 SOH，但无法获得 RUL，若综合电压、电流和温度等测量参数进行估计，可预测得到 RUL、并获得更为准确的 SOH。

3 故障诊断

如果说状态估计是实现其他控制功能的基础，那么安全则是所有复合电源相关研究共同的、最基本的目标。燃料电池与锂离子电池安全性的演化机制一般分为两种情况：一种是自老化导致的可靠性降低，是较为缓慢的变化过程；另一种是电池的突然故障。在提高电池安全性的技术方面，前者的安全技术大多与电池制造过程相关；后者是避免一些突发事件，甚至是安全事故对电池造成的损害。这就要求复合电源管理系统对已经发生或将要发生的故障及时告警，并根据严重程度做出相应的响应。

复合电源系统中的故障机制通常非常复杂，一般可以分为三类：传感器故障、执行器故障和电池故障。燃料电池的 12 种典型故障模式包括：水淹、膜干、铂催化剂中毒、局部氢饥饿、全局氢饥饿、燃料泄漏、燃料阻塞、氧饥饿、电气故障、空气过量系数偏移、控制器故障、冷却故障。锂离子电池及其管理系统的故障如图 5-2 所示。复合电源管理系统故障诊断的一般步骤包括数据采集、特征提取、故障诊断、故障预测和故障处理，如图 5-3 所示。

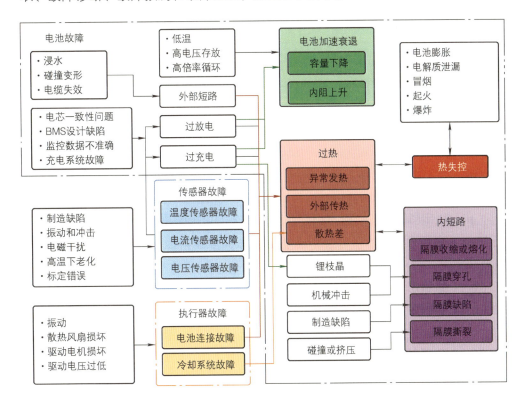

图 5-2　锂离子电池及其管理系统的故障示意图

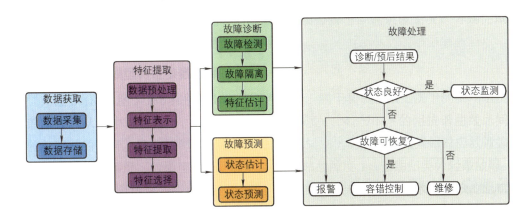

图 5-3　复合电源管理系统的故障诊断步骤

5.2 燃料电池系统管控

5.2.1 反应物状态估计

在传统的质子交换膜燃料电池系统控制中，常用的方法有利用空气质量流量传感器得到系统的进气质量流量，实现对质子交换膜燃料电池系统的控制。但是，一方面，传统的空气质量流量传感器存在较大的延时，对于空气系统的闭环控制无法精确匹配压力实现协同控制，而精度高的空气质量流量传感器成本较高，会额外增加燃料电池系统的成本。另一方面，空气质量流量传感器安装在进气管道上，而非电堆阴极入口内，测得的进气流量只是进气管内的质量流量，并不等于真正流入电堆内部的质量流量，不能反映燃料电池内部的实际需求。同时，该控制方法没有考虑来自内部反应物状态的反馈量，这意味着电池内部过程其实不受控制。

燃料电池系统过氧化系数反映了燃料电池堆内部实际的进气需求，但系统过氧化系数的大小与燃料电池阴极侧的气体压力有关，燃料电池堆结构具有密闭性，难以利用车用传感器对其阴极压力进行直接测量，因此无法直接通过传感器测量的方式获得系统过氧化系数。要得到系统过氧化系数，需要时刻获得其阴极内部的气体状态。

如果可以获得燃料电池阴极侧氧气的浓度或压力，就可以估计过氧化系数，为进气控制系统提供控制依据。现阶段获取燃料电池内部反应物成分的方法有植入型原位探测、质谱仪气体采样分析等，但这些方法需要昂贵的试验器材、严格的试验条件，对燃料电池堆进行改装、传感器布置，目前尚无法应用于车载系统，更无法满足车用工况下的实时性要求。因此，利用基于模型的方法来估计质子交换膜燃料电池这种多输入多输出，非线性强耦合系统内部的不可测量量，进而诊断内部故障，具有很大的优势。通过系统中易于测量、延时小的可测量量对燃料电池堆内部的不可测量量进行估计，计算过氧化系数，能够降低观测燃料电池系统的成本，保证燃料电池的系统效率和使用寿命。同时，如果保留质量流量传感器，则可以增加车用燃料电池系统的冗余性和安全性。

5.2.2 水状态估计

外部加湿可使 PEM 充分水合以避免低质子传导率，特别是在阴极中。然而，相对湿度传感器仅测量入口和出口气体的蒸汽压力,与燃料电池内部的水含量没有直接关系,无法检测到液态水。此外,应用于车载系统的膜式加湿器由于加湿气体与干燥气体的交换过程通常动态响应时间较长,仅通过外部传感器进行控制很容易造成过湿现象。在子系统控制方面,对温度、工作电流密度、背压、气体流量、入口相对湿度等工况进行合理优化,可以有效管理燃料电池内部的水分和液态水,但前提是必须确定燃料电池内的实时水含量和相对湿度。

基于模型的方法需要建立复杂的数学模型,其由大量的代数和微分方程组成,然后通过这些方程的解识别 PEMFC 的水状态。基于模型的识别方法一般采用参数估计法,其在诊断过程中,一般与实际系统并行运行,然后将系统的实际值和模型的估计值进行比较以获得残差,最后通过残差分析得出结论。根据估计参数的不同,PEMFC 含水状态识别模型一般可分为电池运行参数估计模型和压降估计模型。

1 电池运行参数估计模型

电池运行参数包括操作条件参数(温度、湿度等)、性能参数(电流、电压等),通过比较系统传感器实际测量值和模型估计值,判断发生故障的可能性。一种基于车用燃料电池动态模型与无迹卡尔曼滤波状态观测器的阴极液态水状态估计方案如图 5-4 所示。参数估计模型以燃料电池运行机理为基础,可以直接估计出 PEMFC 运行参数,进而判断燃料电池内部含水状态。这种方法的优点是可以了解燃料电池的深层机理,但在运行机制不明确或数据不足的情况下,很难建立理想的模型,且该方法对传感器的精度有较高要求。

2 压降估计模型

压降模型可以估计阳极或阴极侧进出口之间的气体压力降幅,通过与实际测量值比较来识别含水状态。温度、压力、电流密度、通道几何形状等都会影响压降值,压降模型一般基于流体力学理论建立,例如单相流的伯努利方程、两相流的两相压降系数和达西交叉通道定律。如图 5-5 所示,燃料电池流道内的流体存在四种流动模式:单相流、液滴流、薄膜流和阻塞流。其中,后三种流动模式为两相流,其模式与液态水含量密切相关,压降也随模式的变更剧烈变化。因此,压降可以反映燃料电池内部的液态水含量。但有研究发现,在入口气体湿度处于非饱和的条件下,压降和输出电压可能呈现不同的趋势,该情况下压降只能作为液态水形成的判据,难以作为水管理诊断的依据。

3 基于一维机理模型的燃料电池水状态估计

本节案例将从机理出发,建立一维燃料电池模型以实现阻抗谱的仿真。此外,通过改变燃料电池模型参数,观测其内部状态变化,进而分析阻抗特征及其水含量敏感性。

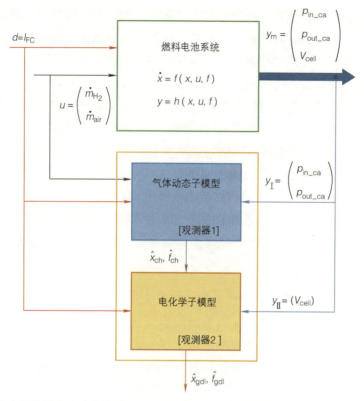

图 5-4 基于车用燃料电池动态模型和无迹卡尔曼滤波状态观测器的阴极液态水状态估计方案

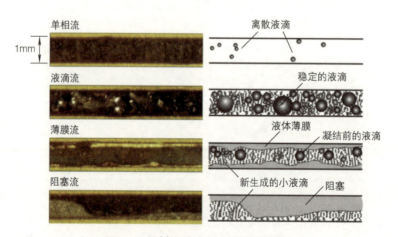

图 5-5 燃料电池内部水的流动模式

（1）阻抗模型理论基础

针对燃料电池多物理场耦合情况，考虑了电化学反应、热量传递、物质传输和阻抗测量过程，建立了稳态、多组分传输模型，模拟了图示 X 方向上的物质变化过程。燃料电池沿质子传导方向经过的组件分别为阴极气体通道、阴极气体扩散层（CGDL）、阴极催化层（CCL）、质子交换膜（PEM）、阳极催化层（ACL）、阳极气体扩散层（AGDL）和阳极气体通道。此处建立的模型为一维模型，不考虑沿气体通道的浓度变化，所以将阴、阳极气体通道省略，建立了五层模型，如图 5-6 所示。

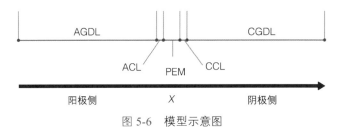

图 5-6　模型示意图

（2）基本守恒方程

第 2 章介绍了质子交换膜燃料电池的基本电极过程控制方程，此处针对特定的水状态估计进行模型简化，所涉及的模型内部方程包括连续性方程、动量守恒方程、能量守恒方程、组分守恒方程以及电荷守恒方程。

连续性方程即质量守恒方程表示为

$$\frac{\partial \varepsilon \rho}{\partial t} + \nabla \cdot (\varepsilon \rho \vec{u}) = S_\mathrm{m} \tag{5-1}$$

式中，ε 为孔隙率；ρ 为密度；$\vec{u}$ 为速度向量。

对于牛顿流体，需考虑剪切力和正应力，则动量方程可以表示为

$$\frac{\partial (\varepsilon \rho \vec{u})}{\partial t} + \nabla \cdot (\varepsilon \rho \vec{u} \vec{u}) = -\varepsilon \nabla p + \nabla \cdot (\varepsilon \mu \nabla \vec{u}) S_u \tag{5-2}$$

式中，p 为压力；μ 为黏度。

式（5-2）左侧包含非稳态项与对流项，右侧为两个扩散项和一个动量源项。

能量守恒方程的通用表示式为

$$\frac{\partial (\varepsilon \rho c_p T)}{\partial T} + \nabla \cdot (\varepsilon \rho c_p \vec{u} T) = \nabla \cdot (k^\mathrm{eff} \nabla T) + S_\mathrm{Q} \tag{5-3}$$

式中，c_p 为定压比热容；T 为温度；k^eff 为有效热传导率。

式（5-3）左侧为非稳态项和对流项，右侧为扩散项和能量源项。

组分守恒方程的通用表示式为

$$\frac{\partial (\varepsilon c_i)}{\partial t} + \nabla \cdot (\varepsilon c_i \vec{u}) = \nabla \cdot (D_i^\mathrm{eff}) + S_i \tag{5-4}$$

式中，c_i 为各组分浓度；D_i^eff 为有效扩散系数；S_i 为各组分源项。

式（5-4）左侧为非稳态项和对流项，右侧为扩散项和组分源项。

不同位置的电压驱动燃料电池内部质子和电子的传导,该类传输均遵循以下电荷守恒方程

$$\nabla \cdot (\sigma_s \nabla \phi_s) + j_s = 0 \qquad (5\text{-}5)$$

$$\nabla \cdot (\sigma_m \nabla \phi_m) + j_m = 0 \qquad (5\text{-}6)$$

式中,σ_s 指固相电导率;σ_m 为膜相电导率。

（3）电化学过程

依据催化层阳极和阴极的巴特勒-福尔默方程,并考虑浓度指数的修正如下:

$$j_a = A_a j_{a,\text{ref}} \left(\frac{C_{H_2}}{C_{H_2}^{\text{ref}}}\right)^{\gamma_a} \left[\exp\left(\frac{\alpha_a F}{RT}\eta_a\right) - \exp\left(\frac{-\alpha_c F}{RT}\eta_a\right)\right] \qquad (5\text{-}7)$$

$$j_c = A_c j_{c,\text{ref}} \left(\frac{C_{O_2}}{C_{O_2}^{\text{ref}}}\right)^{\gamma_c} \left[\exp\left(\frac{\alpha_a F}{RT}\eta_c\right) - \exp\left(\frac{-\alpha_c F}{RT}\eta_c\right)\right] \qquad (5\text{-}8)$$

式中,A_a 和 A_c 分别为阳极和阴极的单位体积催化剂中的有效催化剂面积;$j_{a,\text{ref}}$ 和 $j_{c,\text{ref}}$ 为参考体积交换电流密度;C_{H_2} 和 C_{O_2} 分别为氢气和氧气和组分浓度,而 $C_{H_2}^{\text{ref}}$ 和 $C_{O_2}^{\text{ref}}$ 对应前两者的参考值,一般为阳极和阴极入口处的氢氧组分浓度;γ_a 和 γ_c 分别为阳极和阴极的浓度指数;α_a 和 α_c 分别为阳极和阴级的传递系数;η_a 和 η_c 分别为阳极和阴极的过电位。

（4）水传递过程

由于质子交换膜燃料电池各部件的结构特点和运行条件等因素的差异,其水的状态与传递方式均有所差异,目前,质子交换膜燃料电池各部件中的主要水传递机理见表5-1。

表5-1 燃料电池水传递机理

部件	水状态参数	水传递过程	过程描述
质子交换膜	λ（每个SO_3^{2-}携带的水分子个数）	水扩散	由膜两侧的水浓度梯度驱动
		电迁移	由于跨膜电动势,质子与水分子从阳极穿过膜移动到阴极
		压差驱动	由于压力梯度,水在阳极和阴极之间传输
气体扩散层	液态水饱和度 s（液态水体积与孔隙体积之比）,水蒸气浓度	扩散及对流	扩散是指由浓度梯度导致的水传输,而对流是由流道入口处的压力导致的
		毛细效应	液态水和气体在小孔隙中的流动
		蒸发和凝结	由传热传质条件决定气态水和液态水之间的转换
催化层	液态水饱和度、水蒸气浓度	努森扩散、阴极产水、毛细效应、压差驱动	多孔形态、水和氧传输特性以及催化层中电化学转化的完全耦合

(续)

部件	水状态参数	水传递过程	过程描述
流道	气态水含量、液态水含量	对流	流道中的流动以对流为主,驱动力是流道入口处的压力
		气流剪切力	高速气流的剪切力分离扩散层表面水滴,形成雾状流
		毛细效应	低速气流、液态水受毛细作用影响附着于亲水性更好的流道壁,形成薄膜流或阻塞流

通过实验和建模都可以观测到燃料电池内部水状态变化,其中,机理模型不依赖于类似可视化技术的复杂实验手段,可以通过仿真直接得到其内部水分布,所以,越来越多的研究对燃料电池内部的含水状态进行数学化的描述。质子交换膜燃料电池由多个部件组成,其中,质子交换膜对含水状态非常敏感,且对燃料电池的性能和耐久性有很大影响,所以,很多机理模型都专注于研究膜的水传输和平衡。由表5-1可知,在膜的输水机制中包含了电迁移、水扩散和压力驱动。质子交换膜燃料电池内部水传递如图5-7所示。

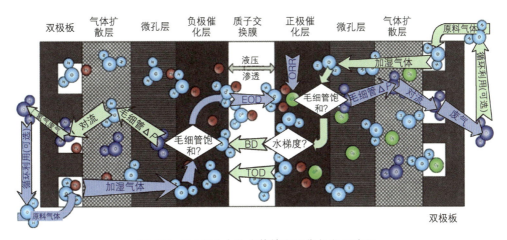

图 5-7　PEMFC 中的水传输和平衡机制示意图

(5)阻抗模型

在机理模型中是通过计算扰动电流与响应电压的比值来确定电池阻抗的,而电压被认为是关于极化、欧姆和传质过电位的函数,即

$$V = E - \eta_{act} - \eta_{ohm} - \eta_{trans} \tag{5-9}$$

因此,阻抗也与这三类损耗有关,总阻抗一般认为是三类阻抗之和,即

$$Z_{tot} = Z_{act} + Z_{trans} + Z_{ohm} \tag{5-10}$$

(6)模型验证与计算

上节确定了燃料电池阻抗估计模型的设计思路和基础理论,现需要根据模型

假设、边界条件和内部参数对其进行求解。此外，需设计相应的实验验证模型输出结果的准确性。

1）边界条件。为确定边界条件，对模型做出如下假设。

① 膜电极各组件都可以认为是宏观均匀介质。

② 重力可以忽略不计。

③ 气体是理想的。

④ 局部热平衡成立。

⑤ 多孔区域中的流体相处于局部化学平衡。

⑥ 在 PEM/CL 界面，膜和多孔电极之间保持局部化学平衡。

⑦ 流动为层流（流速慢，雷诺数经估算很小）。

由于质子交换膜的特性，其对于所有气体、电子都是不可渗透的，且本节忽略了液态水的反扩散，则这些物质通量在膜边界上均为 0。此外，质子在催化层产生并与离子聚合物和水分子结合，则催化层外表面通量为 0。阳极气体扩散层边界电位为 0，阴极气体扩散层边界电位为电池电位，在其他内部子区域电位和物质通量均为连续的。

由于未对气体通道建模，可以采用下述公式计算施加气体的温度、压力、相对湿度和气体成分：

$$x_{H_2O}^a = \frac{RH_a P_{sat}(T_a)}{P_a} \quad (5\text{-}11)$$

$$x_{H_2O}^c = \frac{RH_c P_{sat}(T_c)}{P_c} \quad (5\text{-}12)$$

$$x_{H_2}^a = \alpha_{H_2}(1 - x_{H_2O}^a) \quad (5\text{-}13)$$

$$x_{O_2}^c = \alpha_{O_2}(1 - x_{H_2O}^c) \quad (5\text{-}14)$$

式中，α_{H_2} 和 α_{O_2} 分别为干燥气体中氢气和氧气的摩尔分数。

在计算液态水含量时，需考虑其在阴极气体扩散层和气体通道界面的变化，在此处会形成和分离水滴，很难将其视为稳态的平均边界。在以往的研究中，最常使用的是狄利克雷边界条件，也有研究提出单向通量条件以模拟真实情况，但该方法计算量过大，所以此处采用狄利克雷边界条件。

2）模型参数。燃料电池阻抗估计模型的相关参数如下。

① 水相关参数。在 25℃ 和 1bar 的条件下，液态水的生成焓为 $\Delta H = -285.83\text{kJ/mol}$，水蒸气的饱和蒸汽压在 50~100℃ 的条件下可以采用安托万方程近似求解，在 2~75℃ 的条件下可以采用 Vogel 方程来求解液态水的动态黏度。

② 电化学参数。以塔费尔方程拟合巴特勒-福尔默方程，取阴极铂载量为阳极铂载量的三倍，对称因子取 0.5。

③ 膜相关参数。对于 Nafion 膜，在不完全干燥时，其水分吸附脱离的焓与汽化的焓几乎一致，即 $H_{ad}=H_{ec}$。而对于膜的离子电导率，参考了带有阿伦尼乌斯（Arrhenius）温度修正的渗透理论。扩散系数如图 5-8 所示，对于催化剂层的水扩散采用布鲁格曼（Bruggeman）方程校正。

④ 多孔介质参数。为了估计部分阻塞的 CL 和 GDL 孔隙空间内的气体扩散率，通过孔隙度和扭曲度

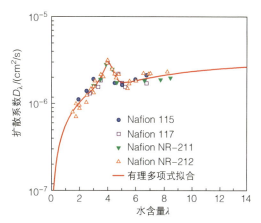

图 5-8 膜中水的扩散系数拟合图

的常用多孔介质校正因子以及饱和度校正值修正了查普曼-恩斯库格（Chapman-Enskog）公式。至于毛细管压力-饱和度的关系，存在各种关于 GDL 的研究结果。在此使用为 Nguyen 提出的以下表达式。其他参数依次为：表面接触角 130°，等效毛细管半径 40μm，等效毛细管表面压力 2kPa 即阴极 GDL/GC 界面的液体饱和度约为 0.12，并假设 GDL 从 190μm 适度压缩到 160μm，对应大约 1.4MPa 的夹紧压力。

3）模型验证。模型建立完成后需将其仿真结果与实验数据对比，以确定模型的准确性。通过搭建单电池阻抗测试平台，实现 MEA 活化以及电化学性能表征测试。图 5-9 为模型实验测量和仿真结果的极化曲线，根据对比结果明显发现，模型结果与实验测量值拟合较好，平均误差在 4% 以内，模型准确，可靠性高。

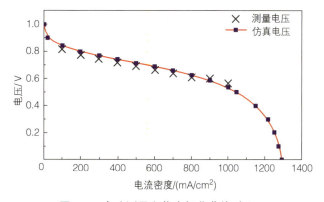

图 5-9 实验测量和仿真极化曲线对比图

模型除了可以估计极化曲线外，还可以仿真各个操作条件下的 EIS，所以还

需要对仿真 EIS 与实际测量值之间的差距进行比较。随机选取操作条件进行验证，这里选取电流密度为 100mA/cm², 进气湿度为 100% 的操作条件进行仿真, 结果如图 5-10 所示。

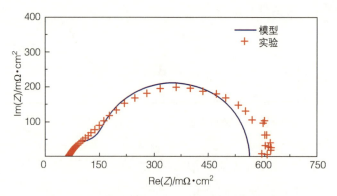

图 5-10　模型仿真 EIS 与实验测量值对比图

由图 5-10 可以看出，在高频区域，模型几乎与实验测量值一致，但是在中低频区域与实际测量值有所差距，这是进气加湿控制不准确和模型未考虑阳极出现液态水导致的。但是该模型整体是比较准确的，可用于分析不同边界条件下燃料电池内部的状态和阻抗变化。

4）模型估计结果分析。为研究燃料电池内部含水状态的变化，本节通过改变电流密度和相对湿度对模型进行仿真，因此设计了三组仿真案例，记为案例 1、2、3，三组案例的电流密度分别为 100mA/cm²、600mA/cm² 和 600mA/cm²，进气湿度分别为 100%、100% 和 50%，其他运行参数一致。仿真结果如图 5-11、图 5-12 所示。

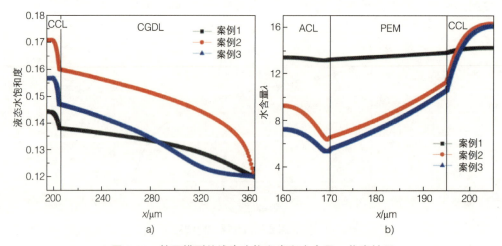

图 5-11　基于模型的液态水饱和度和水含量 λ 仿真结果

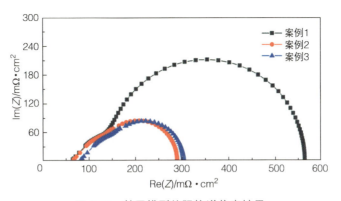

图 5-12　基于模型的阻抗谱仿真结果

如图 5-11 所示,在小电流密度时,由于反应生成的水较少,即使进气湿度为 100%,燃料电池内部的液态水饱和度也不高,此外,水通量少和进气湿度高也导致了阳极催化层水分的积累,所以阴阳极催化层和质子交换膜的水含量更加均匀。增大电流密度时,燃料电池阴极处液态水饱和度均有所增加,且沿质子传输方向的水含量的差距变大,在阳极和质子交换膜处的水含量有所降低,但是阴极催化层水含量明显高于小电流密度下的值。从图 5-12 中可以发现,增大电流密度将明显减小阻抗谱的尺寸,这是由于氧还原反应的驱动力增加。当燃料电池处于大电流密度状态时,增大进气相对湿度,可以观测到燃料电池内部液态水饱和度明显增加。此外,由于生成的水较多,使阴极催化层水含量差别不大,但沿质子传输反方向,水含量差距越来越大。在图 5-12 所示的奈奎斯特图中可以观察到,案例 2 和 3 的阻抗谱尺寸几乎一致,但案例 3 沿 x 轴整体平移了一段距离,这与 Wasterlain 等人在实验中发现的结论一致。因此,操作条件对燃料电池内部水含量和水分布有很大的影响,而当电池内部水状态变化时,阻抗谱的形状和位置也会发生改变,体现出了阻抗的高敏感性。

5.2.3　水含量故障诊断

本部分给出一个基于机器学习方法的燃料电池故障诊断案例。此处通过改变燃料电池的外部运行条件,设计水淹、膜干和氧饥饿三种故障工况,进一步地,通过微调燃料电池外部操作条件,将每种故障种类细化为轻微、中等和严重的三种故障程度。之后,利用差分进化算法辨识模型中的参数。最后,将辨识的模型参数输入概率密度神经网络(Probabilistic Neural Networks,PNN)模型中,进行训练和测试,实现对故障种类和故障程度的诊断。该案例的具体实施过程如图 5-13 所示。

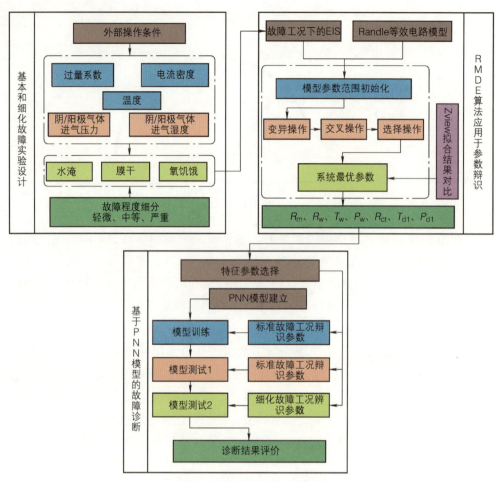

图 5-13 燃料电池故障诊断流程

1 RBF、GRNN 与 PNN

径向基函数（Radial Basis Function，RBF）神经网络和反向传播（Back Propagation，BP）神经网络是两种常用的神经网络。其中，RBF 神经网络结构如图 5-14 所示，网络中参数定义与 BP 神经网络类似，但存在以下几点区别。

1）两种网络的隐藏层的激活函数不同，BP 神经网络激活函数是 S 函数，而 RBF 神经网络的激活函数是高斯函数。

2）BP 神经网络的学习算法采用全局逼近算法，网络中包含 $W^1_{L\times R}$ 和 $W^2_{N\times L}$ 两个权值矩阵。而 RBF 神经网络学习算法采用局部逼近算法，仅包含输出层权值矩阵 $W_{N\times Q}$。RBF 神经网络通过径向基函数中心 $C_{Q\times R}$（一般固定为输入样本集的转置矩阵）将输入矢量 $p_{jR\times 1}$ 直接映射到隐含层空间，而不需要通过权值矩阵连接。

3）RBF 神经网络中隐含层的神经元数目与训练集中样本数量相同。

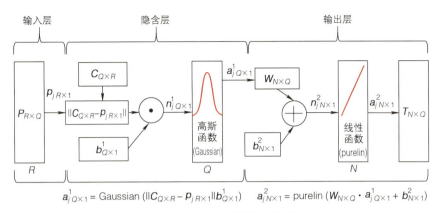

图 5-14 RBF 神经网络算法结构流程

Poggio 和 Girosi 已经证明,RBF 神经网络是连续函数的最佳逼近,其输入层到输出层的全局映射是非线性的,而网络输出层对可调权值矩阵 $W_{N\times Q}$ 而言却又是线性的。这样网络的权值矩阵就可以由线性方程直接解出,从而大大加快学习速度,并避免局部极小问题。

广义回归神经网络(Generalized Regression Neural Network,GRNN)是 RBF 神经网络的一种,如图 5-15 所示。GRNN 的输入层和隐含层与 RBF 神经网络一致,区别在于网络的输出层。GRNN 的隐含层和输出层之间的连接权值矩阵直接取为导师信号 $T_{N\times Q}$,迭代过程中免去权值矩阵的求解过程。

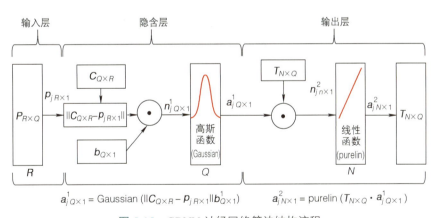

图 5-15 GRNN 神经网络算法结构流程

GRNN 与 RBF 神经网络相比,具有更强的非线性映射能力和学习速度。当输入样本 $p_{jR\times1}$ 与模型训练阶段的某个样本极为相似时,输入样本 $p_{jR\times1}$ 对应的输出直接被转化为导师信号。因此,GRNN 在样本数量较少时,仍能保持较好的预测效果。

概率神经网络(Probabilistic Neural Network,PNN)也是 RBF 神经网络的

一种变化形式，网络结构简单，训练快捷，如图 5-16 所示。PNN 的输入层和隐含层与 GRNN 一致，区别主要在输出层，PNN 的输出层采用竞争函数（compete）代替线性函数（purelin）。输出层神经元分别对应不同故障模式，它接收从隐含层输出的各类概率密度函数。函数值最大的那个神经元输出为 1，即为待识别的样本模式类别，其他神经元的输出全为 0。因此，PNN 特别适合解决模式分类问题。

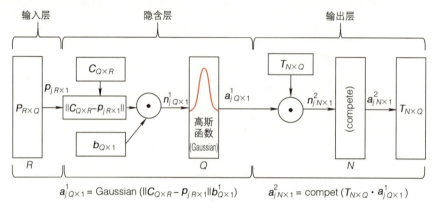

图 5-16　PNN 神经网络算法结构流程

通过以上分析可知，权值矩阵数量、基函数和输出层函数类型是神经网络的主要特征，也是其主要的网络性能参数，具体见表 5-2。

表 5-2　RBF 类神经网络特征参数

网络名称	可变权值矩阵数量	基函数类型	输出函数类型	特　　点
RBF 神经网络	1	高斯函数	线性函数	局部逼近，收敛速度快 结构参数少，建模简易
GRNN	0	高斯函数	线性函数	为前向传播的网络，不需要反向传播优化参数 非线性能力好，学习速度快
PNN	0	高斯函数	竞争函数	为前向传播的网络，不需要反向传播优化参数 采用竞争性神经元输出，适合模式分类问题

径向基函数神经网络（包括 RBF 神经网络、GRNN 和 PNN）中可变权值矩阵数量较少，相应的网络收敛速度较快，且网络中结构参数较少，建模相对容易。三种径向基函数神经网络的主要区别体现在输出层上，相比于 RBF 神经网络，GRNN 和 PNN 的隐含层和输出层之间采用导师信号代替权值矩阵，没有参数反向优化过程，进一步减少了权值矩阵的数量。而 PNN 的输出层采用竞争性神经元代替线性函数，因而具备较强的模式分类性能。燃料电池故障诊断问题本质上是一种模式分类问题，即利用不同故障工况下燃料电池等效电路模型中的参数的变化规律识别故障模式，因此选用 PNN 作为燃料电池故障诊断的模型是合理的。

2 PNN 故障诊断模型

（1）训练样本对初始化

输入样本 P 由等效电路模型中的参数组成，导师信号 T 由故障码组成。故障码可由任意不同的阿拉伯数字表示，代表燃料电池的不同故障工况。训练样本对的定义如下：

$$P = \begin{pmatrix} p_{11} & p_{12} & \cdots & p_{1Q} \\ p_{21} & p_{22} & \cdots & p_{2Q} \\ \vdots & \vdots & & \vdots \\ p_{R1} & p_{R2} & \cdots & p_{RQ} \end{pmatrix}, \quad T = \begin{pmatrix} t_{11} & t_{12} & \cdots & t_{1Q} \\ t_{21} & t_{22} & \cdots & t_{2Q} \\ \vdots & \vdots & & \vdots \\ t_{N1} & t_{N2} & \cdots & t_{NQ} \end{pmatrix} \quad (5\text{-}15)$$

式中，p_{ij} 为第 j 个输入样本的第 i 个变量；t_{ij} 为第 j 个输出样本的第 i 个变量；R 为输入样本维度，即等效电路模型选定的参数的个数；N 为导师信号的维度，即燃料电池故障种类数目，Q 为辨识的参数组数。

（2）径向基函数映射

输入层和隐含层通过径向基函数进行非线性映射，径向基函数的中心为

$$C = P^{\mathrm{T}} \quad (5\text{-}16)$$

$b_{Q \times 1}$ 为隐含层 Q 个神经元的阈值构成的向量

$$b^1 = \left[b_1^1, b_2^1, \cdots, b_Q^1 \right]^{\mathrm{T}} \quad (5\text{-}17)$$

式中，$b_1^1 = b_2^1 = \cdots = b_Q^1 = 0.8326$。

当隐含层神经元的径向基函数中心及阈值确定后，隐含层的输出可由式（5-18）计算：

$$a_j^1 = \exp\left[\frac{-\left(\| C - p_j \| b^1 \right)^2}{\delta^2} \right], \quad j = 1, 2, \cdots, Q \quad (5\text{-}18)$$

式中，p_j 为第 j 个样本，$p_j = [p_{j1}, p_{j2}, \cdots, p_{jR}]^{\mathrm{T}}$；$\| a - b \|$ 为向量 a 和 b 之间的欧氏距离；$\exp\left(-\dfrac{x^2}{\delta^2} \right)$ 为高斯函数，即 PNN 的径向基函数。

训练集的导师信号 T 被作为隐含层和输出层之间的权值矩阵，见式（5-19）。

$$W = T \quad (5\text{-}19)$$

（3）PNN 算法输出样本计算

输出层的神经元是竞争性神经元。通过 Parzen 方法来估计每个输入样本属于不同故障类型/程度的概率，拥有最大概率的神经元输出为 1，其余神经元输出

为 0，计算过程如下：

$$a_j^2 = \text{compete}(Wa_j^1), \quad j = 1, 2, \cdots, Q \qquad (5-20)$$

3 故障实验方法设计

如图 5-17 所示，基于 PNN 模型进行故障诊断需要经过训练和测试两个阶段，相应的输入模型的数据可以分类为训练集数据和测试集数据。本案例设计燃料电池正常工况和水淹、膜干和氧饥饿三种故障工况，并进一步将每种故障工况分为三种基本故障度和四种细化故障度。燃料电池细化故障度设置在两种基本故障度之间，目的在于检验模型对于处于基本故障度之间的任意工况的诊断性能。基本故障度与正常工况中，每个工况下的阻抗谱重复测量 20 次，共计 200 组阻抗数据，其中 150 组阻抗数据用于模型的离线训练，剩余 50 组阻抗数据作为测试集数据用于模型测试；细化故障度中，每个工况下的阻抗谱重复测量 5 次，共计 60 组阻抗数据，全部作为测试集数据（图 5-17）。

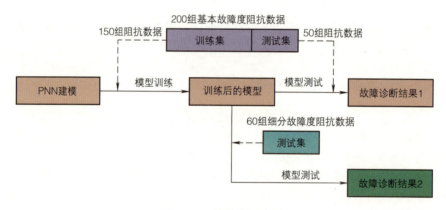

图 5-17　故障诊断流程

根据以上分析，不同程度的水淹、膜干和氧饥饿故障工况可以通过梯次调节燃料电池外部运行参数获取，详细的实验步骤如下。

（1）基本故障度实验

基本故障度是在正常工况的基础上，通过改变部分运行参数获得的。记录正常工况的故障度为 0，轻微、中等、严重三种基本故障度为 1、4、7。详细的实验步骤如下。

步骤 1：逐步调节燃料电池实验台架，使燃料电池稳定在正常工况，稳定运行 5min。

步骤 2：调整燃料电池部分操作条件至轻微水淹（故障度 1）工况，稳定运行 30min。

步骤3：测量燃料电池阻抗谱20次，两次阻抗谱测量之间稳定10min。

步骤4：调整燃料电池部分操作条件至中等水淹（故障度4）、严重水淹（故障度7）工况，重复步骤3，完成中等水淹和严重水淹工况下的阻抗谱测量。

步骤5：将水淹工况分别替换为膜干和氧饥饿工况，重复步骤1~4，完成剩余两种故障工况的阻抗谱测试。

（2）细化故障度实验

燃料电池的四个细化故障度是在基本故障度的基础上微调某个外部操作条件获得的。细化故障度分别记为2、3、5、6，其中，故障度2对应基本故障度的轻微级别，故障度3、5对应基本故障度的中等级别，故障度6对应基本故障度的严重级别。详细的实验步骤如下。

步骤1：逐步调节燃料电池测试台操作条件至轻微水淹（故障度1）工况，并稳定运行5min。

步骤2：微调燃料电池部分操作条件至轻微水淹（故障度2）工况，稳定运行30min。

步骤3：测量燃料电池阻抗谱5次，每两次阻抗谱测量之间稳定10min。

步骤4：逐步调整燃料电池测试台操作条件至中等水淹（故障度4）工况，并稳定运行5min。

步骤5：分别微调燃料电池部分操作条件变量至中等水淹（故障度3、5）工况，稳定运行30min，重复步骤3，完成中等水淹细化故障度（故障度3、5）的阻抗谱测量。

步骤6：逐步调整燃料电池测试台操作条件至严重水淹（故障度7）工况，并稳定运行5min。

步骤7：微调燃料电池部分操作条件至严重水淹（故障度6）工况，稳定运行30min后重复3步骤，完成严重水淹细化故障度（故障度6）阻抗谱的测量。

步骤8：重复步骤1~7，将水淹工况置换为膜干、氧饥饿工况，分别完成膜干和氧饥饿故障的细化故障度阻抗谱测量。

4 故障诊断模型特征参数选择

图5-18a、图5-18b和图5-18c分别为水淹、膜干和氧饥饿工况下的平均阻抗谱曲线。从图中可以看出，基本故障度（故障度1、4、7）下的阻抗谱曲线之间有着明显的差异。细化故障度（故障度2、3、5、6）的阻抗谱则紧邻对应故障等级下的基本故障。故障度2的阻抗谱曲线紧邻故障度1，预期归类为轻微故障；故障度3、5的阻抗谱曲线紧邻故障度4，预期归类为中等故障；故障度6的阻抗谱曲线紧邻故障度7，预期归类为严重故障。通过细化故障度实验，可以进一步检验诊断模型对处于基本故障等级之间的任意故障工况的诊断性能。

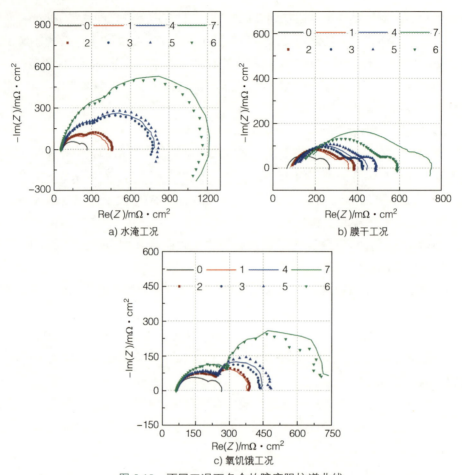

图 5-18 不同工况下各个故障度阻抗谱曲线

通过连续训练，PNN 诊断模型可以增加输入样本中有效特征参数的权重，并减少干扰特征参数的权重。这意味着即使将未经处理的实部、虚部数据输入模型中，PNN 诊断模型也可以完成故障诊断。但是，这会带来以下两个问题：①干扰参数数量的增加导致需要更多的样本来训练 PNN 模型；②高维输入样本将会导致模型结构更加复杂并降低计算效率。因此，有必要使用等效电路模型的参数来取代阻抗谱的原始数据，以建立更简明高效的诊断模型。

图 5-19 为通过随机变异差分进化（Random Mutation Differential Evolution，RMDE）算法对等效电路模型中的参数进行辨识的结果，且所有工况下的适应度函数值均小于 0.35，证明辨识结果的有效性。通过分析等效电路模型中参数在不同故障度下的变化规律，可以进一步消除无效的特征参数，以进一步简化诊断模型。有效特征参数的选取准则如下：如果在三种故障类型下特征参数彼此不相交，则认为该参数具备故障种类的诊断能力；如果参数在不同的故障程度下有规律地变化，则认为该参数具有故障程度的诊断能力。

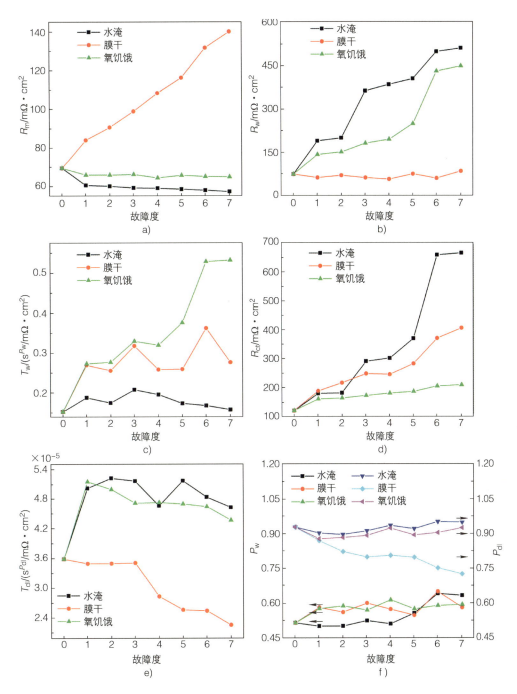

图 5-19 不同故障度下等效电路模型中参数的变化

从图 5-19a 可以看出,三种故障工况下的欧姆阻抗 R_m 并无交集。因此,欧姆阻抗 R_m 具备区分故障种类的能力。随着膜干程度的增加,欧姆阻抗 R_m 从 83.85mΩ·cm² 显著增加到 140.07mΩ·cm²。水淹条件下,欧姆阻抗 R_m 变化幅度相对较小，仅从 60.41mΩ·cm² 减少到 57.13mΩ·cm²。此外，欧姆阻抗 R_m 对氧饥饿故障度也不敏感，在七个氧饥饿故障度内，仅在 ±1mΩ·cm² 内变化。因此，欧姆阻抗 R_m 具有故障种类的诊断能力和水淹、膜干的故障度的诊断能力。如图 5-19b 所示，传质阻抗 R_w 随水淹和氧饥饿的故障度的增加而逐步增加，但对膜干故障度并不敏感。由于氧饥饿和水淹故障的 R_w 变化曲线具有较大的重叠区域，因此，R_w 不能对水淹及氧饥饿故障进行故障种类的诊断，仅具备区分膜干故障的能力。图 5-19c 表明 T_w 随氧饥饿故障度的增加而逐渐增加，而在其他两种故障类型下则没有规律性的变化。从故障类型的角度来看，T_w 在水淹条件下与另外两种故障的变化曲线并无交集，是识别水淹故障的关键参数。如图 5-19d 所示，三种故障工况下的传荷电阻 R_{ct} 都随着故障度的增加而逐渐增加，但这三条变化曲线彼此存在较大的重叠区域。因此，R_{ct} 不能对故障类型进行诊断。图 5-19e 为 T_{d1} 的变化曲线，从图中可以看出，水淹工况和氧饥饿工况下的 T_{d1} 曲线相互交织。此外，三种故障工况下，T_{d1} 与故障度之间并无规律性关系。因此，T_{d1} 不具有诊断故障度的能力，仅能将膜干故障与其余两种故障类型区分。图 5-19f 为传荷指数 P_{d1} 和传质指数 P_w 在不同故障程度下的变化。传质指数 P_w 的三条曲线相互缠绕，并稳定在 0.55 附近，在故障种类诊断和故障度诊断中都是无效的特征参数。传荷指数 P_{d1} 有助于膜干故障工况的诊断，但在其他方面没有积极作用。

总结上述七种参数的故障种类和故障度的诊断能力，定义具有两个及以上诊断能力的参数可以作为有效特征参数，输入 PNN 诊断模型中进行模型训练和测试。据此，本案例最终选取 R_m、R_{ct}、R_w、T_w 共四个变量作为诊断模型的特征输入。

5 故障诊断结果分析

在对故障特征进行提取和降维筛选之后，从 200 组基本故障度阻抗数据中随机选取 150 组作为训练集对 PNN 诊断模型进行离线训练；将剩余 50 组基本故障度阻抗数据和 65 组细化故障度阻抗数据作为测试集进行模型测试，诊断结果如图 5-20 所示。其中，Nor 表示正常工况，Fl、Dr、St 分别表示水淹、膜干和氧饥饿三种故障工况，而 Mi、Me、Se 则代表轻微、中等及严重三种基本故障等级。

从图 5-20a 可知，诊断模型在基本故障度实验下表现出了良好的诊断性能，对 PEMFC 的故障类型及故障度的诊断准确率都高达 100%。原因是 PNN 模型的训练集数据和测试集数据都来自基本故障度工况，训练后的 PNN 诊断模型已经针对基本故障度的数据进行了充分的调整，对基本故障度的参数特征已经非常敏感，因此能够获得较高的诊断结果。在准确确定燃料电池故障状态之后，故障信息可以被及时地发送到燃料电池控制单元（FCU），根据故障信息，FCU 调整操作参数以防止燃料电池故障进一步恶化。

图 5-20b 展示了细化故障度工况下的模型诊断结果。从故障类型的角度来看，

由于特征参数差异较大,该模型仍具有较强的故障类型诊断能力,故障类型的诊断精度达到100%。就故障度而言,该模型对第25和47个样本产生误判,将第25个样本误判为中等故障,将第47个样本误判为轻微故障,故障度的诊断准确率为96.67%。两个细分故障度真实的故障度分别为故障度2和故障度3,皆在基本故障度1和4之间。结合图5-19b和图5-19c进行分析,发现膜干故障度2的阻抗谱曲线处于故障度1和4的阻抗谱曲线中间,且并没有极端靠近其中一方;氧饥饿故障度3的阻抗谱曲线也处于故障度1和4的阻抗谱曲线中间。因此,可以合理地认为,模型对故障程度的误判是由阻抗谱特征表现不明显引起的,另一方面,虽然两个测试样本的故障度被误判,但其故障类型均能被准确识别,不影响系统采取准确的故障应对措施。

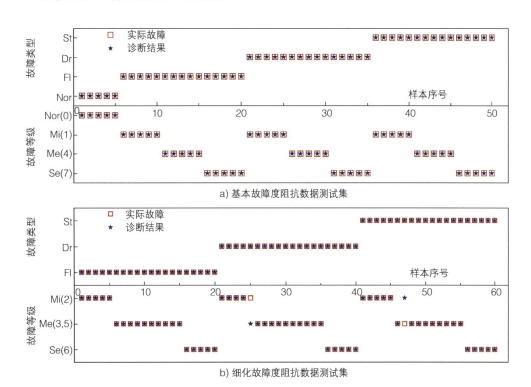

图 5-20 故障诊断结果

结果表明,该诊断模型将每种故障类型细分为三个故障等级,具有强大的故障类型分类能力,避免了故障类型混淆现象。另外需要注意的是,诊断模型的本质是一种数据驱动的方法,诊断的准确性很大程度上取决于待测数据的结构特征。本案例中部分细分故障度下测得的阻抗谱与基本故障度下测得的阻抗谱十分接近,这种现象在水淹条件下尤为明显,是细分故障度工况下模型取得高诊断精度的主要原因。本案例中,没有进行更多运行参数的阻抗谱测量实验,但可以合理推断，如果待测阻抗谱恰好位于两种基本故障度的阻抗谱中间，则诊断模型可能会产生故障度的误判。但是，该模型在使用来自不同故障类型/故障度的数据进行训练后，几乎不可能产生故障类型的误判。总之，本案例的诊断方案可以基于阻抗对燃料电池的水淹、膜干和氧饥饿三种故障类型进行准确诊断，有效消除对故障类型的混淆，提高燃料电池系统的可靠性与使用寿命。

5.3 锂离子电池系统管控

5.3.1 荷电状态估计

锂离子电池的荷电状态估计方法主要包括以下几类。

（1）安时积分法

安时积分法又称库仑计数法，主要通过对测量电流数据不断累加得到电池的 SOC。该方法由于具有实现简单、计算效率较高等优点，在电池管理系统中得到较为广泛的应用。然而，此方法在实际应用时存在一定的缺陷：对初始 SOC 具有很强的依赖性，若初始 SOC 不够精确，由于方法的开环估计原理，估计误差将一直存在，无法得到修正；受传感器测量精度、采样频率、控制器舍入误差等因素的影响，长时间运行后将产生较大的累积误差；最后，电池容量会随着环境温度、充放电倍率以及老化状态的不同而有所变化，从而导致 SOC 估计的精度很难得到保证。在实际应用中，此方法通常与其他方法结合使用，例如与开路电压法结合。

（2）特征参数法

特征参数法指的是利用电池内部或外部与 SOC 存在某种关系的特征参数进行估计的方法，其中主要使用的特征参数包括锂离子浓度、开路电压以及 EIS。锂离子浓度虽能较好地反映电池的 SOC，但是其不能直接测量，导致难以应用于电池管理系统中。开路电压法可以取得较高的估计精度，但受电池达到稳态需要进行长时间静置这一前提条件的严格限制，只能应用于电动汽车驻车等特定工况下，常被用来标定电池的荷电状态。EIS 能够给出电池在不同频率下的阻抗特性，通过探寻不同 SOC 时阻抗的变化规律，可以用于动力蓄电池 SOC 的估计。然而，此方法需要比较精确的测量方法和精巧的信号注入方法，过去在实验室中应用更多,现在逐步开始了车载应用。此外,一些新技术、新手段也被用来检测电池内部状态,如利用超声波脉冲对石墨阳极孔隙率进行检测,可实现对电池 SOC 的估计。

(3)状态观测器法

状态观测器法是基于电池模型建立系统状态空间表达式,并将 SOC 作为其中的一个状态变量,进而使用滤波器或观测器进行估计的方法。常用的估计器主要有扩展卡尔曼滤波器(Extended Kalman Filter,EKF)、无迹卡尔曼滤波器(Unscented Kalman Filter,UKF)、H 无穷(H∞)滤波器、粒子滤波器(Particle Filter,PF)、李雅普诺夫观测器、龙伯格观测器、离散时间非线性观测器以及比例积分观测器等。相比前两类方法,该类方法由于能够融合多种方法估计的 SOC 值,且具有在线、闭环和自修正等优点,在学术界和工业界得到广泛应用。此类方法的性能受估计器的估计能力,模型结构和参数的不确定性,电压、电流和温度等传感器数据质量等因素的影响较大。不同估计器在收敛速度、估计精度、鲁棒性、复杂度以及计算效率等方面的表现不同,估计器的选择需要考虑特定的应用场景。

只有使用较为理想的电池模型才能使估计器取得最优解或非常逼近最优解,否则估计器的估计性能将会严重恶化,极端情况下将会发散。对于模型参数来说,常用的辨识方法有离线和在线两种。离线建立电池模型的方法难以适应电流工况、环境温度以及电池寿命等的变化,从而很难确保动力蓄电池全寿命周期宽温度范围内的 SOC 估计精度,模型参数的在线更新和校正极为必要。现有的研究中存在的参数与 SOC 协同估计方法基本可以分为两类:联合估计和对偶估计。联合估计是将未知参数和 SOC 放在一个状态向量里面构造增广状态向量,并利用估计器对其进行估计,以实现同时估计的目的;对偶估计则使用两个独立运行的估计器分别估计模型参数和 SOC,相比于联合估计,对偶估计的实现过程不必涉及高维向量和矩阵运算,复杂度和计算量较低,因而更受欢迎,且各种组合形式均已被提出。

下面介绍基于 EKF 和自适应卡尔曼滤波(Adaptive Kalman Filter,AKF)的锂离子电池 SOC 估计案例。

1 卡尔曼滤波算法

作为线性系统的最优估计方法,卡尔曼滤波具有无偏性和最小方差的优点,因此被广泛应用。

一般线性随机系统的离散化状态空间表达式如下:

$$x_{k+1} = A_k x_k + B_k u_k + w_k \tag{5-21}$$

$$y_k = C_k x_k + D_k u_k + v_k \quad (5\text{-}22)$$

式中，x_k 为系统在采样点 k 处的系统状态向量，$x_k \in R^n$，式（5-21）称为系统的状态方程，该方程主要用于描述系统的动态特性，系统的稳定性、能控性和能观性均由该方程决定；u_k 为采样点 k 处的系统确定性输入，$u_k \in R^p$；w_k 为随机的系统噪声，$w_k \in R^n$，该噪声用于描述一些由于系统建模不精确或者一些未知输入所引起的状态噪声；y_k 为系统的输出，$y_k \in R^m$，可以通过系统的输出观测方程（5-22）得到；v_k 为随机干扰，$v_k \in R^m$，该值用于描述一些由于传感器噪声等引起的观测误差，这些噪声并不直接影响系统的状态。

上面的状态空间表达式中，A_k、B_k、C_k、D_k 完全描述了整个系统，$A_k \in R^{n \times n}$、$B_k \in R^{n \times p}$、$C_k \in R^{m \times n}$、$D_k \in R^{m \times p}$，且这些值可能是时变的。这样的系统可以用图 5-21 表示。

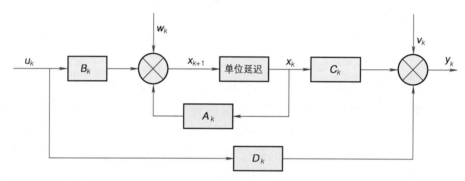

图 5-21 随机线性系统结构

给定系统的状态空间表达式以及系统所测得的输入 u_k、输出 y_k，可以根据卡尔曼滤波算法在动态条件下实时地估计系统的内部状态。通过建模，将需要知道的系统未知状态作为系统状态的一部分，就可以利用卡尔曼滤波自动地对当前系统状态做最优估计。

假定 w_k 和 v_k 都是零均值的白噪声序列，w_k 和 v_k 相互独立，在采样间隔之内，w_k 和 v_k 都是常值，其统计特性为

$$\begin{aligned} E\{w_k\} &= 0, \quad \text{Cov}\{w_k, w_j\} = \Sigma_w \delta_{kj} \\ E\{v_k\} &= 0, \quad \text{Cov}\{v_k, v_j\} = \Sigma_v \delta_{kj} \\ \text{Cov}\{w_k, v_j\} &= 0 \end{aligned} \quad (5\text{-}23)$$

状态向量 $x(0)$ 的统计特性为

$$\begin{aligned} E\{x(0)\} &= \mu_0 \\ \text{Var}\{x(0)\} &= E\{[x(0)-\mu_0][x(0)-\mu_0]^T\} \end{aligned} \quad (5\text{-}24)$$

给出观测序列 $y_0, y_1, \cdots, y_k$ 和系统的输入 $u_0, u_1, \cdots, u_k$，求出系统的状态向量 x_k 的最小方差估计值 $\hat{x}_k$，使得估计误差的方差最小，即

$$\tilde{x}_k = x_k - \hat{x}_k \tag{5-25}$$

$$E\{[x_k - \hat{x}_k]^T [x_k - \hat{x}_k]\} = \min \tag{5-26}$$

该问题的解法如下。

首先进行初始化，计算公式如下：

$$\hat{x}_0^+ = E\{x_0\} = \mu_0 \tag{5-27}$$

$$\Sigma_{x_0}^+ = E[(x_0 - \hat{x}_0^+)(x_0 - \hat{x}_0^+)^T] \tag{5-28}$$

按照下列公式进行循环递推计算：

$$预测方程 \hat{x}_k^- = A_{k-1}\hat{x}_{k-1}^+ + B_{k-1}u_{k-1} \tag{5-29}$$

$$预测误差方差阵 \Sigma_k^- = A_{k-1}\Sigma_{k-1}^+ A_{k-1}^T + \Sigma_w \tag{5-30}$$

$$增益矩阵 L_k = P_k^- C_k^T (C_k P_k^- C_k^T + R)^{-1} \tag{5-31}$$

$$滤波方程 \hat{x}_k^+ = \hat{x}_k^- + L_k[y_k - (C_k x_k + D_k u_k)] \tag{5-32}$$

$$滤波误差方差阵 \Sigma_{x_k}^+ = (I - L_k C_k)\Sigma_{x_k}^- \tag{5-33}$$

式中，I 为单位矩阵。

从递推公式中可以看到，在每个采样周期内实际进行了两步工作。首先，基于上一次的状态估计 $\hat{x}_{k-1}^+$ 以及系统方程对状态进行一步预测，得到 $\hat{x}_k^-$；然后，根据采样得到的输出 y_k 调整系统一步预测得到的状态 $\hat{x}_k^-$，从而得到系统状态的估计 $\hat{x}_k^+$。

卡尔曼滤波器除了用于动态系统的状态估计之外，还可以用于动态系统参数的在线估计，特别是时变参数的估计。这一估计方法的基本思想是将系统的参数作为状态进行估计。

2 扩展卡尔曼滤波算法

对于非线性系统而言，由于普通卡尔曼滤波器无法得到闭式的解，也就无法建立衡量最优解的准则。布西等人提出了扩展卡尔曼滤波（Extended Kalman Filtering，EKF），采用一阶线性化的方法来近似非线性系统函数，能够解决非线性系统滤波问题，得到的是次优滤波方法。EKF 算法执行过程如下。

对于如下数学表示的非线性系统，

$$x(k) = f(x(k-1), u(k-1)) + w(k-1)$$
$$y(k) = g(x(k), u(k)) + v(k) \quad (5\text{-}34)$$

式中，w 为系统噪声，服从均值为 0、方差为 Σ_w 正态分布白噪声；v 为量测噪声，服从均值为 0、方差为 Σ_v 正态分布白噪声；f 为非线性状态转移函数；g 为非线性量测函数。

假设 f 和 g 在所有工作点上可微，即可以将其通过一阶泰勒级数展开进行线性化，并定义 f 和 g 的 Jacobians 矩阵为

$$A(k) = \left.\frac{\partial f}{\partial x}\right|_{\hat{x}(k|k-1)}; \quad C(k) = \left.\frac{\partial g}{\partial x}\right|_{\hat{x}(k|k-1)} \quad (5\text{-}35)$$

则得到近似的状态方程：

$$x(k) \approx A(k) \times x(k) + [f(\hat{x}(k-1), u(k-1)) - A(k) \times \hat{x}(k)] + w(k-1)$$
$$y(k) \approx C(k) \times x(k) + [g(\hat{x}(k), u(k)) - C(k) \times \hat{x}(k)] + v(k) \quad (5\text{-}36)$$

即在每一个采样（递推）时刻，系统均可以转换成状态 x 的线性函数。

卡尔曼滤波由状态预测以及状态更新过程组成。状态预测是通过系统状态方程，将上一时刻的状态值经过递推运算得到这一时刻的状态预测值；状态更新过程是利用观测方程得到预测的观测量，并通过实际观测值校正预测量，进而得到校正后的状态值。

状态预测过程为

$$P(k|k-1) = A(k-1)P(k-1|k-1)A(k-1)^T + \Sigma_w$$
$$\hat{x}(k|k-1) = f(\hat{x}(k|k-1), u(k-1)) \quad (5\text{-}37)$$

式中，$\hat{x}(k-1|k-1)$ 为 $k-1$ 时刻的状态向量；$\hat{x}(k|k-1)$ 为通过预测过程得出的 k 时刻状态向量；P 为状态向量 X 的协方差矩阵。

更新过程表示如下：

$$K(k) = P(k|k-1)C(k)^T[C(k)P(k|k-1)C(k)^T + \Sigma_v]^{-1}$$
$$\hat{x}(k|k) = \hat{x}(k|k-1) + K(k)[y(k) - g(\hat{x}(k|k-1), u(k))]$$
$$\hat{P}(k|k) = P(k|k-1) - K(k)C(k)P(k|k-1) \quad (5\text{-}38)$$

式中，K 为卡尔曼增益矩阵。

更新过程展示了实际观测值对预测值的校正。图 5-22 为扩展卡尔曼滤波的流程图。

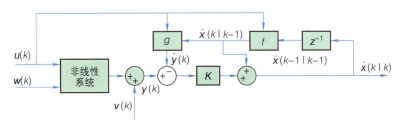

图 5-22　EKF 算法流程

可知卡尔曼增益 $K(k)$ 与量测噪声方差$\sum_v$具有负相关关系，也即增加量测噪声的值，会使测量值的修正权重减小，从而减小量测噪声对滤波的影响。同时 $K(k)$ 与系统协方差预测值$P(k|k-1)$具有正相关关系，$P(k|k-1)$由$P(k-1|k-1)$与$\sum_w$确定，随着算法递推运行，若滤波器收敛到稳定状态，则$P(k-1|k-1)$较小，若系统噪声较小（$\sum_w$较小），此时增益矩阵$K(k)$也相对较小，因此校正权重较小，对状态预测值$\hat{x}(k|k-1)$产生较小的修正。因此，卡尔曼滤波能够根据对模型噪声以及量测噪声的判断，充分利用模型信息以及量测信息，实现较为精确的状态估计。

3　自适应卡尔曼滤波算法

由 EKF 估计 SOC 算法可以得出，卡尔曼滤波具有一定的前提条件，即需要噪声的统计特性以及数学模型已知，如果应用不准确的数学模型或噪声统计特性设计卡尔曼滤波器，将使滤波器性能下降，产生较大估计误差，甚至发散。而在实际应用中，噪声统计特性是未知且时变的，为解决此类问题，学者研究出自适应卡尔曼滤波算法。算法的本质是通过观测信息对噪声统计值、模型参数或滤波增益矩阵进行在线估计和自适应修正，从而提高估计精度。

（1）基于新息序列的噪声估计算法

基于新息序列的自适应估计（Innovation-Based Adaptive Estimation，IAE）最早由 Mehra 于 1970 年提出，算法基于协方差匹配（Covariance Matching）原则。一般使用开窗估计法，即在特定的窗口宽度内，采用样本平均值的方法确定当前时刻观测向量的协方差矩阵和模型误差的协方差矩阵。

残差向量和新息向量求取为

$$\hat{\varepsilon}(k) = y(k|k) - C(k)\hat{x}(k|k) - D(k)u(k) \quad (5\text{-}39)$$

$$\varepsilon(k) = y(k|k) - C(k)\hat{x}(k|k-1) - D(k)u(k) \quad (5\text{-}40)$$

残差向量$\hat{\varepsilon}(k)$由 k 时刻状态估计向量求得，新息向量$\varepsilon(k)$由 k 时刻状态预测值求得，二者之间关系为

$$\hat{\boldsymbol{\varepsilon}}(k) = [\boldsymbol{I} - \boldsymbol{C}(k)\boldsymbol{K}(k)]\boldsymbol{\varepsilon}(k) \quad (5\text{-}41)$$

$\hat{\boldsymbol{\varepsilon}}(k)$与$\boldsymbol{\varepsilon}(k)$的协方差矩阵为

$$\Sigma_{\hat{\varepsilon}}(k) = \Sigma_v(k) - \boldsymbol{C}(k)\boldsymbol{P}(k|k)\boldsymbol{C}(k)^{\mathrm{T}} \quad (5\text{-}42)$$

$$\Sigma_{\varepsilon}(k) = \Sigma_v(k) - \boldsymbol{C}(k)\boldsymbol{P}(k|k-1)\boldsymbol{C}(k)^{\mathrm{T}} \quad (5\text{-}43)$$

量测噪声的开窗估计可以采用新息向量估计当前残差的协方差矩阵,即IAE。取计算窗口为N,则$\Sigma_\varepsilon(k)$的估计值$\hat{\Sigma}_\varepsilon(k)$可取为

$$\hat{\Sigma}_\varepsilon(k) = \frac{1}{N}\sum_{j=0}^{N}\boldsymbol{\varepsilon}(k-j)\boldsymbol{\varepsilon}(k-j)^{\mathrm{T}} \quad (5\text{-}44)$$

得到k时刻观测向量的协方差矩阵为

$$\hat{\Sigma}_v(k) = \hat{\Sigma}_\varepsilon(k) - \boldsymbol{C}(k)\boldsymbol{P}(k|k-1)\boldsymbol{C}(k)^{\mathrm{T}} \quad (5\text{-}45)$$

(2) 基于方差分量估计的算法

基于方差分量估计原理 (Variance Components Estimation Method, VCE) 的自适应卡尔曼滤波算法是一种利用新息预报向量计算动态系统噪声方差分量的自适应算法。根据验后估计的方法,利用新息向量确定方差分量。

正如上文中提到,新息向量求取方法为

$$\boldsymbol{\varepsilon}(k) = \boldsymbol{y}(k|k) - \boldsymbol{C}\hat{\boldsymbol{x}}(k|k-1) - \boldsymbol{D}\boldsymbol{u}(k) \quad (5\text{-}46)$$

设$\boldsymbol{y}(k|k)$、$\hat{\boldsymbol{x}}(k|k-1)$的方差分别为

$$\Sigma_v(k) = \sigma_v^2 \boldsymbol{p}_v(k)^{-1}, \quad \hat{\boldsymbol{p}}(k|k-1) = \sigma_x^2 \boldsymbol{p}(k|k-1)^{-1} \quad (5\text{-}47)$$

$$\hat{\boldsymbol{P}}(k|k-1) = \boldsymbol{P}(k|k-1)\hat{\boldsymbol{p}}(k|k-1) \quad (5\text{-}48)$$

式中,σ_y^2、σ_x^2分别为$\boldsymbol{y}$、$\hat{\boldsymbol{x}}$所对应的方差分量;$\boldsymbol{p}_v(k)$和$\boldsymbol{p}(k|k-1)$为方差等价权矩阵,设为单位矩阵。

新息向量的方差为

$$\begin{aligned}\Sigma_\varepsilon(k) &= \boldsymbol{C}(k)\hat{\boldsymbol{P}}(k|k-1)\boldsymbol{C}(k)^{\mathrm{T}} + \Sigma_v(k) \\ &= \sigma_x^2 \boldsymbol{C}\boldsymbol{p}(k|k-1)^{-1}\boldsymbol{C}^{\mathrm{T}} + \sigma_v^2 \boldsymbol{p}_v(k)^{-1}\end{aligned} \quad (5\text{-}49)$$

由平差原理,可得

$$\begin{aligned}E\left(\boldsymbol{\varepsilon}(k)^{\mathrm{T}}\boldsymbol{p}_v(k)\boldsymbol{\varepsilon}(k)\right) &= \mathrm{tr}[\boldsymbol{p}_v(k)\Sigma_\varepsilon(k)] \\ &= \mathrm{tr}[\boldsymbol{p}_v(k)(\sigma_x^2\boldsymbol{C}(k)\boldsymbol{p}(k|k-1)^{-1}\boldsymbol{C}(k)^{\mathrm{T}} + \sigma_v^2\boldsymbol{p}_v(k)^{-1})] \\ &= \sigma_x^2\mathrm{tr}[\boldsymbol{p}_v(k)\boldsymbol{C}(k)\boldsymbol{p}(k|k-1)^{-1}\boldsymbol{C}(k)^{\mathrm{T}}] + \sigma_v^2 m\end{aligned} \quad (5\text{-}50)$$

式中，tr( ) 表示矩阵的迹的函数；m 为观测值个数。

如果将实际观测值方差 $\Sigma_v(k)$ 作为已知量，则可求出状态预测向量的方差分量 σ_x^2 的估计值，即

$$\hat{\sigma}_x^2 = \frac{E\left(\boldsymbol{\varepsilon}(k)^{\mathrm{T}} \boldsymbol{p}_v(k) \boldsymbol{\varepsilon}(k)\right) - \sigma_v^2 m}{\mathrm{tr}\left(\boldsymbol{p}_v(k) \boldsymbol{C}(k) \boldsymbol{p}(k|k-1)^{-1} \boldsymbol{C}(k)^{\mathrm{T}}\right)} \tag{5-51}$$

由以上推导，得出以下结论：假设观测值的量测方差先验知识已经得到，为克服系统噪声未知情况下的滤波不稳定性，利用新息向量的方差平差公式，获取估计状态预测向量的方差分量，然后将系统状态协方差矩阵与方差分量估计值相乘，动态地实现系统噪声以及量测噪声的自适应，增加估算精度。

4 基于 EKF 的 SOC 估计结果

针对图 5-23 所示的 Thevenin 模型确定的动力蓄电池模型，其状态空间表达式可以表示为式（5-52）和式（5-53）。

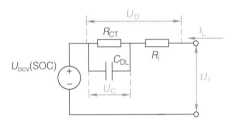

图 5-23 Thevenin 模型

$$\begin{pmatrix} U_c(k) \\ \mathrm{SOC}(k) \end{pmatrix} = \begin{pmatrix} \mathrm{e}^{-\frac{T}{\tau}} & 0 \\ 0 & 1 \end{pmatrix} \times \begin{pmatrix} U_c(k-1) \\ \mathrm{SOC}(k-1) \end{pmatrix} + \begin{pmatrix} R_{\mathrm{CT}}\left(1-\mathrm{e}^{-\frac{T}{\tau}}\right) \\ \frac{T}{Q} \end{pmatrix} \times i_\mathrm{f}(k-1) \tag{5-52}$$

$$U_\mathrm{t}(k) = \mathrm{OCV}\left(\mathrm{SOC}(k)\right) + U_c(k) + R_\mathrm{i} \times i_\mathrm{f}(k) \tag{5-53}$$

式中，$\tau = C_{\mathrm{DL}} R_{\mathrm{CT}}$，为 RC 环节的时间常数。

通过上面建立的状态空间表达式，令 $\boldsymbol{x}(k) = \left(U_c(k), \mathrm{SOC}(k)\right)^{\mathrm{T}}$ 为电池模型中的状态向量，可以发现，系统状态方程本身就是一种线性表达，而量测方程中的非线性函数 g 包含了 SOC-OCV 的非线性关系曲线，则可以求得

$$\boldsymbol{A}(k) = \begin{pmatrix} \mathrm{e}^{-\frac{T}{\tau}} & 0 \\ 0 & 1 \end{pmatrix} \tag{5-54}$$

$$\boldsymbol{B}(k) = \begin{pmatrix} R_{\mathrm{CT}}\left(1-\mathrm{e}^{-\frac{T}{\tau}}\right) \\ \dfrac{T}{Q} \end{pmatrix} \quad (5\text{-}55)$$

$$\boldsymbol{C}(k) = \left.\frac{\partial g}{\partial x}\right|_{\hat{x}(k|k-1)} = \left(\left.\frac{\mathrm{dOCV}}{\mathrm{dSOC}}\right|_{\widehat{\mathrm{SOC}}(k)}, 1\right) \quad (5\text{-}56)$$

$$\boldsymbol{D}(k) = R_{\mathrm{i}} \quad (5\text{-}57)$$

系统状态是由算法运行前的电池工况决定的。因此，若电池算法执行前电池静置时间大于2h，则将电池视作达到平衡状态，采样得到初始时刻电池电压，由于SOC-OCV曲线作为最精确的信息输入，取

$$\boldsymbol{x}(0) = \left(0, \mathrm{SOC}(\mathrm{OCV}(0))\right)^{\mathrm{T}} \quad (5\text{-}58)$$

若电池静置时间未达到2h，电池的静置过程相当于零输入响应，则通过记录的电池静置时间以及上一次算法执行末期记录的状态，得到

$$\boldsymbol{x}(0) = \left(U_{C_{\mathrm{last}}} \times \mathrm{e}^{-\frac{T}{\tau}}, \mathrm{SOC}_{\mathrm{last}}\right)^{\mathrm{T}} \quad (5\text{-}59)$$

而$\boldsymbol{P}(0|0)$的确定偏向于经验选定，如果认为电池模型以及初始状态向量较为准确，则$\boldsymbol{P}(0|0)$可以设置得小一些，若电池模型和状态向量不准确，$\boldsymbol{P}(0|0)$需要设置得大一些，从而使得卡尔曼增益K大一些，能够更充分地利用新测量的电压信息进行修正，这样使得状态估计收敛速度加快。带入滤波器预测以及更新方程中进行迭代计算，实现电池状态的卡尔曼滤波估计。

在25℃的温度下使用新欧洲驾驶循环（NEDC）工况验证扩展卡尔曼滤波算法。算法中，容量初值选定为准确值3.004A·h，选取系统噪声以及量测噪声的值分别为$\Sigma_w = \mathrm{diag}(0.000001, 0.000001)$、$\Sigma_v = 0.000001$，其中$\mathrm{diag}(\cdot,\cdot)$表示对角阵，SOC初始值选为50%（实际为100%）。SOC估计结果如图5-24所示。由图可知，在SOC真实值处于53%~70%、27%~40%以及20%以下时，估计结果出现较大误差。这是建模误差导致的。

具体来说，由于电池本身属于强非线性系统，在$\mathrm{SOC} \in [0, 20\%]$和$\mathrm{SOC} \in [50\%, 70\%]$这两个区间内，$\mathrm{d(OCV)/d(SOC)}$变化比较剧烈，从而对模型的一阶线性化处理带来建模误差。此外，在电池放电末期，一阶电池模型不能够准确地描述电池特性，建模误差较大。普通的EKF并不能改变系统噪声方差的值，从而

引起估计误差。因此需要一种自适应方法，对系统噪声方差进行自适应更新，从而提升 SOC 估计精度。

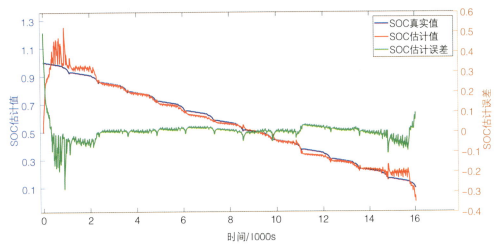

图 5-24　未添加噪声的 NEDC 工况 SOC 估计结果

在 25 ℃ 的温度下使用 NEDC 工况验证 EKF 算法，并添加 $\hat{\sigma}_I^2 = 0.006^2$，$\hat{\sigma}_v^2 = 0.006^2$，同时更改量测噪声方差值为 $\Sigma_v = 0.000036$，得到 SOC 估计结果如图 5-25 所示，若量测噪声为准确值，则 EKF 估计 SOC 误差在 4% 以内，但在工况两端仍然存在较大误差。图 5-26 为端电压估计结果。

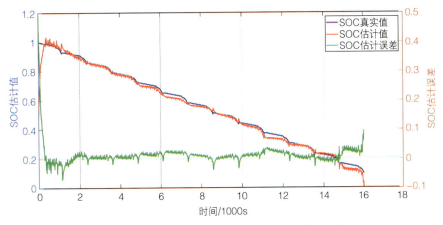

图 5-25　添加噪声的 NEDC 工况 SOC 估计结果

由于模型结构较为简单，因此在不同工况下，模型参数会变化，当使用固定的参数进行 SOC 估计时，不同工况下模型的系统噪声也不同，使用相同的系统噪声会导致 SOC 估计的不精确。

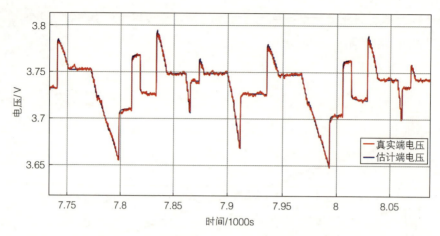

图 5-26 添加噪声的 NEDC 工况端电压估计结果

在 25℃ 的温度下使用城市道路循环（UDDS）工况，并添加 $\hat{\sigma}_I^2 = 0.006^2$，$\hat{\sigma}_v^2 = 0.006^2$，量测噪声方差值设为 $\Sigma_v = 0.000036$，不改变系统噪声初值，得到 SOC 估计结果如图 5-27 所示。结果表明，使用相同系统噪声初始值，不能够保证在实际应用中适合所有工况。

因此，采用 EKF 估计 SOC 有以下不足之处。

1）系统噪声方差为固定值，当建立模型存在较大误差时，SOC 估计也会出现较大误差。

2）当工况改变时，使用固定的系统噪声方差会导致 SOC 估计存在误差。

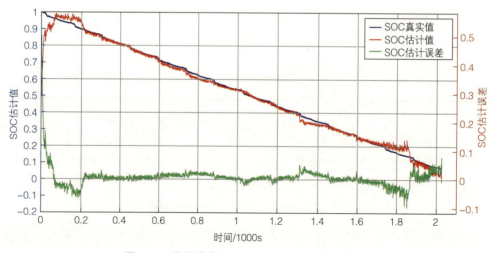

图 5-27 添加噪声的 UUDS 工况 SOC 估计结果

5.3.2 其他状态估计

在复合电源系统中,为了提升电池管理性能,还需要估计锂离子电池系统的其他关键状态,如 SOP、SOH 等。

1 SOP 估计

复合电源系统中,锂离子电池需要承载更为恶劣的交替动态工况,电池充放电的能力颇为重要。电池在不同的温度、荷电状态能持续一段时间输出的最大功率是有限制的。SOP 估计便是对上述功率进行评价。SOP 是基于不同 SOC、不同温度下电池组能够支撑的放电功率或者充电功率。电池基于 SOP 进行管理的目标是一方面要能够完全释放出电池组的功率和能量,另一方面是不能在 SOP 允许的充放电功率下,触发单体电池电压过高(低)的故障。

(1)直接查表法

查表法是工程上常用的方法。理想的 SOP 表是覆盖最低温度到最高温度以及 0%～100%SOC 的一个三维数据表。在实际的应用过程中,可以以 10℃、10%SOC 为间隔划分测试特征点,最后通过插值法得到 SOP 表,或者直接靠 BMS 对这些特征点进行处理,得到特定温度、特定 SOC 下的允许充放电电流值。对于这些数据的测定,比较常用的方法是复合脉冲法(HPPC)。

(2)模型估计法

此方法在 ECM 基础上,使用卡尔曼滤波方法、最小二乘方法这两种最常采用的电池阻抗辨识方法辨识电池阻抗,并对未来的电池功率进行计算。等效电路模型的精度对 SOP 的估计结果有比较大的影响,一般可以通过多个 RC 环节的串联来对扩散过程进行近似建模,但是考虑到实车实现的计算量,RC 环节不宜过多,一般为 2～3 个。

2 SOH 估计

(1)直接测量

直接测量法通过试验直接测量表征电池老化程度的量化指标,通常为最大可用容量和内阻。容量测试采用标准的恒流恒压充电方式对电池充满电,然后以标称电流对电池放电,直至放电至截止电压,将放电过程中的电流做积分运算即可得电池的最大可用容量。内阻测试经常采用《PNGV 电池测试手册》中指定的混合脉冲功率特性测试方法进行测试。该方法实现简单,准确度较高,常作为参考方法评估其他方法的估计准确性。然而,该方法难以应用于车载工况下,只能应用于实验室环境中。

(2) 特征量

动力蓄电池在充放电过程中，电流、电压、温度等数据的变化规律以及对其进行处理后所得信号的某些特征可能与 SOH 存在着一定关系，因而可以利用这些特征进行 SOH 的估计。常用的特征量包括容量增量曲线和差分电压曲线的极值，以及恒压充电阶段的充电时间，这些特征能够较好地表征电池 SOH，但是这种方法的估计性能高度依赖于电池工况，鲁棒性不高。

(3) 状态观测器

可根据电池等效电路或电化学模型构建系统状态空间表达式，并将表征电池老化程度的量化指标如电池容量、内阻等与其他参数共同构造系统的状态变量，结合状态观测器进行 SOH 估计。此方法由于具有一定的自修正能力，能够有效解决开环估计方法的缺点，且运算复杂度低、估计精度高、鲁棒性强、实时性好，因而比较适合应用于电动汽车电池管理系统中。

5.4 复合电源系统管控

复合电源系统包括了燃料电池和锂离子电池。在面对复杂的车用环境时，复合电源系统管控层面除了需要实现基本的操作以满足动力性需求外，还需要兼顾环境适应性、耐久性、可靠性等问题。

5.4.1 高低温热管理

环境适应性主要包括高低温、高低海拔等适应性。其中，高低温无论是对于燃料电池还是锂离子电池都有影响。

(1) 燃料电池低温冷启动

燃料电池在低温环境下如何进行冷启动是环境适应性的一大关键问题，由于我国地域辽阔，气候多样，国内燃料电池行业对于冷启动的温度要求达到 -30℃ 无辅助启动以及 -40℃ 辅助启动。

燃料电池低温冷启动困难主要是因为其含水工作的特点。在低温环境下，燃料电池内部水的冻结/解冻不仅会引起循环应力从而破坏材料和机械结构，同时会造成反应气体流道阻塞、催化剂反应活性位点覆盖，导致燃料电池"突然死亡"。现有研究普遍认为，冷启动成功的标志是在燃料电池被冰完全堵死前温度升高至冰点以上。其核心是燃料电池的产热升温过程与产水结冰过程的动态平衡。成功冷启动的关键在于控制产热量提高的同时尽量减小结冰过程对冷启动的影响。现有的衡量冷启动能力的指标有最低启动温度、启动过程耗能、启动时间等，除此之外，冷冻和冷启动过程也会对燃料电池造成损伤，寿命损失也是衡量冷启动的重要指标。

提升燃料电池低温冷启动性能主要通过以下两个方式：一是从设计上进行优化，核心是改善燃料电池储存水和冰的能力，同时也要改善如气体扩散层和微孔层等区域的排水能力，从而能够延长冷启动过程中的结冰时刻，改善气体和水的传输能力，较典型的有 Mirai 的 3D 精细流道。除了流场结构的优化，还有一些研究集中在多孔结构与膜电极的优化上。二是从启动和停机策略上进行优化。启动策略优化则是对燃料电池启动方式和控制策略的优化，"停机吹扫＋外部预热＋内部升温"是常见的策略，而对电堆进行内部升温过程中，需要精细控制其电流和电压变化，这就需要复合电源的 DC/DC 变换器和动力蓄电池进行配合，常见的控制方式有恒电流、恒电压、恒功率以及这些电流控制方式的组合或优化。

1）停机吹扫。脉冲鼓风吹扫是目前应用较广的吹扫方式，其原理是停机后通过空气对电堆进行吹扫带出残余水分。停机吹扫策略主要是通过吹扫过程来改善膜内的水含量，延缓燃料电池内部冰的累积过程，如图 5-28 所示。吹扫的策略有多种，可以采用高频阻抗作为吹扫是否满足要求的判定条件。在停机的初期，燃料电池内部水含量比较高，体现为具有较低的高频阻抗，随着吹扫的进行，高频阻抗逐渐升高并最终稳定为与进气湿度相关的值，表明燃料电池内部已经达到了水的平衡。

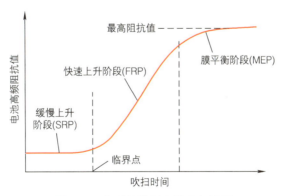

图 5-28　典型的燃料电池吹扫过程

停机吹扫的主要困难在于膜电极和流场之间的水浓度差异较小，且膜电极组件的扩散层为多孔毛细结构，鼓风吹扫难以在短时间内从流场流道中带走膜电极中的水。通常，停机后合理的二次吹扫是排出残余水分的有效方式。

2）外部升温。外部升温方式主要有电加热器加热、电堆逆向加热、催化燃烧加热。PTC电加热器加热比较常见，通过电加热器加热冷却液，加热的冷却液流入电堆的冷却液散热流道，对电堆进行加热。电堆逆向加热即通过DC/DC变换器向电堆施加反向电压，使电堆进入电解水或濒临电解水反应的状态，此状态下整个电堆为电加热器，迅速升温，但这种方法要求电堆具有一定的抗反极能力，对电堆设计尤其是催化剂选用要求很高，DC/DC变换器的电路也要重新设计，综合考虑以上要求之后客观上会推高电堆和系统的成本。催化燃烧加热是使氢气与氧气在催化燃烧器中燃料发热，利用燃烧后的高热气体加热电堆组件，这种方法原理上简单，但受限于安全性和体积、成本约束，车用条件下并不容易实现。目前工程上应用的外部升温方法主要是PTC加热方式，安全可靠，但能耗较高，需要锂离子电池供给较多电能。

3）冷启动策略。美国能源部（DOE）提出了燃料电池最终低温冷启动技术目标，要求从$-20\,^\circ\!C$冷启动，30s燃料电池系统输出功率达到额定功率的50%，能量消耗小于5MJ。同时要实现在$-30\,^\circ\!C$下无辅助冷启动和$-40\,^\circ\!C$下辅助低温冷启动目标。基于燃料电池汽车怠速时的功率需求，如图5-29所示，根据燃料电池极化曲线和怠速功率可以得到燃料电池相应的两个工作点：正常工作点（normal operating point）和快速冷启动工作点（rapid warm-up operating point），在快速冷启动工作点，燃料电池发热功率大，从而能够实现快速低温冷启动。

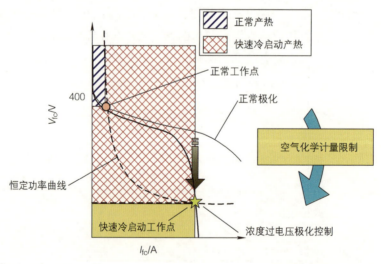

图5-29 燃料电池正常工作点和快速冷启动工作点在极化曲线上的位置

基于上述冷启动思想，丰田Mirai设计如图5-30所示的燃料电池低温冷启动控制策略，已知燃料电池怠速时功率需求$P_{fc,ref}$和冷启动热功率需求P_{loss}，继而可以得到燃料电池的工作电流I_{fc}和电压V_{fc}，通过得到燃料电池参考工作电流和燃料电池温度，通过查表标定过的燃料电池在不同温度下的极化曲线，得到燃料电池实际状态下的电压$V_{fc,std}$。由于燃料电池在不同的阴极空气过量系数下，对应的浓差极化电压不同,通过对比实际工作电压 $V_{fc,std}$ 和理论参考工作电压 $V_{fc,ref}$,继而可以得到燃料电池所需的阴极空气过量系数,从而计算此刻燃料电池快速冷启动所需要的空气流量,发送给燃料电池空压机控制器,控制空压机的转速。

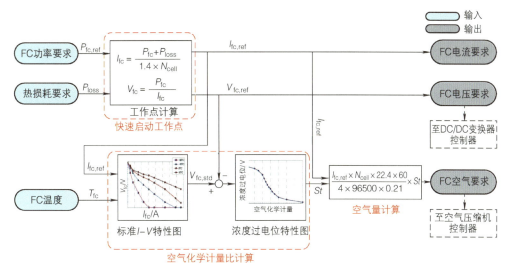

图 5-30 燃料电池冷启动控制策略

相同空气过量系数,电流越大,浓差过电位越高,但是为了便于控制,取最低浓差过电位作为控制值,将空气过量系数与浓差过电位关系简化为一条曲线,即可通过空气过量系数来控制浓差过电位。因此,丰田 Mirai 通过控制燃料电池阴极空气计量比来让燃料电池工作在欠气状态下,反应物传质速度跟不上导致质子交换膜附近氧气浓度很低,此时电化学反应受传质阻碍,增大了浓差极化,该浓差极化电压与电流相乘成为较大的热功率,实现燃料电池的快速升温,最终实现燃料电池 -30℃冷启动目标,如图 5-31 所示。

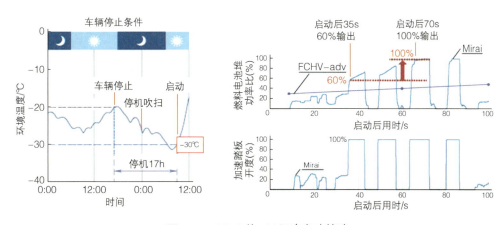

图 5-31 Mirai 的 -30℃冷启动策略

但是此方法也存在潜在的风险，有可能对燃料电池寿命造成损伤。由于此过程中，燃料电池阴极工作在欠气的状态，此时会出现"泵氢现象"，即如图 5-32 所示。氢气在阳极侧氧化，由于阴极侧氧气含量不充分，当此时 H^+ 质子在阴极侧获取电子能力比 O_2 强时，获取电子后将会生成 H_2，造成氢质子在阴极侧重新还原形成氢气，此时在阴极侧形成氢空界面，会产生高电位，对碳载体造成严重腐蚀，碳载体腐蚀后会导致催化剂铂的脱落、三相界面破坏等现象，最终导致燃料电池性能严重衰退。因此应用该方法时必须严格控制空气过量系数，且此时电堆对输出电流的控制精度要求很高，但此时电堆电压很低，DC/DC 变换器的升压比很高，需要根据冷启动要求进行精细化设计和标定。

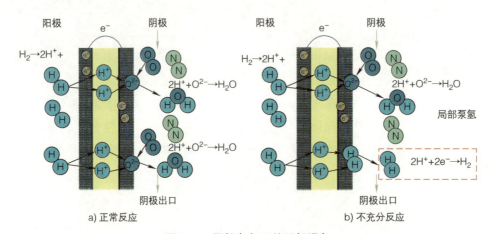

图 5-32　阴极欠气下的泵氢现象

因此，在车用约束下，开发快速、低能耗的燃料电池冷启动方法，同时保证燃料电池寿命，是目前燃料电池冷启动主要的研究热点和难点。

（2）锂离子电池低温加热

低温环境下，锂离子电池的充放电能力将受到限制，甚至导致寿命和安全问题。传统的外部加热方式容易导致电池温度分布不均匀，加热效果差。利用交流电注入电池形成的交流加热技术是目前锂离子电池低温加热最为先进的技术。

低温环境中，在直流充电条件下，锂离子在负极石墨活性材料颗粒中的固相扩散系数降低，导致锂离子不能及时向颗粒内部（石墨片层）扩散而在负极活性材料颗粒表面堆积，堆积的锂离子会直接与电子反应产生锂沉积。沉积过度会致使负极石墨电位过低，从而加速锂离子的还原，其机理模型如图 5-33a 所示。

锂离子动力蓄电池在低频交流激励下具有较长的低温充电时间，类似于直流充电，在前半充电周期会在负极石墨颗粒表面产生较多锂沉积，且金属锂会与电解液发生一定程度的反应，并且存在其他副反应，从而产生锂沉积，对动力蓄电池容量造成永久损伤，如图 5-33b 所示。

随着交流激励频率的提高(图 5-33c),在中频激励范围内,动力蓄电池在低温下充电进行一定时间的嵌锂(锂离子)过程电化学反应后,随后会发生放电脱锂(锂离子)的电化学反应,此时嵌锂和脱锂交替进行,不产生锂沉积。另一种情况为反应过程产生少量的锂沉积,但是充电过程析出的金属锂能被随后发生的放电过程消耗,即每个周期嵌入和脱出的锂离子(锂金属)量相平衡,则交流激励不会加剧动力蓄电池容量的损耗,即动力蓄电池的寿命不会受到交流加热的影响。

如图 5-33d 所示,随着交流激励频率的继续提升,在高频激励范围内,动力蓄电池的充放电时间大大缩短,一种情况为嵌锂过程未发生;另一种情况为电池电化学反应周期变短,在反应速度不变的前提下,动力蓄电池在前半充电周期内所反应生成和积累的锂离子量极少,在后半周期放电过程内能够将锂离子完全消耗,动力蓄电池在整个激励过程中同样不会出现锂沉积,并且,交流激励不会加剧动力蓄电池容量的损耗,即动力蓄电池的寿命不会受到交流加热的影响。

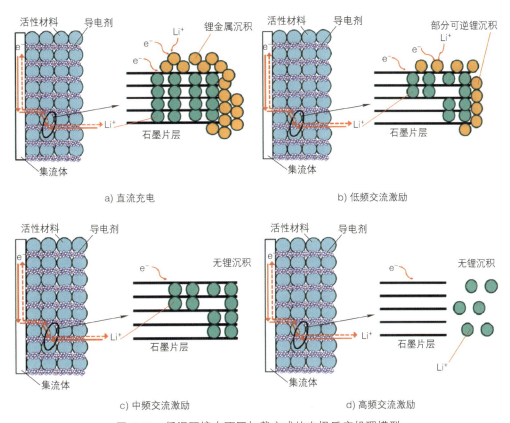

图 5-33 低温环境中不同加载方式的电极反应机理模型

在具体实施时,交流加热的电流波形可以为正弦波或者方波,从图 5-34 可以看出，随着电流的增加，加热温升增加显著，且模型仿真与实验具有较好的对应结果。锂离子动力蓄电池低温加热速度随激励电流幅值的增大而升高，其温升与锂离子动力蓄电池的交流加热发热阻抗成正比，与激励电流的平方成正比。在600s的激励时间内，正弦波激励幅值为10A时可将动力蓄电池从 -25 ℃加热到3℃。方波激励下，幅值为10A时可将动力蓄电池加热到21.1℃。实验结果表明，在同等幅值条件下，方波能够提供更大的激励电流有效值输入，因此，方波激励的效果优于正弦波激励。在交流加热系统实现中，选择方波波形具有更好的动力蓄电池低温交流加热效果。

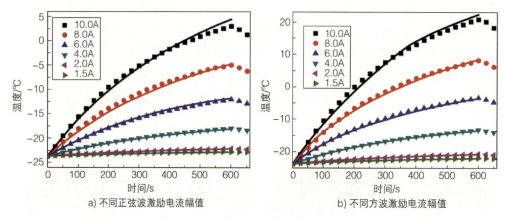

a) 不同正弦波激励电流幅值　　　　b) 不同方波激励电流幅值

图 5-34　样品 A（$LiNi_{1/3}Co_{1/3}Mn_{1/3}O_2/C$）动力蓄电池在 300Hz 不同正弦波和方波激励电流幅值下的温升实验与仿真对比

从图 5-35 中可得，在低频激励时，以 1Hz 为例，动力蓄电池的交流加热温升可以分成两部分，箭头 A 所指部分为温升速率较慢区，箭头 B 所指部分为温升速率加快区。原因是低温环境中在低频激励下，动力蓄电池的阻抗特性决定了其阻抗值较大。在大电流激励条件下，动力蓄电池会触发上下限保护电压阈值，从而使激励电流被修正，导致电流有效值减小，致使动力蓄电池的产热速率降低。从温升结果得到，在正弦波和方波激励下，动力蓄电池均在 10A 和 30Hz 到达最高温升点，分别为 7.79℃和 25.6℃。

在实车条件下建立交流加热方法系统实现的闭环控制系统，其中，控制器为加热控制策略的实时优化，执行器为交流加热电路系统，对象为动力蓄电池，软测量为动力蓄电池内部温度估计方法。当给定参考量，提出加热需求后，根据当前动力蓄电池特性，通过建立的热模型实现策略优化，给出交流电流的幅值、频率及限压阈值等其他控制量，由交流加热电路系统进行具体执行。加热过程中，对动力蓄电池的电压状态及阻抗相角进行反馈测量，分别实现监控和基于相角测量的动力蓄电池内部温度估计，具体系统方案如图 5-36 所示。

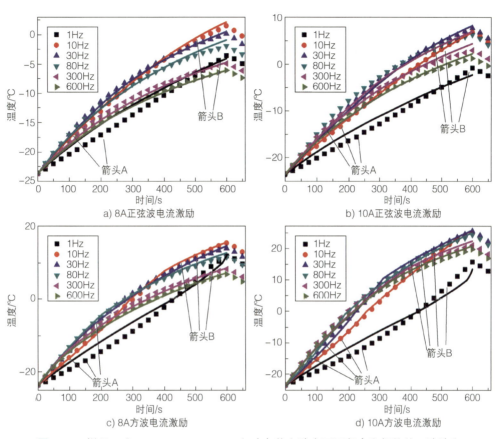

图 5-35 样品 A（$LiNi_{1/3}Co_{1/3}Mn_{1/3}O_2/C$）动力蓄电池在不同频率和幅值的正弦波和方波激励下实验与仿真温升对比

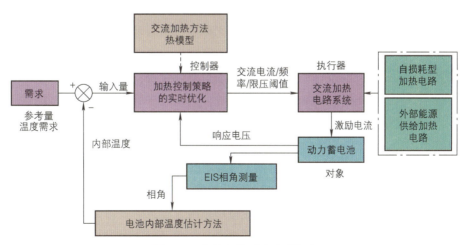

图 5-36 交流加热系统实现框图

交流加热电路可以借助于 DC/DC 变换器实现，但需要对其进行重新设计，更为经济的做法是借助电机及其逆变器实现，这方面已有许多深入的研究，可以参考相关资料。

（3）电源热管理其他问题

另外，对于复合电源也需要解决高温环境下的散热问题。特别是对于效率比较低的燃料电池，其在大功率工作时的效率更低，发热量更大。借助于燃料电池发热量大的特点，也可在低温情况下对复合电源中锂离子电池的加热提供辅助。另外，燃料电池的废热也可导入座舱中，实现类似于燃油车的座舱加热效果。上述高低温环境条件涉及了两种电源以及座舱的热管理需求，实际工程应用时应该综合座舱热量需求考虑复合电源的综合热管理。

5.4.2　多目标优化管理

由于车载应用环境工况更加复杂、恶劣，早期的动力系统及复合电源管理策略往往以实时性能指标（如输出功率、系统效率等）为优化目标，其后，人们发现在实车运行条件下，燃料电池堆实际寿命往往远低于实验室测得的电堆寿命，由此认识到全生命周期内不同工况下燃料电池的衰减机理和规律对于燃料电池复合电源系统的管理具有重要指导意义。复合电源管理策略的优化目标在持续扩大，目前主要包括能量消耗、系统的动态响应特性、系统总体成本、部件/系统寿命、能量储存系统质量/体积以及安全性等。

优化目标可以是以上指标单独一项或几项的组合。根据管理策略是否设置最优优化目标函数，可以划分为基于规则的控制策略和基于优化的控制策略两类。基于规则的策略分为基于确定规则和基于模糊规则两类，规则的制定多依赖于专家的经验，控制简单，但不以控制效果最优化为控制目标。基于优化的控制策略分为全局优化和瞬时优化。全局优化包括动态规划、庞特里亚金最小原则等。全局优化计算复杂，控制策略的实时效果差。瞬时优化包括等效燃油消耗最小和模型预测控制等。根据控制策略运行状态可分为离线能量管理策略和在线能量管理策略。离线管理策略需要提前预知动态工况循环，在线能量管理策略不需要提前预知动态工况，但要求控制算法计算速度快。离线能量管理策略是全局优化策略，在线能量管理策略一般对应基于规则的能量管理策略和瞬时优化管理策略。

1）以动态响应特性为优化目标的管理策略。燃料电池输出特性"较软"，动态响应特性较差，以动态响应特性为控制目标的管理策略旨在合理分配复合电源之间的功率需求，以尽可能满足车辆的高频功率请求。如何让动力蓄电池/超级电容承担高频功率输出的任务，同时也要保证动力蓄电池/超级电容的 SOC 处于一个合理的范围是这类系统能量管理策略的研究重点。

2）以经济性为优化目标的管理策略。燃料电池系统的效率-电流密度曲线一般呈现先升高后降低的变化趋势，燃料电池系统在中低电流密度工况下的效率普遍较高。以经济性为控制目标的能量管理策略主要是调整燃料电池的输出功率，使其尽可能多地工作在高效区域。因为涉及经济性最优求解，提出的管理策略也分为实现全局最优解的离线策略和实现局部最优解的在线策略。

3）基于多目标优化的管理策略。基于多目标优化的管理策略可以同时兼顾多个指标，除了前面所叙述的动态响应特性和经济性，还包括燃料电池堆寿命、动力蓄电池寿命、动力蓄电池 SOC 等。

下面对现有的燃料电池及锂离子电池寿命估计及预测以及复合电源能量管理的相关技术方案进行介绍。

（1）准稳态工况下燃料电池寿命估计及预测

开展质子交换膜燃料电池寿命估计及预测方法研究，对于提高燃料电池的耐久性和实际剩余寿命具有重大研究意义。准稳态工况下，燃料电池寿命估计及预测主要包含三部分的技术内容，如图 5-37 所示。

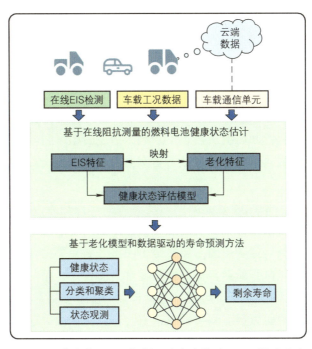

图 5-37　准稳态工况下燃料电池寿命估计及预测技术方案

1）在线阻抗获取及多源信息融合技术。基于方波激励的在线阻抗测量方法，实现在线宽频燃料电池阻抗谱快速计算，能够在车载工况下准确获取表现燃料电池内部状态和老化情况的阻抗数据；利用特征级多源信息融合算法，将燃料电池外部操作条件、燃料电池内部状态、车辆运行工况及云端道路信息导入，形成燃料电池在准稳态工况下运行状态的统计特征，为健康状态估计提供数据支撑。

以上技术获得的阻抗测量相对误差可小于3%，计算时间比传统正弦扫描方法节省近95%。在不同工作状态下具有较高的准确性和较强的鲁棒性，结合多维的燃料电池特征，为后续在线评估技术提供输入。

2）燃料电池健康状态在线评估技术。基于在线测量的电池阻抗，利用不同老化程度的阻抗谱表征燃料电池的老化行为，结合在线弛豫时间分布计算方法，可区分出能够表征燃料电池老化程度的模型参数；采用非线性函数建立模型参数与老化时间的映射关系，构建基于阻抗特征的老化模型；将上一节内容中多源信息融合得到的统计特征导入老化模型，采用数据驱动的方法对模型进行训练，实现在不同老化时间及运行工况下的燃料电池健康状态的在线量化评估。

3）准稳态工况下燃料电池寿命预测技术。通过混合预测方法来预测燃料电池剩余寿命和其他能够反映电堆内部退化的老化参数。在训练阶段，导入燃料电池健康状态及统计特征参数，使用扩展卡尔曼滤波器获得预测参数；利用燃料电池健康状态和输出电压训练长短时记忆（LSTM）递归神经网络；在预测阶段，混合EKF和LSTM递归神经网络可以预测输出电压和老化参数，并且可以在动态条件下预测退化。

（2）高动态工况下锂离子动力蓄电池寿命估计及预测

复合电源中的锂离子动力蓄电池存在明显的易衰减特性，对电池进行寿命估计与预测有助于评估电池的健康状态、防止系统出现意外宕机。

1）模型-数据融合的锂离子动力蓄电池健康状态估计。通过改进的等效电路模型及自适应参数辨识技术，结合具有抗误差干扰的状态估计方法，获取动态工况下模型驱动的电池容量估计值；同时，对电池运行工况中的电压、电流、温度等进行特征统计，并对稳态充电工况中的电压、容量进行差分计算，输入机器学习模型中，获取不同工况下数据驱动的容量估计值；另外，对上述多维容量估计值进行融合，以提高状态融合精度。

2）全生命周期内的锂离子动力蓄电池非线性衰减在线评估。建立电池全生命周期内的"非线性"衰减状态评估技术，通过评估容量衰减或SOH变化曲线的转折角度、参考曲线的面积差异、分位数回归等，设计多维度的指标融合与最优评估方法，提出基于非线性衰减状态的电池多级预警技术，与电池健康状态构成锂离子电池寿命状态的双重评估机制。

（3）考虑燃料电池寿命平衡的复合电源能量管理

能量管理策略中缺少对复合电源系统耐久性的考虑，导致多模块燃料电池复合电源系统实际使用寿命低于实验室测得的寿命。针对这一问题，设计两级能量管理策略（图 5-38），一级能量管理策略通过对功率信号的频域分解，实现动力蓄电池与燃料电池之间的能量分配。二级能量管理策略包含两个功能：一是以广义经济性为优化目标，进行多模块燃料电池复合电源系统能量管理策略的优化；二是将燃料电池健康状态引入能量管理策略，通过主动均衡干预，协调各燃料电池模块之间的衰减进程，实现各燃料电池模块的协同殆尽，延长复合电源系统的整体寿命。

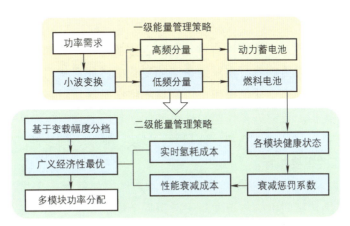

图 5-38 考虑燃料电池寿命均衡的复合电源能量管理策略

针对燃料电池与动力蓄电池的一级能量管理策略：采用小波变换将功率需求信号根据频率进行分解，燃料电池承担低频的正功率请求，动力蓄电池则承担高频功率请求，接受功率的双向流动，避免了燃料电池输出特性过"软"导致的动态响应效果差的问题，同时也可避免燃料电池因高频变载导致的加速衰减。

针对燃料电池多模块之间的二级能量管理策略：以广义经济性最优为目标，引入多模块寿命均衡校正，降低系统运行成本的同时，实现多个燃料电池模块之间的协同殆尽，避免"木桶效应"。构建的广义经济性指标包括燃料电池系统实时氢气消耗和性能衰减所产生的经济成本。系统实时氢气消耗成本基于法拉第定律和氢气市场价格计算。系统性能衰减成本根据燃料电池电压衰减速率和电堆采购成本确定。首先基于变载幅度对待定的分配方案进行档位划分，对不同档位的分配方案进行广义经济性成本计算，选出广义经济性最优结果；其次周期性地进行多模块寿命均衡校正，将燃料电池当前健康状态引入能量管理策略，根据燃料电池电压估计不同模块健康状态的相对水平，计算模块衰减成本惩罚系数，在功率分配过程中利用该系数对性能衰减成本进行修正，得到考虑寿命均衡的广义经济性最优结果，进而缩小不同燃料电池模块衰减进程的差异，实现对各燃料电池模块的主动均衡控制。

5.4.3 在线故障诊断

在线故障诊断方法分为信号法、模型和数据驱动的方法等。其中，信号法是目前车载应用最广泛的方法，常用的是电压信号，近年来，阻抗信号也被人们重视起来并开发出了多种新的可能性。模型和数据驱动的方法正在随着机理的逐渐解析、数据的逐渐积累而得到越来越多的关注。

1 基于信号的故障诊断

（1）电压信号

电压是反映电池对外输出综合性能的最直接的指标，且测量方便，不需要配备额外的测试装备或传感器，电压随电流的变化曲线即极化曲线，可以完整地表征电池的输出特性。但电化学电源电压测量的特征是需要对多通道并行采样，且多通道为串联架构。目前许多模拟器件设计公司专门为燃料电池、锂离子电池开发了电源采样的 AFE，耐压等级、通道数、精度、速度、同步性、功耗等参数是衡量 AFE 性能的重要指标。

燃料电池的输出电压受电流密度、操作条件（如气流的温度、湿度、压力等）影响。但是，不同机构与标准对于选用哪个电流密度下的电压作为衡量电池性能衰减的指标尚未有定论，如 GB/T 38914—2020《车用质子交换膜燃料电池堆使用寿命测试评价方法》中规定：在完成初步活化后对应燃料电池平均每节电压 0.70V 时的电流称为燃料电池的基准电流，从开始伏安曲线至最终伏安曲线，在基准电流下燃料电池平均每节电压衰减 10% 作为电堆的寿命评价标准。

锂离子电池的输出电压特性受电池的电流、温度、SOC、SOH 影响，且在不同的电化学材料体系及电池设计下电压与以上变量的对应关系也不完全一样，需要设计正交实验，建立对应关系，作为在线诊断的依据。

（2）交流阻抗信号

锂离子电池/燃料电池阻抗与电极过程具有直接的对应关系，通过明确不同故障类型的表征阻抗便可以对电池故障进行准确诊断。交流阻抗测试是一种非破坏性测量技术，可以提供燃料电池内各种电化学现象的详细诊断信息，如电极/电介质界面的电荷转移反应、反应机理、电池荷电状态、电极材料特性和电池的健康状态等。通过对燃料电池施加一个小幅度（通常幅值为 5%~10% 的直流电流值）大频率范围（通常为 100kHz~1MHz）的交流正弦波信号，对系统响应信号进行分析，获取有关界面反应性和结构的信息，以及有关电化学反应和质量传输限制的信息。

燃料电池运行过程中的操作条件控制不当易引起膜干、水淹和缺气等故障。通过开展离线的典型故障实验，构建燃料电池阻抗谱基本故障和细化故障数据集；利用等效电路模型对阻抗谱进行参数辨识以提取故障特征，膜干、水淹和缺气的故障类型和故障程度设定为输出标签，在一定数量的训练样本上，利用支持向量机实现构建诊断模型，从而依据在线测量得到的阻抗信息实现故障类别输出。

锂离子动力蓄电池充电析锂、高温、低温、内部短路等问题都会在其阻抗特性上得到反映，通过分析不同倍率、温度和起始 SOC 下的电池充电过程中的阻抗演变规律，可明确用于表征典型故障的阻抗特征，从而构建基于阻抗特征在线识别的电池析锂识别诊断方法。

对阻抗信号的分析有基于模型的方法和无模型方法两种。基于模型的方法可进一步分为等效电路模型（Equivalent Circuit Models，ECM）和过程模型，无模型方法主要指弛豫时间分布方法（Distribution of Relaxation Times，DRT）。

（3）其他信号

除了电压和阻抗这两种信号，也有人通过声学发射装置监测电池内部含水状态作为内部监测的一个指标。还可以通过尾气中碳化物、氯化物的排放速率，铂颗粒直径与数量，膜与催化层的裂纹数量等来监测电池性能的衰减。

2 基于模型驱动的故障诊断

模型驱动的预测方法从研究对象系统内部工作机理出发，建立能够反映系统性能退化物理规律的数学模型，能够深入对象系统的本质。而燃料电池/锂离子电池复合电源系统是一个复杂的系统，燃料电池易发生衰减和故障的组件包括催化剂铂、质子交换膜、催化层、多孔运输层（气体扩散层和微孔层）等，锂离子电池易发生衰减和故障的组件包括正极、负极、SEI 膜、电解质等，因此，所建立的模型驱动的衰减预测和故障诊断模型也需要针对性地搭建。基于模型的故障诊断方法需要涉及燃料电池/锂离子电池机理方面的先验知识，应用过程中需要进行大量的模型参数辨识和在线测量，但参数辨识往往受限于模型的非线性、时变性特点，而在线测量则受限于传感器的选择、安装和信号的处理，在实车应用中也碰到了许多困难。

3 基于数据驱动的故障诊断

随着近几年机器学习等方法的爆发式普及，众多学者致力于以机器学习为代表的、适用性更强的数据驱动耐久性衰减预测方法的研究。其优点在于不需要深入了解燃料电池/锂离子电池这一类电化学电源的工作原理与耐久性损伤机理，只需要根据历史运行数据即可进行性能衰减/剩余使用寿命的预测。人工神经网络（Artificial Neural Network，ANN）以其强大的获取输出和输入变量之间关系的能力，被广泛应用于数据驱动的耐久性衰减预测与故障诊断。不同的人工神经网络模型的区别在于输入参数的选取以及神经网络超参数（隐藏层数量、神经元个数）的选取，而模型的输出既有电堆输出电压这样的宏观指标，也有针对内部组件的特定参数。除了神经网络模型外，数学模型同样可以实现数据驱动的故障预测与健康管理（PHM）。常用的数学方法包括自回归（Autoregression，AR）预测、卡尔曼滤波（Kalman Filter，KF）、粒子滤波（Particle Filter）等方法。

基于模型的预测方法无法涵盖所有衰减机理与故障影响因素，而基于数据驱动的预测方法以神经网络为主，经历了一个由传统神经网络向具有长期记忆功能的改进型神经网络发展的历程，但如何深度挖掘电化学电源的衰减特性，有针对性地开发预测和诊断算法，兼顾精度与速度，是实现在线监测衰减情况、获取复合电源健康状态需要解决的问题。

4 复合电源系统故障诊断的特殊手段

燃料电池复合电源系统是通过DC/DC变换器将两个电化学电源进行复合的，对已有交错并联式DC/DC变换器的特定相的动态特性进行重新定义和设计，可选择性地在DC/DC变换器的输入或输出侧进行"直流+交流"信号的调制，利用多频率正弦、伪随机二值序列等宽频谐波信号，激发燃料电池或锂离子电池长短时间尺度上的电极过程特性，利用高精度、高速电池电压、电流采样装置获取激励电流和响应电压，结合傅里叶变换、小波变换等时频分析方法，实现电池交流阻抗在线快速计算。

第 6 章

氢电复合的零碳交通能源体系

6.1 交通能源及其零碳化需求

能源行业作为国民经济的传统支柱行业，对经济的发展和产业升级具有重要影响。一方面，能源产业是国民经济的重要组成部分；另一方面，能源作为重要的基础产业，对其他行业发展的支撑作用至关重要。

早在2002年，我国便已超过美国成为能源消费世界第一大国，其中，交通运输业能源消费量约占全国总消费量的10%左右，且交通能源消耗的品种目前较为单一，以油气为主，随着我国交通运输规模不断扩大，交通能源消费量持续增长。2005—2016年，我国交通运输能源消费量由2005年的19683万tce（ton of standard coal equivalent，吨标准煤当量）增长至2016年的43764万tce，增长高达122.3%，年均增速为7.5%。大量的化石能源消耗带来的是巨大的碳排放，我国交通领域碳排放占全国碳排放总量的10%左右，且交通排放的特点是分布式、富集在城市环境中，比发电厂、钢铁长、化工厂等工业企业在厂区和工业园区的集中式排放更难治理，因此，交通领域碳减排面临巨大压力，发展公共交通、智能交通，以及电动汽车和氢燃料汽车等零碳汽车是交通领域技术竞争的高地，也是实现碳达峰、碳中和战略目标的核心举措。

截至2022年底，全国新能源汽车保有量达1310万辆，占汽车总量的4.1%，与上年相比增长67.13%。新能源汽车在中国迎来了快速发展。以1000万辆电动汽车的保有量，假设每辆电动汽车需充电60kW·h，一年需要充电200次，则共需1200亿kW·h电能，而2021年全国全社会用电量约8.31万亿kW·h，1200亿kW·h电能占全部用电量的1.4%。目前，交通领域电能替代传统能源尚未完全普及，用电量规模较小，但随着电动汽车保有量的增加，交通电力需求将持续增加，当电动汽车保有量超过1亿辆时，车用电能消费可能超过总发电量的10%。2022年，我国以煤炭作为主燃料的火力发电量依然占据各种发电方式的首位——总量攀升至58887.9亿kW·h，约为我国全社会发电量的66.5%。在能源供给侧结构不变的情况下，大规模发展电动汽车也许并不能显著降低整体的二氧化碳排放。

另一方面，对于燃料电池汽车来说，我国氢气的主要来源仍然是以煤、天然气、工业副产氢为主（图6-1），其中，煤制氢技术是目前国内主流的制氢技术。

2020 年，中国氢气产量超过 2500 万 t，其中煤制氢所产氢气占 62%、天然气制氢占 19%，工业副产气制氢占 18%，电解水制氢占 1% 左右。我国当前的氢源结构以煤为主，与全球平均氢源结构相比，来源于煤的氢气比例高出 40% 以上。随着燃料电池汽车的发展，氢能也同样面临着与电能类似的问题，即 W2T 的碳排放问题。

可见，随着新能源汽车的大规模发展，车辆的低碳及零碳排放技术路径已被初步探索出来，但电动化之后汽车交通对能源的需求势必会从对化石能源的需求转换到对电和氢的需求，而我国的电力能源结构和氢能结构并不能支撑交通领域 W2W 的零碳排放。要实现技术链和全产业链的碳中和，能源领域的碳减排势在必行。

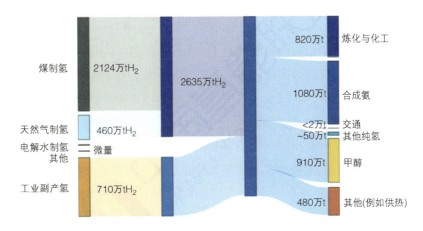

图 6-1　中国氢气生产与消费现状

6.2　绿色氢能技术

6.2.1　绿氢的制取

在制氢技术方面，目前主要有三种较为成熟的技术路线：一是以焦炉煤气、氯碱尾气、丙烷脱氢为代表的工业副产气制氢；二是以煤炭、天然气为代表的化石能源重整制氢；三是电解水制氢。此外，一些新兴的制氢技术如生物质直接制氢和太阳能光催化分解水制氢等技术路线仍处于研发阶段，尚未达到规模化应用水平。零碳、低成本且大规模是未来制氢技术的主要发展方向。

1 碱性电解池

碱性电解池（Alkaline Electrolysis Cell，AEC）是目前发展最成熟的电解池，早在 20 世纪中期就已实现了工业化。AEC 电解水制氢的基本原理如图 6-2 所示，在电流作用下，水通过电化学反应分解为氢气和氧气，并在电解池的阴极和阳极析出。水是弱电解质，为增强其导电能力，通常在水中加入 NaOH、KOH 等碱类物质形成碱性电解质，早期是使用石棉作为隔膜材料，但是石棉在碱性电解液中的溶胀性与石棉对人体的伤害性使得其已经被淘汰。

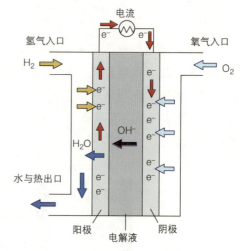

图 6-2 碱性电解池电解基本原理

目前，行业内广泛使用的隔膜为以聚苯硫醚（PPS）织物为基底的新型复合隔膜。其中，PPS 织物作为基底能够提供一定的物理支撑作用，同时，PPS 织物有着耐热性能优异、机械强度高、电性能优良的特点。但是 PPS 织物的亲水性太弱，如果只用 PPS 织物作为隔膜，会造成电解槽内阻过大，因此需要对 PPS 织物进行改性，增强其亲水性。一种方法是对 PPS 进行化学处理，但这种方法处理后的隔膜耐久性不好。还有一种方法是对 PPS 织物表面涂覆功能涂层来改善其亲水性，构成一种类似三明治结构的复合隔膜，此种复合隔膜也是目前市场上的主流产品。以 Agfa 的 ZIRFON 产品为例，ZIRFON UTP 500+ 隔膜是由开放式网状聚苯硫醚织物组成，该织物上匀称地涂有聚合物和氧化锆的混合物，在复合隔膜的制备过程中涂覆的混合物的成分与配比、涂覆工艺的选择是影响隔膜性能的关键。

目前在大型电解槽中用的催化剂大多是镍基的，如纯镍网、泡沫镍或者以此为基底喷涂的高活性镍基催化剂（雷尼镍、活化处理的硫化镍、NiMo 合金等）。一个电解小室中有两张催化剂网，一个在阴极，一个在阳极，分布在隔膜的两侧与隔膜直接接触。目前，镍网、镍毡、泡沫镍等产品比较成熟，镍网的幅宽能够满足大型碱性电解水制氢装置的应用，而且镍网的目数、厚度可以被较好地控制。更为重要的是，相对于纯水电解需要铂、铱等贵金属催化剂，碱水电解所需的金属镍催化剂的价格较低，可以在保证一定性能的前提下有效降低电极的成本，有利于承接巨量的可再生能源发电，大规模推广绿氢应用。

碱性电解水制氢技术已是一种比较成熟的低温电解技术，产氢纯度可达 99% 以上，需要进行脱碱雾处理，一般工作电流密度在 $0.25A/cm^2$ 左右，温度在 70～80℃，具备加工工艺简易、实际操作便捷的优点。以氢氧化钾，氢氧化钠水溶液为电解质，与其他电解水技术相比，碱性电解水避免了因使用贵重材料而带来的成本负担，加工过程不容易产生 CO_2 等空气污染物，且商品纯净度高（一般达到 99%～99.99%），技术应用更为普遍。

碱性电解槽是目前能运用于大容量系统的有效技术，但能效较低、升温慢、占用空间大、碱液不易处理，且电解槽的安全性、耐久性和可靠性仍有很大改善空间，尤其是目前隔膜的透气性容易导致氢中有氧和氧中有氢，随着使用范围的扩大，其安全性亟须提高。

随着可再生能源制氢行业的不断发展，对于电解槽设备大型化的要求也越来越高，单纯采用小室的叠加会造成电解槽的长度过长，不利于电解槽的装配与安装，因此需要在更加微观的尺度上去进行优化，使其比表面积进一步增大（如用雷尼镍，平均比表面积大约在 $100m^2/g$），从而提高其电流密度。

此外，基于可再生能源的快速发展和减碳需求，碱性电解技术需要与可再生能源发电相结合，因此碱性电解制氢技术面临新的技术挑战，即需要解决制氢系统柔性耦合间歇、可再生能源波动的工程技术难题，而提高电流密度，减小其体积、质量是主要发展方向。

2 质子交换膜电解池

质子交换膜电解池（Proton Exchange Membrane Electrolysis Cell，PEMEC）兴起于 20 世纪 60 年代，与质子交换膜燃料电池技术同源，目前处于市场化早期。质子交换膜电解池主要由质子交换膜、催化剂和气体扩散层组成的膜电极、双极板、密封圈、防护片和端板等构成。PEMEC 在工作时需要外接直流电源。阳极代表电解池正极，发生氧化反应（析氧）；阴极代表电解池负极，发生还原反应（析氢）。质子交换膜水电解以质子交换膜传导质子，并隔绝电极两侧的气体，这就避免了碱性液体电解质电解槽使用强碱性液体电解质所带来的缺点，可以在跨膜的高压差下操作。

PEMEC 的工作原理如图 6-3 所示，水泵供水到阳极，水在阳极被分解成氧气（O_2）、质子（H^+）和电子（e^-），质子通过质子交换膜进入阴极。电子从阳极流出，经过电源电路到阴极。在阴极一侧，两个质子和电子重新结合产生氢气。在整个流程中，阳极析氧反应产生大量的 H^+，导致阳极呈现强酸性状态（pH ≈ 2），对阳极环境使用材料的耐蚀性能要求较高。阳极材料还需要保证阳极在一定的过电位（约 2V）下稳定反应。

电解池工作时，电解反应主要发生在固 - 液 - 气三相界面，三相界面包括电催化剂（固相部分，作为电子传输的载体）、水和 Nafion 膜（液相部分，为阳极反应提供并传递质子）以及气体扩散层（气相部分，使催化层内部形成气体通道，提供气体传输）。

PEM 电解池反应是在水中进行的，其膜电极和双极板都是在水中工作，水既是冷却剂，也是反应物，水的分解是由热能和电能驱动的。水分解所需的最低理论电压为 1.23V，如果不提供热量只用电能进行分解，则所需要的热中性电压为 1.48V。在实际反应过程中，由于过电位的存在，实际反应电压大于理论电压，过电位包括电化学活化过程中产生的损失造成的活化过电

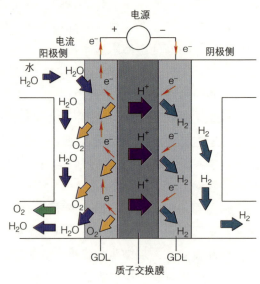

图 6-3 质子交换膜电解池电解基本原理

位、材料本体电阻和不同层间的界面电阻造成的欧姆过电位以及反应物和生成物传递受阻造成的扩散过电位，与质子交换膜燃料电池的三种过电位相同。

PEM 电解池由于阳极富集氢离子，其酸性较强，在较高的阳极电位和酸性氧气环境下，碳材料会被分解生成 CO_2 而被消耗，因此，PEM 电解池阳极侧的双极板、扩散层和电极材料均需选用耐腐蚀的金属氧化物材料，最常见的是钛基材料。在车用质子交换膜燃料电池中常见的石墨双极板和碳纸，由于其在酸性和高电位下易被腐蚀而不宜在 PEM 电解池中使用。

在 PEM 电解池中，质子交换膜起到的主要作用是隔绝氢气和氧气，防止气体在阳极与阴极通道间发生反应，同时起到质子交换作用，因此，质子交换膜要在一定工作环境中维持良好的质子传导率。质子交换膜在现阶段主要使用全氟磺酸膜，典型产品是杜邦公司的 Nafion 膜，由于需要承受压力，膜的厚度要大于燃料电池发电中应用的膜，一般为 25~150μm，压力越大则需要选择越厚的膜。Nafion 膜聚合物具有聚四氟乙烯结构，其 C-F 键的键能高，使其具有优异的力学性能和化学稳定性，在电解池和燃料电池的膜电极中均发挥着重大的作用。Nafion 膜可分为疏水性的聚四氟乙烯骨架和亲水性的原子基团组成的全氟乙烯基醚支链。由于亲水性和疏水性的不同，水分子可以在膜中快速转移，侧链上的亲水性磺酸基起到传导质子的作用，通过与 H_3O^+ 结合和解离来实现质子转移。质子转移实现了阴阳两极通过质子交换膜的导电。

PEM 电解制氢需要寻找有效降低过电位且耐蚀性良好的催化剂，早

期 PEM 电解池阳极和阴极催化剂主要为贵金属 Pt，其后针对催化剂的研究经历了贵金属及其合金、金属氧化物、掺杂改性后的多元氧化物、多孔纳米新型结构等阶段。目前最适合的高活性酸性电催化剂是 RuO_2 和 IrO_2，RuO_2 的活性高但稳定性差，而 IrO_2 虽然活性较低但是酸性条件下更稳定。Ir 金属属于稀缺金属，价格很高，目前 Ir 较高的负载量（大于 $2.0mg/cm^2$）是 PEM 制氢技术大规模发展的主要限制因素之一，因此，如何降低贵金属催化剂载量成为目前的重点研究方向。

PEM 水电解池采用零间隙结构，电解池体积更为紧凑，降低了电解池的欧姆电阻，大幅提高了电解池的整体性能。PEM 电解系统可以在最低功率保持待机模式，能在短时间内按高于额定负荷的标准运行，它可以适应比较快速、范围比较大的变化，更容易与风能、光能等可再生能源结合。PEM 电解槽的运行电流密度通常高于 $1A/cm^2$，甚至可到 $2A/cm^2$，至少是碱水电解槽的四倍以上，具有效率高、气体纯度高、绿色环保、能耗低、无碱液、体积小、安全可靠、可实现更高的产气压力等优点，被公认为制氢领域极具发展前景的电解制氢技术之一。

3 固体氧化物电解池

固体氧化物电解池（Solid Oxide Electrolysis Cell，SOEC）的发展起始于 20 世纪 70 年代，主要用于高温电解水蒸气制氢（HTSE），与其他两种电解池相比技术成熟度最低，目前尚未实现工业化应用。固体氧化物电解水（SOE）技术采用固体氧化物作为电解质材料，具有能量转化效率高且不需要使用贵金属催化剂等优点，近些年得到了快速发展。SOEC 的工作原理如图 6-4 所示，高温下（800～1000℃），水蒸气从阴极进入，在阴极电解，生成 H_2 和 O^{2-}，O^{2-} 通过电解质层到达阳极，在阳极失电子生成 O_2。由能斯特方程可知，因为反应温度高，其平衡电位低，因此，SOEC 理论效率更高。

除了较高的转化效率外，SOEC 还可以直接通过蒸汽和 CO_2 生成合成气，以用于各种应用场景。利用与光热发电厂（可利用太阳辐射在现场同时生产蒸汽和电力，并且具有高容量系数）的协同作用，可确保所有输入能源完全为可再生能源。

SOEC 对材料要求比较苛刻。在电解的高温高湿条件下，常用的 Ni/YSZ 氢电极中的 Ni 容易被氧

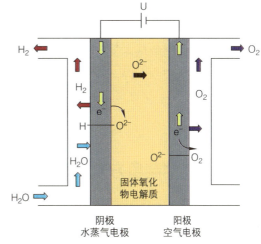

图 6-4　固体氧化物电解池电解基本原理

化而失去活性，其性能衰减机理和微观结构调控还需要进一步研究。常规材料的氧电极在电解模式下存在严重的阳极极化且易发生脱层，氧电极电压损失也远高于氢电极和电解质的损失，因此需要开发新材料和新氧电极以降低极化损失。其次，在电堆集成方面，需要解决 SOEC 在高温高湿条件下玻璃或玻璃-陶瓷密封材料的寿命显著降低的问题。

虽然目前占比极小，但采用可再生能源的电解水制氢技术将成为最值得期待的制氢技术路径，通过可再生能源发电制氢可实现全周期零碳排放。碱性电解水、质子交换膜电解水和固体氧化物电解水三者技术路线的对比见表 6-1。

表 6-1 不同电解水技术路线对比

技术路线	碱水电解	纯水电解	高温蒸汽电解
电解质/隔膜	30%KOH/多孔膜	纯水/质子交换膜	固体氧化物（YSZ）
电流密度	$200 \sim 400 mA/cm^2$	$1 \sim 3 A/cm^2$	$200 \sim 400 mA/cm^2$
工作效率	$4.5 \sim 5.5 kW \cdot h/Nm^3$	$4 \sim 5 kW \cdot h/Nm^3$	预期效率约为 100%
工作（环境）温度	≤90℃（0~45℃）	≤80℃（0~45℃）	≥800℃
产氢纯度	≥99.8%	≥99.99%	
产氢压力	1MPa	$3 \sim 10 MPa$	<1MPa
操作特征	不适应波动性洗脱雾沫夹带碱液	启停快，适应波动性	启停不便
系统复杂程度	需脱碱	仅脱水	高温系统
产业化程度	充分产业化	特殊应用，商业化初期	示范阶段
单机规模	≤$1000 Nm^3/h$	$200 \sim 400 Nm^3/h$	$1 Nm^3/h$
成本	$2000 \sim 3000$ 元/kW（国产） $6000 \sim 8000$ 元/kW（进口）	$7000 \sim 12000$ 元/kW	—

注：Nm^3 指标准条件下（0℃，101.325kPa）的气体体积，表中均指氢气体积。

电解水制氢具有绿色环保、生产灵活、纯度高（通常在 99.7% 以上）以及副产高价值氧气等特点，同时电能作为二次能源其来源广泛，可使用诸如风能、太阳能、水能、海洋能、核能和地热能等可再生资源获取。但其单位能耗约为 $5kW \cdot h/Nm^3$，制取成本受电价的影响很大，电价占总成本的 70% 以上。一般认为当电价低于 0.3 元/kW·h 时（利用"谷电"电价），电解水制氢成本会接近传统化石能源制氢，随着可再生能源发电成本快速下降，电解水制氢的成本也将持续下降。

6.2.2 其他制氢方式及其比较

1 工业副产制氢

化工副产品制氢主要可以分为焦炉煤气制氢、氯碱副产品制氢、丙烷脱氢和乙烷裂解等几种方式，其中，氯碱副产品制氢由于具有工艺成本适中且所制取的氢气纯度较高等优势，成为目前化工副产品制氢中较为适宜的方式。数据显示，目前我国工业副产氢总产量全球第一，现有工业制氢产能约2500万t/年。

1）焦炉煤气制氢。焦炉煤气是炼焦的副产品，焦炉煤气制氢工序主要有：压缩和预净化、预处理、变压吸附和氢气精制。该方法采用变压吸附的工艺，从炼焦行业副产的焦炉煤气中提取纯氢。其基本原理是利用固体吸附剂对气体的吸附具有选择性，以及气体在吸附剂上的吸附量随其分压的降低而减少的特性，实现气体混合物的分离和吸附剂的再生，达到提纯制氢的目的。

2）氯碱制氢。氯碱制氢是以食盐水（NaCl）为原料，采用离子膜或者石棉隔膜电解槽生产烧碱（NaOH）和氯气，同时得到副产品氢气的工艺方法。之后再使用变压吸附（PSA）等技术去除氢气中的杂质，即可得到纯度高于99%的氢气。

2 化石能源制氢

化石能源制氢主要包括天然气制氢、丙烷脱氢和煤制氢。

1）天然气制氢。甲烷水蒸气重整（SMR）是最成熟的天然气重整制氢技术。天然气的主要成分是甲烷（体积含量大于85%），因此一般说的天然气制氢就是甲烷制氢。甲烷制氢的方法主要有甲烷水蒸气重整、甲烷部分氧化（POX）和甲烷自热重整（ATR）。其中，甲烷水蒸气重整是工业上最为成熟的制氢技术，约占世界制氢量的70%[一]。

2）丙烷脱氢。丙烷催化脱氢反应是丙烷在催化剂的作用下脱去氢气生产丙烯，该反应为强吸热反应，需要外供大量的反应热，商业化丙烷脱氢反应的温度在500~680℃。丙烷脱氢从成本组成结构来看，占比最大的依然为原材料丙烷，其占比超过70%。

3）煤制氢。煤制氢过程分为煤气化制氢与催化重整制氢。煤气化制氢是将煤气化后产生的煤造气进行脱硫净化后提纯；催化重整制氢分为烃类重整和醇类重整，烃类重整是在煤热解制备焦炭时产生的副产品中提取氢气，而醇类重整是将煤制备成甲醇后才重整制氢。

3 生物制氢

生物制氢是指将储存在生物质，如秸秆、养殖废物、生活垃圾等废物中的能源通过某种方式转化为氢能储存在氢气中的一个过程。生物质制氢按照原理可分为生物法制氢和热化学法制氢两个大类。生物法制氢是指利用微生物在常温常压下进行酶催化反应可制得氢气。热化学法制氢包括快速热解液化间接制氢及水蒸气部分氧

[一] 数据来源于国际能源署（IEA）。

化、催化水裂解、高温等离子体热解、超临界水气化等直接制氢方法，各种制氢方法都有各自的优点，但也有一定的局限性。

4 主流制氢方式的比较

目前已经发展出的制氢方式非常多，但作为大规模应用的能源载体，需要从制氢成本、环境效益和技术成熟度等多角度进行比较。从技术成熟度来看，煤气化制氢、SMR、工业副产制氢和 AEC 是发展最成熟的制氢工艺，早已实现规模化商业应用。清洁能源电解水制氢是面对未来以可再生能源为主的新型清洁制氢方式，但 PEM 技术成熟度偏低，SOE 仍处于技术早期。

从成本来看，技术较为成熟的工艺中，传统化石能源制氢路线具有明显优势，煤气化制氢的成本最低，煤气化 + 二氧化碳捕集与封存（CCS）、SMR、工业副产制氢等技术成本均低于 20 元 /kg。AEC 电解水制氢成本最高，电网电价为 0.6 元 /kW·h 时，成本约为 45 元 /kg。可再生能源电解水制氢技术成本整体较高，主要受到电价和电解池成本的影响，弃电制氢的成本可降低至 10 元 /kg。据计算，枪口加注氢气的价格降低至 30 元 /kg 以下时，其成本与汽 / 柴油成本相当，氢燃料汽车在燃料价格方面将不再处于劣势，才能满足氢燃料电池汽车大规模发展的需求，而枪口价格低于 30 元 /kg，则要求制氢成本至少低于 20 元 /kg。目前，传统化石燃料制氢和工业副产氢基本能满足要求，但供应网络和基础设施仍不完善，在可再生能源发电制氢中，目前只有弃电制氢在经济性方面占据优势，但由于各种制约，尚未形成规模。

从环境效益来看，煤气化制氢的碳排放量最大，对环境危害最严重。煤气化结合 CCS 技术可将碳排放量降低，是解决煤制氢碳排放问题的一种有效途径。工业副产氢是对工业副产气的回收利用，本质上不存在多余的碳排放问题。电解制氢本身也不存在碳排放问题，然而我国的电网电力主要是火电，发电造成的碳排放较高。

目前主流制氢工艺比较见表 6-2。

表 6-2　目前主流制氢工艺比较

制氢方法		原料	技术成熟度	能量转化效率（%）	成本 /（元 /kg）	二氧化碳排放 /（$kgCO_2/kgH_2$）
化石能源重整	煤气化	煤	成熟	约 47	6～10	11～25
	煤气化 +CCS	煤	待规模化生产测试	约 60	12～16	2～7
	甲烷水蒸气重整	天然气	成熟	—	9～18	8～16
工业副产	—	工业排放气体	成熟	—	10～16	—
电解水	电网电力 +AEC	水	成熟	25	30～40	约 45
	可再生能源电力 +AEC	水	成熟	25	18～23	1～3

不同制氢方法的氢气价格与主要原材料的价格关系如图 6-5 所示。

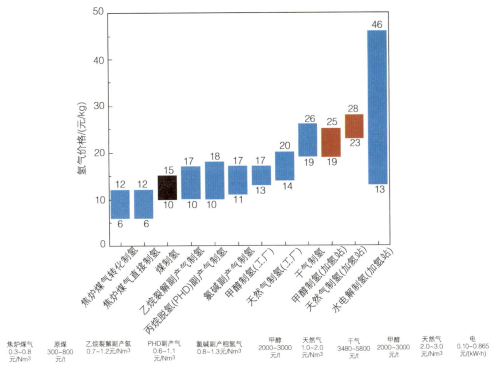

图 6-5　不同制氢方法的氢气价格与主要原材料价格关系

综合分析多种制氢方法可以发现，化石能源重整制氢技术目前已经较为成熟，同时成本较低，经济性好，可以作为氢能源转型发展初期主要的制氢方法，但是这种方法仍然依赖不可再生的化石能源，同样会释放出大量的二氧化碳气体，不利于我国"双碳"战略的实现，因此只能作为一种过渡的方法。工业副产提纯制氢虽然与目前的工业体系结合较为紧密，成本同样较低，但是依赖其他产业的协同发展，总量有限且在氢气纯度方面有一些不足，难以满足未来大量的氢气需求。电解水制氢是目前看来最为绿色环保的氢气获取方式，具有巨大的潜力，但是减少碳排放的效果受到电力来源的影响，使用可再生的清洁能源进行发电，再使用电解水制氢是目前普遍认可的理想能源生产模式。

如图 6-6 所示，根据《中国氢能源及燃料电池产业白皮书》推算，结合未来可再生能源发电装机规模，通过年度氢储能调峰电量需求测算，2030 年和 2050 年季节性储能调峰电量潜力约为 0.99 万亿 kW·h 和 2.14 万亿 kW·h，由此产生的制氢规模将分别达到 1800 万 t 和 4000 万 t。

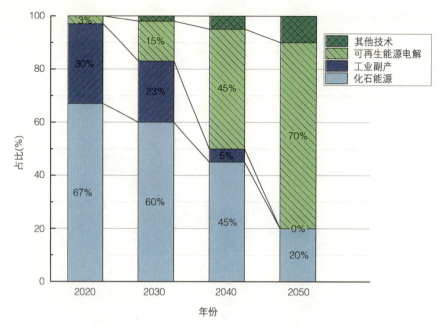

图 6-6 中国氢能联盟做出的中国氢气供给结构预测（其他技术以生物制氢技术为主）

6.2.3 氢气的存储

氢气可大规模存储和运输是其区别于化学电池储能的重要特性，在资源总量不受约束，制备成本中远期可控的前提下，氢气的储存性能和运输效率是氢能网络建设的瓶颈问题。

为了实现氢能的广泛应用，研发高效、低成本、低能耗的储氢技术是关键。目前，常用的储氢技术包括物理储氢、化学储氢与其他储氢。物理储氢主要分为高压气态储氢与低温液化储氢。化学储氢技术是利用储氢介质在一定条件下能与氢气反应生成稳定化合物，并能通过改变条件实现脱氢的技术，主要包括有机液体储氢、液氨储氢、配位氢化物储氢、无机物储氢与甲醇储氢等。物理储氢的成本较低、脱氢较易、氢气浓度较高，但其储存条件较苛刻，安全性较差，且对储氢瓶材质要求较高。化学储氢通过生成稳定化合物以实现储氢，虽然安全性较高，但脱氢较难，且难得到纯度较高的氢气。其他储氢技术中的吸附储氢虽能在一定程度上避免物理储氢安全性低的问题，但其也一定程度地存在脱氢难、储氢密度不高等问题，同时其成本相对较高。水合物法储氢具有易脱氢、成本低、能耗低等特点，但其储氢密度较低。

质量储氢密度是衡量储氢技术优劣的关键参数，美国能源部提出车载储氢技术研发的目标是质量储氢密度达到 7.5%。

1 物理储氢技术

物理储氢技术是指单纯地通过改变储氢条件提高氢气密度以实现储氢的技术。该技术为纯物理过程，不需要储氢介质，成本较低，且易脱氢，氢气浓度较高。主要分为高压气态储氢与低温液化储氢。

（1）高压气态储氢技术

高压气态储氢技术是指在高压下，将氢气压缩，以高密度气态形式储存，具有成本较低、能耗低、易脱氢、工作条件较宽等特点，是发展最成熟、最常用的储氢技术。高压气态储氢技术较为成熟，成本也较低，已经实现产业化。依据高压储氢瓶材料及结构，将目前储氢瓶分为Ⅰ～Ⅳ型，Ⅰ型瓶为全金属储氢瓶，Ⅱ型瓶、Ⅲ型瓶和Ⅳ型瓶均为纤维复合材料缠绕储氢瓶，Ⅲ型瓶和Ⅳ型瓶是纤维复合材料缠绕制造的主流储氢瓶，其主要由内胆和碳纤维缠绕层组成，Ⅲ型瓶的内胆为铝合金，Ⅳ型瓶的内胆为聚合物。纤维复合材料则以螺旋和环箍的方式缠绕在内胆的外围，以增加内胆的结构强度。其中，Ⅰ型、Ⅱ型储氢瓶存在质量储氢密度低、氢脆等问题；Ⅲ型、Ⅳ型储氢瓶由于碳纤维树脂的应用，氢瓶质量明显降低，提高了单位质量储氢密度。

高压技术的储氢密度受压力影响较大，压力又受储氢瓶材质限制。因此，目前研究热点在于储氢瓶材质的改进。氢气质量密度随压力增加而增加，在 30～40MPa 时，增加较快，当压力大于 70MPa 时，变化很小，因此，储氢瓶工作压力宜设置在 35～70MPa。

（2）低温液化储氢技术

低温液化储氢技术是利用氢气在高压、低温条件下液化，体积密度为气态时的 845 倍的特点，实现高效储氢，但如何抑制液氢蒸发损失和降低氢液化耗能是低温液态储氢技术面临的难点，需要开发真空多层绝热储罐。

为了保持低温、高压条件，不仅对储罐材质有要求，而且需要有配套的严格的绝热方案与冷却设备。因此，低温液化储氢的储罐容积一般较小，氢气质量密度为 10% 左右，目前世界上最大的低温液化储氢球罐位于美国肯尼迪航天中心，容积高达 112×10^4 L。

低温液化储氢技术还须解决以下几个问题。

1）为了提高保温效率，须增加保温层或保温设备，如何克服保温与储氢密度之间的矛盾。

2）如何减少储氢过程中由于氢气气化所造成的损失，以及气化后压力升高，需要及时处理的问题。

3）如何降低保温过程所耗费的能量，目前保温需要耗费相当于 30% 液氢质量能量的能量。

（3）高压深冷氢储氢技术

高压深冷是在低温下增加压力的一种储氢方式，又被称为超临界储氢，超临界储氢是在液化储氢研究基础上，提出的一种新型储运形式。氢在极低温下以固态形式存在；在三相点和临界点之间为液态，当压力和温度均超过临界点时，氢处于超临界状态，即超临界氢。与高压气态氢相比，超临界氢存储密度更大，且不受加注时温升的影响，有利于提高氢能的利用效率，超临界储氢质量储氢密度可以达到 7.4%，是被寄予较高期望的一种储氢方式。

2 化学储氢技术

化学储氢技术是利用储氢介质在一定条件下能与氢气反应生成稳定化合物，并可通过改变条件实现脱氢的技术。目前主要包括有机液体储氢、液氨储氢、配位氢化物储氢、无机物储氢与甲醇储氢等。

（1）有机液体储氢技术

有机液体储氢技术基于不饱和液体有机物在催化剂作用下进行加氢反应，生成稳定化合物，当需要氢气时再进行脱氢反应。有机液体储氢技术具有较高储氢密度，通过加氢、脱氢过程可实现有机液体的循环利用，成本相对较低。同时，常用材料（如环己烷和甲基环己烷等）在常温常压下即可实现储氢，安全性较高。然而，有机液体储氢也存在很多缺点，如必须配备相应的加氢、脱氢装置，成本较高；脱氢反应效率较低，且易发生副反应，氢气纯度不高；脱氢反应常在高温下进行，催化剂易结焦失活等。

（2）液氨储氢技术

液氨储氢技术将氢气与氮气反应生成液氨，作为氢能的载体进行利用。液氨在常压、400℃条件下即可得到氢气，常用的催化剂包括钌系、铁系、钴系与镍系，其中，钌系的活性最高。氨在 1atm 下的液化温度为 -33℃，比氢气高得多，"氢 - 氨 - 氢"方式耗能、实现难度及运输难度相对更低。同时，液氨储氢中体积储氢密度比液氢高 1.7 倍，更远高于长管拖车式气态储氢技术。该技术在长距离氢能储运中有一定优势。然而，液氨储氢也具有较多劣势。液氨具有较强腐蚀性与毒性，储运过程中对设备、人体、环境均有潜在危害风险；合成氨工艺在我国虽然较为成熟，但合成氨过程仍是化工过程，目前的合成氨工艺需要很高的能耗，合成氨与氨分解的设备与终端产业设备仍有待集成。

液氨燃烧产物为氮气和水，无对环境有害气体，液氨燃烧涡轮发电系统的效率（69%）与液氢系统效率（70%）近似，但液氨的储存条件远比液氢容易满足，与丙烷类似，可直接利用丙烷的基础设施，大大降低了设备投入，因此，液氨储氢技术被视为最具前景的储氢技术之一。

(3) 配位氢化物储氢技术

配位氢化物储氢技术利用碱金属与氢气反应生成离子型氢化物,在一定条件下,分解出氢气。最初的配位氢化物是由日本研发的氢化硼钠($NaBH_4$)和氢化硼钾(KBH_4)等。但其存在脱氢过程温度较高等问题,因此,人们研发了以氢化铝络合物($NaAlH_4$)为代表的新一代配合物储氢材料,其储氢质量密度可达到7.4%,同时,添加少量的Ti^{4+}或Fe^{3+},可将脱氢温度降低100℃左右。这类储氢材料的代表为$LiAlH_4$、$KAlH_4$、$Mg(AlH_4)_2$等,最高储氢质量密度可达10.6%左右。

(4) 无机物储氢技术

无机物储氢材料基于碳酸氢盐与甲酸盐之间相互转化,实现储氢、脱氢。反应一般以Pd或PdO作为催化剂,以吸湿性强的活性炭作为载体。以$KHCO_3$或$NaHCO_3$作为储氢材料时,氢气质量密度可达2%。该方法便于大量的储存和运输,安全性好,但储氢量和可逆性都不是很理想。

(5) 甲醇储氢技术

甲醇储氢技术是指将一氧化碳与氢气在一定条件下反应生成液体甲醇作为氢能的载体进行利用。在一定条件下,甲醇可分解得到氢气,用于燃料电池,甲醇还可直接用作燃料。同时,甲醇的储存条件为常温常压。作为一种极具前景的储氢材料,研究人员还在努力探索改善其低温脱氢性能的方法,同时,也在针对这类材料的回收、循环、再利用做进一步深入研究。

3 其他储氢技术

其他储氢技术包括吸附储氢与水合物法储氢。前者是利用吸附剂与氢气作用,实现高密度储氢;后者是利用氢气生成固体水合物,提高单位体积氢气密度。吸附储氢所用到的吸附材料主要包括金属合金、碳质材料、金属框架物等。

水合物法储氢技术是指将氢气在低温、高压的条件下生成固体水合物进行储存。由于水合物在常温、常压下即可分解,因此,该方法脱氢速度快、能耗低,同时,其储存介质仅为水,具有成本低、安全性高等特点。

未来,储氢技术的工作重点将集中在以下几方面。

1) 轻质、耐压、高储氢密度的新型储氢瓶的研发。

2) 完善化学储氢技术中相关储氢机理,以期从理论角度找到提高储氢密度、降低脱氢难度、提高氢气浓度的方法。

3) 结合氢能的利用工艺、条件,合成高效的催化剂,优化配套的储氢技术,以综合提高氢能的利用效率。

4) 提高各类储氢技术的效率,降低储氢过程中的成本,提高安全性,降低能耗,提高使用周期,探究兼顾安全性、高储氢密度、低成本、低能耗等需求的方法。

5）复合储氢技术的研发，综合各类储氢技术的优点，结合采用两种或多种储氢技术。探究复合储氢技术的结合机理，提高复合储氢技术的效率。

4 车载储氢

相对于工业应用，车载储氢技术路线的选择范围要小得多，高压储氢装置体积密度低，但技术成熟可靠，是目前最常见的储氢方式，而储氢瓶是储氢系统的核心。

高安全性、轻量化和高储氢密度的车载储氢系统是发展趋势。储氢瓶的压力等级从 35MPa 提高到 70MPa 将使得储氢密度质量分数达到 4.5% 以上，如果采用大容积Ⅳ型瓶，储氢密度质量分数将进一步提升到 5.5% 以上。在重载商用车领域，采用大容积单瓶的车载液氢储氢系统，储氢密度质量分数将超过 6.5%；采用深冷高压储氢技术可能会进一步提升系统储氢密度质量分数。因此，从 35MPa 向 70MPa、从Ⅲ型瓶向Ⅳ型瓶、从常温向低温和从小容积向大容积的发展，是未来车载储氢系统的发展方向。

目前，国外已经实现了 70MPa 车载储氢系统在燃料电池乘用车上的商业化应用，我国实现了 35MPa 车载储氢系统在燃料电池商用车上的商业化应用，70MPa 车载储氢系统尚处于示范阶段。70MPa 车载储氢系统国内以Ⅲ型瓶为主，国外以Ⅳ型瓶为主。相比Ⅲ型瓶，Ⅳ型瓶在轻量化和储氢密度方面更有优势，对内胆材料和瓶头密封设计、可靠性要求更高。在瓶口组合阀方面，我国仍部分依赖进口，同时，气瓶和阀门相应的检测标准和试验条件仍待完善。

我国车载储氢系统短板在于储氢瓶和瓶口组合阀两大核心零部件。在储氢瓶方面，储氢瓶用国产碳纤维材料量产性能的一致性需进一步提高，70MPa 储氢瓶用高模量碳纤维正在开发中。车载储氢成本主要受规模、碳纤维关键材料、高压管阀件等要素影响，未来，随着车辆规模的扩大，以及碳纤维关键材料和高压管阀件的国产化，车载储氢成本将大幅降低 60% 以上。工作在超临界状态的深冷高压等新技术经过充分的技术验证后，有可能在提升商用车储氢密度、降低成本方面发挥重要作用。

6.2.4 氢气的运输

与储氢方式相对应，氢输运方式主要有气态输运、液态输运、固态输运和有机液体输运。

（1）气态输运

气态氢的运输通常是将氢气加压至一定压力后，利用集装格、长管拖车和管道等工具输送。

集装格由多个水容积为 40L 的高压氢气钢瓶组成，充装压力通常为 15～20MPa。由于钢瓶自重较大，运输氢气质量仅占钢瓶质量的 0.067%，运输效率低下，成本高。但集装格操作简单，运输方式灵活，适合于短距离、少量需求的供应。

长管拖车是氢气近距离输运的重要方式，技术较为成熟，国内常以 20MPa 长管拖车运氢，单车运氢质量为 300～400kg，国外则采用 50MPa 纤维全缠绕高压储氢瓶长管拖车运氢，单车运氢质量可达 1000kg。

管道输运是实现氢气大规模、长距离运输的重要方式，具有输氢量大、能耗小和成本低等优势，但建造管道一次性投资较大。美国已有 2500km 的输氢管道，欧洲也有超过 1500km 的输氢管道，目前我国的输氢管道却仅有约 100km。

（2）液态输运

液态输运分为液氢输运和有机液体输运。液态输运通常适用于距离远、运量大的场合，其中，液氢罐车可运 7t 氢，铁路液氢罐车可运超过 10t 氢，专用液氢驳船的运量则可达 70t。采用液氢储运能够减少车辆运输频次，提高加氢站单站供应能力。目前，液氢罐车已经成为日本、美国等国家运氢的重要方式之一，但我国尚无民用液氢输运案例。对于氢基有机化合物的储运方式，有机液体罐车的优点是不需绝热装置，用槽罐车即可运输。

（3）氢基燃料——氨

氨目前仅作为化工行业的原料使用。氨的体积能量密度比氢气和电池更高，因此，相对来讲，氨更适合作为海上交通运输的低碳燃料。预计中国的氨产量将从 2020 年的 5400 万 t 上升到 2060 年的 8000 万 t，届时，三分之二的氨将用于海运，满足该领域能源需求总量的 40%。然而，要将氨作为燃料使用，还存在一些有待克服的技术障碍，包括如何处理好氨的毒性以及一氧化二氮排放等问题。

（4）固态输运

采用轻质高容量储氢材料建立固态储氢系统用于氢气输运，具有高体积储氢密度、高质量储氢密度以及高安全性的优点，可提高单车运氢量和运氢安全性。

不同运输方式的技术参数见表 6-3。

高压气态运输是国内氢气近距离输运的重要方式，常以长管拖车进行小规模运输。液态输运压力低，也更安全，可配合风电、水电、光电或核电电解水制氢储运，但储运技术要求较高、成本高，国内目前缺乏液氢储运的政策法规支持。固态输运质量储氢密度较低，带来储氢罐过重、难以实现车用等困难，着眼于在轻金属元素及其合金中寻找新的成分与结构是提高其质量储氢密度的重要方式。有机液态输运基于有机液体储氢技术，将加氢反应装置和脱氢反应装置置于充氢和用氢现场，对液体储氢罐实施输运，直接利用现有能源设施进行输运，有望大幅度节约运输成本。

表 6-3 氢不同运输方式的技术参数比较

储运方式	运输工具	压力 / MPa	载氢质量 / kg	体积储氢密度 / (kg/m^3)	储氢密度质量分数（%）	成本 / (元 /kg)	经济距离 / km
气态储运	长管拖车	20	300 ~ 400	14.5	1.1	2.02	<150
	管道	1 ~ 4	—	3.2	—	0.3	>500
液态储运	液氢槽罐车	0.6	7000	64	14	12.25	>200
固态储运	货车	4	300 ~ 400	50	1.2	—	<150
有机液体储运	槽罐车	常压	2000	40 ~ 50	4	15	>200

未来通过管道输运是实现氢气低成本、大规模、长距离运输的关键，但氢气管网初始投资大，国内外仍处于研究阶段，现已验证了在天然气管网加氢的技术路线的可行性。而氨、甲醇等化合物储运氢是实现大规模氢能源海运的关键。

综上所述，虽然氢的储运已有多种可用的方式，但距离大规模低成本应用还存在较大的差距，氢的储运是亟须突破的关键技术。

6.2.5　加氢站技术

氢气作为交通燃料还需考虑加氢站建设、氢运输及存储、设备折旧与运营等费用，一般需在制氢价格基础上增加 8 ~ 11 元 /kg 的用氢成本，如何降低加氢站的建设及运营成本是目前面临的核心问题。

根据氢气来源不同，加氢站分为外供氢加氢站和站内制氢加氢站两种。外供氢加氢站在站内无制氢装置，氢气通过长管拖车、液氢槽罐车或者管道运输至加氢站后，在站内进行压缩、存储、加注等操作。外供氢型加氢站又分为固定式加氢站和移动式加氢站两种形式。相比于固定加氢站，移动加氢站具有更机动灵活、服务半径大、集成化程度高、成本低等特点。站内制氢加氢站是在加氢站内配备了制氢系统，制得的氢气经纯化、压缩后进行存储、加注。站内制氢包括电解水制氢、天然气重整制氢等方式，可以省去较高的氢气运输费用，但是增加了加氢站系统复杂程度和运营水平。我国因氢气按照危化品管理，制氢站只能建设在化工园区，尚未有站内制氢加氢站。

不同氢源的加氢站的工作流程如图 6-7 所示，外供氢加氢站主要的氢气运输方式为管束车、液氢槽罐车和氢气管道运输，不同运输方式所对应的预处理方式有所不同。内制氢加氢站主要使用天然气或者甲醇重整或者电解水制氢，站内制氢的流程与工厂制氢类似。无论氢气的来源如何，都需要使用压缩机将氢气压入储氢罐进行存储，最后使用加氢机进行加注。

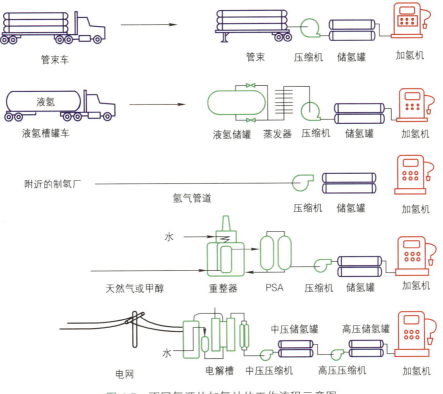

图 6-7　不同氢源的加氢站的工作流程示意图

如图 6-8 所示，根据加氢站内氢气储存相态不同，加氢站有气态氢储运加氢站和液态氢储运加氢站两种。液态氢储运加氢站建设成本更低，同时液态氢储存量更大，充装更快，可满足未来大规模加氢需求。根据供氢压力等级不同，加氢站供氢压力有 35MPa 和 70MPa 两种，用 35MPa 压力供氢时，氢气压缩机的工作压力为 45MPa，高压储氢瓶工作压力为 45MPa，一般供乘用车使用；用 70MPa 压力供氢时，氢气压缩机的工作压力为 98MPa，高压储氢瓶工作压力为 87.5MPa，一般供大型商用车使用。按照储氢容量大小，我国将加氢站分为三个等级，见表 6-4。

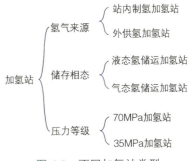

图 6-8　不同加氢站类型

表 6-4　我国加氢站的等级划分

等级	储氢容器容量 /kg	
	总容量 G	单罐容量
一级	$5000 \leqslant G \leqslant 8000$	$\leqslant 2000$
二级	$3000 < G < 5000$	$\leqslant 1500$
三级	$G \leqslant 3000$	$\leqslant 800$

注：数据来源于 GB 50516—2010《加氢站技术规范》。

目前，加氢站已经形成较为完备的技术体系，站内设备一般包括卸气柱、压缩机、储氢罐、加氢机、管道、控制系统、氮气吹扫装置、放散装置以及安全监控装置，其中压缩机、储氢罐、加氢机是保障其运行的核心设备。加氢站工作流程大体划分为气体压缩、气体存储和气体加注三部分，其中，高压储氢罐一般由多个压力级别的罐体并联而成。当外部向储氢罐内储存氢气时，按高、中、低压储氢罐组的顺序依次充入；当高压储氢罐对外加注氢气时，则按照低、中、高的顺序进行。

加氢站的主要设备包括储氢装置、压缩设备、加注设备、站控系统等。如图 6-9 所示，加氢站建设成本中，压缩机占总成本较高（约 30%）。

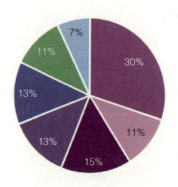

图 6-9　加氢站建设成本拆分

注：资料来源于美国能源部。

由于氢气是已知密度最小的气体，具有很低的体积能量密度（常压下 0.01079MJ/L，作为对比，石油体积能量密度达 34MJ/L），为了提高储运效率，最常用的方法就是将氢气进行压缩。考虑到氢气特殊的性质，通常要求氢气压缩机工作压力大、流量范围广、易于控制、操作安全、密封性好，同时需在工作中能保证被压缩氢气的纯度，压缩效率高，能量消耗少，且对材质有较高要求，以避免产生氢脆等现象。

现有压缩机根据工作原理及结构不同可分为机械式压缩机和非机械式压缩机。其中，机械式压缩机包括活塞式压缩机、隔膜式压缩机、线性压缩机和离子液体压缩机，非机械式压缩机包括低温液体泵、金属氢化物压缩机、电化学氢气压缩机和吸收型压缩机等。

目前加氢站使用的主要是容积型、往复式机组，包括活塞式和隔膜式压缩机，未来，离子液体压缩机有望成为下一步研究发展的方向之一。

（1）活塞式压缩机

活塞式压缩机的工作原理是主电机通过联轴器带动主机做往复活塞运动，推动活塞对气缸中气体进行压缩（图6-10）。活塞式压缩机的优点是技术发展较为成熟，生产使用经验丰富，压力范围广，系统较为简单，可在无润滑油的条件下工作，保证了氢气的纯度。活塞式压缩机也存在一定的不足，此类压缩机的经济性并不是最高的，排气压力为25MPa，流量为890kg/h的活塞式压缩机功耗可高达11.2MW；受自身结构以及压缩速度的限制，活塞式压缩机无法满足高压、大排量的使用场合，一般适用于中等排量、高压工作条件；另外，由于活塞等移动部件的存在，使得易损件较多且维修不便。

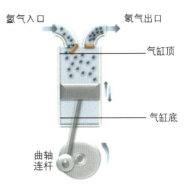

图 6-10　活塞式压缩机工作示意图

目前，活塞式压缩机的输出压力可达到100MPa，流量为300Nm³/h。Hydro-Pac公司研制出出口压力为85.9MPa的高压活塞式压缩机，其入口压力为35MPa，流量为430kg/h。

（2）隔膜式压缩机

隔膜式压缩机的工作原理是电动机驱动曲轴转动，再经过连杆使油缸中的活塞做往复直线运动，推动油液，使膜片做往复振动，完成吸、排气过程（图6-11）。隔膜式压缩机的优点是密封性非常好，压缩气体的洁净度极高，气缸散热性好，容积效率更高，单机压力比大，可适用于进、排气压力调整范围大的高压工况。其缺点与活塞式相似，由于结构的限

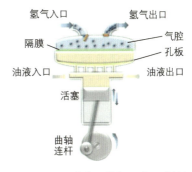

图 6-11　隔膜式压缩机工作示意图

制,一般适用于小排量高压的工况。

隔膜式压缩机的膜片一面与氢气直接接触,另一面与油缸中的油液接触,因此,膜片材料的选择是关键,不锈钢、镍铬钢、铜铍合金和双相钢是隔膜板常用的材料。国际上先进的隔膜式压缩机排气压力可达100MPa,对应流量为200~700Nm³/h,效率可达80%~85%。美国PDC machines研制的氢燃料电池汽车车载隔膜式压缩机排气压力可达到51.7MPa,流量为50~280Nm³/h。

目前,我国具备45MPa小流量压缩机的完全自主研发制造能力,也具备87.5MPa压力等级压缩机样机开发能力,但其关键部件仍需进口。

(3)线性压缩机

线性压缩机是未来成本降低的一个方向。如图6-12所示,该类压缩机采用直线电机驱动,将电磁力直接转化为活塞往复运动的驱动力,避免了活塞式及隔膜式压缩机由曲柄连杆机构转化所带来的能量损失;其采用弹簧为活塞提供径向支撑和轴向自由往复运动,省去了大量的支撑部件,结构更加紧凑,效率增加,因而线性压缩机的经济性潜力大,但目前尚未有线性压缩机应用于氢气压缩的实例。美国为了实现能源部对于提高氢气压缩机效率、降低氢气压缩成本的目标,正在研制排气压力为86~95MPa、气体排量高于112Nm³/h、效率超过73%的线性压缩机。

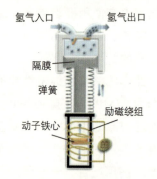

图6-12 线性压缩机工作示意图

(4)离子液体压缩机

离子液体压缩机是液体压缩机的一种,采用在常温下为液态的低熔点盐替代活塞,在等温条件下(离子液体具有良好的导热性)对氢气进行压缩。这种压缩机使用寿命更长,相比活塞式压缩机可节省20%的能耗。德国Linde公司研制的离子液体压缩机现已应用到加氢站中,压缩机排气压力为45~90MPa,流量为90~340Nm³/h,效率高于65%,最高排气压力可到100MPa,排量为376~753Nm³/h。

(5)低温液体泵

低温液体泵被用于低温高压储氢技术中,以进一步提高氢气利用的体积能量密度。但是低温高压储氢的成本较高,且需要对氢气储、运过程进行严格的保温,以维持其低温状态。如图6-13所示,低温高压储氢技术中使用低温液体泵直接将低温液态氢升压至所需压力,再通过蒸发器,将液氢汽化注入高压储氢瓶中,排气压力可达到85MP,氢气排量100kg/h,氢气储存密度达80g/L。低温高压储存技术相比于普通的高压气态储存,储存相同量的氢气可以降低氢气压力,常温下 100L 储氢瓶中存储 4.1kg 氢气其压力需要达到 75MPa，而当氢气温度降到 77K 时，储存相同量的氢气在 100L 储氢瓶中压力仅为 15MPa。Linde 公司采用的低温液体泵排气压力为 35～90MPa，排量超过 1000Nm³/h。

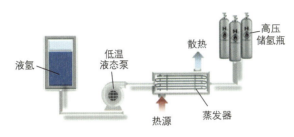

图 6-13　低温液体泵工作示意图

（6）其他类型压缩机

金属氢化物压缩机、电化学氢气压缩机及吸收型压缩机也正在进行研制，由于技术尚不成熟，还未使用到现有的加氢站建设中。相关技术的发展使氢气压缩机朝着紧凑化、低成本、低能耗、高压力、大排量的方向发展，对未来加氢站降低成本有着重要的作用。

不同类型的压缩机性能及成本对比见表 6-5。

表 6-5　不同类型的压缩机性能及成本对比

压缩机类型	国际先进水平	应用情况	能耗/(kW·h/kg)	成本	效率	维护管理费用
活塞式压缩机	P_{out} = 100MPa V = 300Nm³/h	广泛应用	11	17 万美元 （P_{in} = 0.7MPa， P_{out} = 25MPa）	45%	8000 美元/年
线性压缩机	P_{out} = 86～95MPa V > 300Nm³/h	尚未用于加氢站	—	较低	> 70%	较低
离子液体压缩机	P_{out} = 100MPa V = 376～753Nm³/h	已用于加氢站	2.7	低	约 70%	最低
低温液体泵	P_{out} = 85MPa V > 100kg/h	用于液氢加氢站	10.3～13.3 （包含液化耗能）	低	—	较活塞式低
金属氢化物压缩机	P_{out} = 70MPa	正在研制	10（可利用废热供能）	15 万美元 （P_{in} = 0.7MPa， P_{out} = 25MPa）	< 25%，平均为 10%	1000 美元/年

6.3 绿色电能技术

6.3.1 绿色发电技术

众所周知，我国要在 2030 年实现碳达峰，2060 年实现碳中和。就具体的目标来说，到 2030 年，重点耗能行业能源利用效率达到国际先进水平。非化石能源消费比重达到 25% 左右，单位国内生产总值（GDP）二氧化碳排放比 2005 年下降 65% 以上；风电、太阳能发电总装机容量达到 12 亿 kW 以上；森林覆盖率达到 25% 左右，森林蓄积量达到 190 亿 m^3。

截至 2020 年，我国非化石燃料的占比大约是 15%。每单位 GDP 二氧化碳排放与 2005 年相比，降低 40%~45%。我国的风、光能发电总装机容量约达 5 亿 kW（其中风能约 2.8 亿 kW，光伏约 2.5 亿 kW）。

由此可见，从碳达峰到碳中和这三十年对我国来说是非常有挑战性的，因为在发达国家，从碳达峰到碳中和这一进程通常需要六七十年，而我们只有三十年，所以我国碳中和的压力巨大。

从历史累积来看，我国人均碳排放是低于全球平均水平的，说我们是"全球最大的排放国"有失公平。但目前全球每年大约 400 亿 t CO_2 排放中确实有约四分之一来自中国，因此，中国的碳减排势必引起很高的关注度，在全世界的碳中和版图中占有非常重要的地位。

要了解碳中和的路径，首先要弄清楚一件事，那就是"碳"从哪里来，又到哪里去了？

2019 年，全球碳排放量为 401 亿 t 二氧化碳，其中 86% 源自化石燃料利用，14% 由土地利用变化产生，而在 2020 年，在中国源自于化石燃料利用的二氧化碳排放占比为 84%。

这些二氧化碳又到哪里去了呢？根据国际上过去几十年来的观测统计，人类排放的所有二氧化碳中，约有 54% 被自然过程吸收，其中陆地吸收量约占 31%，海洋吸收量约占 23%。剩余的大约 46% 就会留在大气当中，使大气中二氧化碳浓度升高，也就是全球变暖的主要"贡献者"。而这 46% 的二氧化碳，就是全球碳中和行动中重点要消除的对象。

由此来看，碳中和的逻辑并不复杂，首先是从源头上不断地降低二氧化碳排放，那么排放到大气中的二氧化碳也会随之不断降低；其次是对于最终难以降低而排放到大气的部分，通过负碳技术增加二氧化碳吸收量，通过相互抵消实现碳中和。

以碳捕集、利用与封存（Carbon Capture, Utilization and Storage，CCUS）为代表的负排放技术对于我国实现碳中和的重要意义在于，我国现有的许多燃煤电厂和工厂厂龄较新，在进行 CCUS 技术改造后仍可以持续运行，从而可以避免资产投资损失。同时，CCUS 在工业部门，特别是在水泥和化工生产行业，是少数可以用于减少水泥、钢铁和化工生产过程排放的技术选项之一。但是 CCUS 技术目前仍面临着一些问题，比如，因成本高昂面临的商业化挑战，以及目前国内还没有专门的商业封存设施，同时，CCUS 技术发展也面临着环境风险的争议。

既要保护环境，却不想减少对能源的消费，那该如何解决这一对矛盾呢？被寄予厚望的，就是以太阳能和风能为代表的新能源。氢、电能源网络的构建将促使一次能源体系结构优化，提高太阳能、风能等可再生能源发电比例，降低石油、煤等不可再生能源发电比例，减轻环境污染，使整个能源网络体系的输入端具备可持续的特征，基于可再生能源发电的能源网络在输入端解决了目前能源体系存在的不环保和不可持续的问题，是实现能源可持续的必要手段。

1 太阳能

太阳每秒钟产生的能量中，只有二十亿分之一会以阳光的形式到达地球，这些阳光所携带的能量，也已经是人类所需能量的 1 万倍以上。

就我国而言，要满足我国现有的全部电力需求，只需要将塔克拉玛干沙漠的三分之一铺设光伏发电设备，所以，使用太阳能并不存在土地资源的瓶颈。

1839 年，法国物理学家埃德蒙·贝克雷尔发现了光伏效应。他把氯化银浸入酸性溶液中，提供光照，并将其连接到两个电极上，意外地发现两个电极之间会产生电压，这是人类第一次发现光电之间的关系。1879 年，英国人威洛比·史密斯发现，由元素硒制成的半导体材料，在光照下的导电性会增强，在黑暗中的导电性会减弱。1884 年，美国人查尔斯·弗里茨用硒材料制造出了第一块太阳能电池，也即光伏电池。

为什么半导体材料受到光照能发电呢？这个谜题困扰了学界很长时间，最终在爱因斯坦手里才得以解开。1921 年颁给他诺贝尔学物理奖的荣誉之时，颁奖词中这样写道，"为了纪念他对理论物理做出的贡献，尤其是他对于光电效应法则的发现。"

光电效应解释了之前的技术发现。当负载着临界值以上能量的光子轰击金属表面时，原先被金属原子核束缚的电子被轰击松动，电子利用光子携带的能量离开金属原子核的束缚，光子剩余能量转移到这个自由的电子上，形成一个光电子，有一些能量在这个过程中损失，因此溢出的电子携带的净能量永远小于入射光子携带的能量，多余的能量就会以热能的形式浪费掉。

光子的能量与入射光的频率有关，如果入射光的能量小（入射光的频率较低），小于产生逃逸光电子的最低数值，那么电子将会不溢出，而入射光的密度（轰击金属板的光子个数）只影响产生的光电子流的个数。

光电效应解释了如何用光来发电，但原理与实际应用之间，还存在着很大距离，最早的硒光伏，光电转换效率只有0.5%；1953年，美国贝尔实验室建造了世界上第一个由半导体硅制成的太阳能电池，效率只有2.3%；但经过几十年技术专家孜孜不倦的努力，目前硅基光伏电池的效率已经提高到26%。

科学家们预测，目前主流硅电池理论的最高效率是29%，未来最有希望获得突破的技术是钙钛矿电池，其理论效率很高，单层最大效率就能达到33%，叠加三层之后可以达到50%，远高于目前硅电池的实际效率，此外，钙钛矿能自发形成近乎完美的晶体，制造起来也相对简单。

光伏技术起源于美国，但真正大规模推广太阳能的引领者是中国，中国企业目前生产了全球一半以上的光伏产品，同时还大幅拉低了制造成本。目前，全球太阳能产业已经基本成熟，而且，光伏产品累计产量每增加一倍，其制造成本就会下降约20%。良好的发展势头和逐渐下降的成本，都为太阳能产业提供了良好的发展前景。有人预测，到2050年，要想把全球变暖的幅度限制在2℃以内，就需要确保太阳能在电力结构中的所占份额超过30%。而这个比例目前在全世界大约是2%，在中国大约是4%。我国在2020年太阳能总发电量为2605亿kW·h，占全部可再生能源发电量的27.32%，相对于2019年增长了16.14%。如图6-14所示，我国2015—2020年太阳能发电量总体呈逐年递增趋势，且主要集中分布在我国西部区域。其中，东中部区域起步较晚，但发展速度极快，太阳能产业有向东中部转移的趋势。

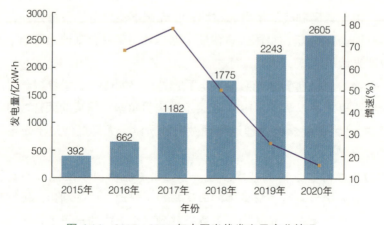

图6-14　2015—2020年中国光伏发电量变化情况

光伏技术和产业光明的发展前景中也有一丝阴影，太阳能发电的最大局限就是随光照而来的波动性导致太阳能发电的电力输出很不稳定，要想提高太阳能的利用率，就必须扩大太阳能的总装机量，但装机量越大，太阳能输出功率的波动就越大。假如未来要实现太阳能发电占比 1/3 的目标，就很可能意味着中午时光伏发电可以满足社会的全部需求，但到晚上完全需要依赖其他的发电形式。这种波动性引发了发展太阳能的悖论，就是说随着太阳能普及率的提高，太阳能为电网提供的经济价值越来越低。有测算表明，当一个电网 15% 的电力来自太阳能发电时，太阳能发电的经济价值就会比最初下降一半以上，这是因为电网中接入的光伏发电设备越多，需要其他发电系统调节的波动范围就越大，这就进一步增加了电力系统的总装机容量和整体维护成本。最终的结果就是，太阳能占比越大，电网的综合成本就越高，太阳能的经济价值自然也就越低。

2 风能

另外一个被寄予厚望的可再生能源发电技术是风力发电。风力是人类最早利用的自然资源，用风可以做风车，用来提水、磨面，当然也可以用来发电。据估计，世界每年的风能发电潜力资源超过 500 万亿 kW·h，是整个世界电力需求的 20 倍以上。

风力发电的基本原理并不复杂，首先依赖空气动力学原理，把风能转化为叶片的动能，风力发电机的叶片形状像现代飞机上部弯曲的机翼，可使叶片上不同部位空气的流速不同，流速快则压力小，形成的积压差使得叶片产生力矩而转动。其次是电磁感应原理，涉及如何把动能转化为电能，导线在磁场中切割磁力线便可以产生感生电流。为了更加有效地利用风能，降低发电成本，风力发电机越来越大，越来越高，叶片也越来越长，叶片扫过的面积也越来越大。风力发电机从早期的几十、几百千瓦发展到了今天的兆瓦级别。目前最新的陆上风力发电机单机可以达到 5~7MW，而海上的风力发电机最大已经超过了 10MW，叶片的长度已经达到了 100m 级别。

中国的风能资源主要集中在两个带状地区：一条是"三北（东北、华北、西北）地区丰富带"，其风能功率密度为 200~300W/m^2，这些地区每年可利用风能的小时数在 5000h 以上，有的可达 7000h 以上。但这个地区的缺点是电网接入少，电力负荷也小，导致发出的电上网困难，需要建立长距离高压通道，实现"西电东送"。目前中国已经在西部和北部实现了风力发电的平价上网。另一条是"沿海及其岛屿丰富带"，其风能功率密度线平行于海岸线，沿海岛屿风能功率密度在 500W/m^2 以上，这些地区每年可利用风能的小时数为 7000~8000h，年有效风能功率密度在 200W/m^2 以上。沿海风能带的缺点是地形复杂，且容易受台风影响，导致目前海上风电成本还比较高。

如图6-15所示,2020年,全国风力发电总发电量为4146亿kW·h,占全部可再生能源发电量的21.06%,相比于2019年增长了15.89%。整体来看,我国风能年发电量呈快速增长趋势。分区域来看,西部和中部区域较其他区域风力发电量增长速度更快。西部区域风电占比大,是因为西部区域高原多,适合发展风电,也形成了凉山、金沙江、雅砻江风电基地。

图6-15　2015—2020年中国风力发电量变化情况

虽然风能是永恒且容易获得的,但是大规模风力发电的发展也面临着挑战,主要体现在对生态环境的影响、噪声污染以及风能强弱的不确定问题。未来风力发电需要通过技术更新以及合理选择来规避这些挑战。

3 水能

水能是一种清洁、绿色能源,是指水体的动能、势能和压力能等能量资源。水能是一种可再生能源,主要用于水力发电。水力发电将水的势能和动能转换成电能。以水力发电的工厂称为水力发电厂,简称水电厂,又称水电站。水力发电的优点是成本低、可连续再生、无污染;缺点是分布受水文、气候、地貌等自然条件的限制大,容易被地形、气候等多方面的因素所影响。水力发电站可分为两类,一类是潮汐水电站,由于造价昂贵,尚未能大规模开发利用;另一类是坝式水电站与引水式水电站,都属于利用河川天然落差和流量而修建的常规水电站。

我国有丰富的水能资源,理论蕴藏量为6.9亿kW,水力发电经济可开发装机容量近4亿kW。我国水力发电分布根据水能资源分布具有的区域性特点,以西南地区川、滇、黔为重心。目前,我国正在积极推进大型水电基地开发,推进长江、金沙江、雅砻江、大渡河、乌江等水系水能资源利用。在我国电力需求增长的拉动下,我国水力发电行业进入快速发展期,水电发电量持续增长。如图6-16所示,2015—2020年,我国水力发电量总体上呈上升趋势,2020年,我国水力发电总发电量为 12140.3 亿 kW·h，占全部可再生能源发电量的 61.19%，相对于 2019 年增长了 5.25%。总体上来说，我国各区域水力发电量逐年递增。

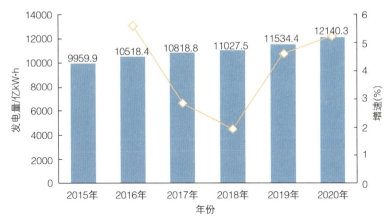

图 6-16　2015—2020 年中国水力发电量变化情况

水力发电也存在着一些挑战，主要是破坏生态环境、易受季节性气候影响以及开发资源有限的问题。

6.3.2　电能存储技术

随着可再生能源发电入网的比例逐渐提高，受到季节、天气等多因素影响，发电过程中呈现间歇性和不稳定性，降低了可再生能源的利用率。储能技术可以平抑电力系统的振荡，提高电网的稳定性，是目前解决可再生能源发电入网问题的重要途径。

针对分布式小规模可再生能源发电入网波动性的问题，可采取构建智能微网的方式，实现分布式能源的区域自用和能量存储。智能微网是一种包括储能装置、能量转换装置、负荷监控装置的小型发电、配电系统，具有自我控制、自我保护、自我管理等功能。一方面，智能微网具备电能储存功能，可以实现小规模低质量电能的存储，实现电能区域自用，从而降低对电网稳定性的影响；另一方面，智能微网可与外网并网运行，在与外网并网运行过程中，通过内网储能系统，开展放电控制，以此协调控制可再生能源出力，实现微网与常规电网交换功率定值的控制，消除分布式可再生能源发电波动对电网的影响。

集中式大规模可再生能源发电入网除了有稳定性问题外，由于资源富集地不具备相匹配的能源消纳能力，还会造成大量的能源浪费。针对此问题，可采取蓄电池与氢气两种储能方式作为缓存。蓄电池储能作为一级缓存，解决分钟级乃至小时级的储能，波动性电能经过一级缓冲后，电能质量明显提升，蓄电池储能体现为在线的储能方式,与电网即时联动。

目前,电化学储能行业处于各项技术共同发展的阶段,多种储能技术具有各自的应用领域和独特的技术经济。电化学储能技术利用电能和化学能之间的转换实现电能的储存和输出,具有高能量密度、快速响应、双向调节、环境适应性强、小型分散配置和建设周期短等技术特点,在光伏、风力发电等波动较大的可再生能源发电侧、中小型智能变电站和用电侧得到了广泛应用。

如图6-17所示,蓄电池储能的载体包括铅酸电池、锂离子电池、钠离子电池、液流电池等。高安全性、低成本、长寿命、环保是全球储能技术发展的核心目标。在规模储能应用中,基于水系电解液的储能电池通常表现出较高的安全性。传统铅酸电池、镍镉电池等已在交通和移动通信领域得到大量应用,但这类电池含有大量有害或不可降解的金属元素,规模储能应用后预期会带来环境问题。此外,这类电池的充放电次数受到电池放电深度的影响,很难在深充放电工况下实现长循环寿命。液流电池是一类带有机械循环系统的水系电池,最近十几年来发展较为迅速,示范应用表明,这类电池具有水系电池固有的高安全性。然而,由于电池价格还比较高,以及循环效率偏低等原因,这类电池的大规模储电应用尚处于应用验证阶段。钠离子电池具有资源丰富、成本低廉、能量转换效率高、循环寿命长、维护费用低、安全性高等诸多优势,能够满足新能源电池领域高性价比和高安全性等的应用要求。在储能用钠离子电池中,钠硫电池仍以日本特殊陶业公司为龙头,由于安全性能因素,参与研发生产的企业较少,目前也难以被电网体系接纳;水系钠离子电池以高安全性占据一席之地,越来越多的企业关注于此,并投入研发;有机钠离子电池具有和锂离子电池相同的制备工艺,近

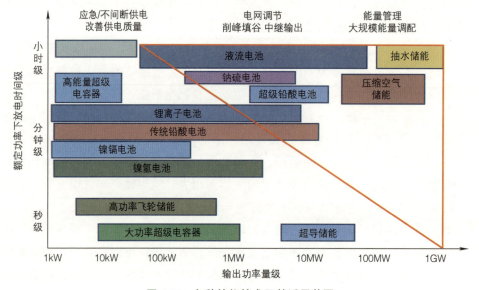

图6-17 各种储能技术及其适用范围

期发展迅速,并以各类低速电动车为应用领域,技术日趋成熟,产业进一步规范化、标准化;固态钠离子电池仍处于研发阶段,还未实现规模化生产。

在以上电化学储能体系中,包括锂离子电池、钠离子电池、液流电池在内的电池技术已经被认为是较可靠的储能体系。

1 锂离子电池储能

锂离子电池是目前技术比较成熟、发展最为迅猛的储能方式。2021年,我国电化学储能装机中,锂离子电池占比高达89.7%。锂离子电池的原理前面已经做过详细介绍,锂离子动力蓄电池是电动汽车的核心电源技术,用于储能上,锂离子电池储能系统具有能量密度大、没有记忆效应、充放电快速、响应速度快等优点,广泛应用于风力、光伏等新能源发电侧配储和用户侧储能项目,在电力系统调峰调频、削峰填谷、新能源消纳、增强电网稳定性、应急供电等方面发挥着重要作用。

由于在电池储能领域,对能量密度的要求不高,而电池成本则占据整个储能系统的50%,因此,成本更低的磷酸铁锂电池在国内的电力储能系统中使用更广泛。

在电网侧储能(变电站)方面,储能用磷酸铁锂电池能量密度为120~150W·h/kg,系统能量转换效率为85%~88%,小倍率充放电循环寿命为3500~5000次,储能系统投资成本为1600~2000元/kW·h,度电成本为0.7~1.0元/kW·h。此外,电网侧储能对系统的占地空间要求较高,能量密度是影响占地空间的重要因素,以业内共识的40英尺集装箱作为标准,磷酸铁锂电池的系统能量为2~3MW·h。

在用户侧储能方面,近年来,家庭光伏发电的磷酸铁锂电池安装项目正在逐渐增加。目前主要的磷酸铁锂用户储能的产品充放电效率为89%~96%,保质期为10年,循环次数3600~4000次,成本660~1022元/kW·h。

提高电池循环寿命、增强电池转换效率是进一步降低锂离子电池储能度电成本的有效方式。目前,锂离子电池能效转化率是所有储能技术中最高的,而随着技术进步,其寿命和安全性将逐步提高,未来,锂离子电池储能系统循环寿命有望达到10000次,能量效率达到98%,届时电池度电成本将大幅下降。

2 钠离子电池储能

钠元素和锂元素具有相似的物理化学特性,而比起资源稀缺的锂元素,钠元素储量丰富,资源分布广泛,因此发展针对规模化储能应用的储能钠电池技术具有重要的战略意义。钠离子电池与锂离子电池工作原理类似,也遵循嵌入-脱嵌式的工作原理,如图6-18所示。

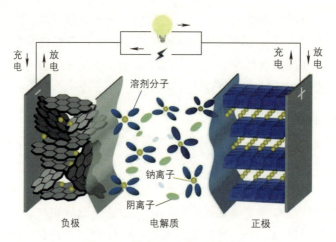

图 6-18 钠离子电池原理示意图

与储能用的磷酸铁锂电池相比，钠离子电池的能量密度稍低，为 100~150W·h/kg，循环寿命也较差，目前为 3000~5000 次，但安全性和低温性能更好。钠离子电池还具备大倍率充放电性能，能够适应响应型储能和规模供电。快充方面，钠离子电池的充电时间只需要 10min 左右，同等情况下，磷酸铁锂电池需要 45min 左右。安全性方面，钠离子电池的内阻比锂离子电池高，在短路的情况下瞬时发热量少，温升较低，热失控温度高于锂电池，具备更高的安全性。高低温性能方面，钠离子电池可以在 −40~80℃ 的温度区间正常工作，−20℃ 的环境下容量保持率接近 90%，高低温性能优于磷酸铁锂电池。

钠离子电池的正极材料主要元素 Na、Cu、Fe 和 Mn 都价格低廉、来源广泛，因此，钠离子电池负极材料在原材料和生产制造方面成本优势明显，负极采用的成本更为低廉的无烟煤前驱体，其材料的碳化温度（约 1200℃）远低于生产石墨负极时的石墨化温度（约 2800℃）；集流体方面，钠离子电池负极用铝箔，价格为铜箔的 1/3。因此，综合正极材料、负极材料和集流体几个方面，钠离子电池材料成本有望比磷酸铁锂电池降低 30% 以上，而且随着产业链成熟，材料成本有望进一步下降。

总体来说，由于技术成熟度的限制，目前尚未形成储能钠电池的成熟产品体系，还无法取代锂离子电池的地位。未来，随着产业链的成熟，钠离子电池的材料成本将进一步下降，能量密度、循环寿命等性能也将进一步突破，再结合改进电池结构和工艺，提高材料利用率，降低材料成本和制造成本，提高储能系统的循环寿命，储能电站的度电成本仍可进一步降低，可满足大规模储能商业化应用的要求。

3 全钒液流电池储能

与传统电池不同，液流电池主要由液流电池堆和两个电解液储罐组成，电解液通过电解液循环泵和管路输送到电堆内部并在电极上实现充放电反应（图 6-19）。

其电极反应过程无相变发生,电堆只提供电化学反应的场所,自身不发生氧化还原反应;活性物质溶于电解液,电极枝晶生长刺破隔膜的危险在液流电池中大大降低;同时,可以进行深度充放电,能耐受大电流充放电,在目前的电化学储能方面安全性最高。

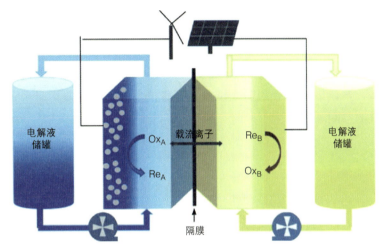

图 6-19　液流电池工作原理图

液流电池的功率密度由电极的大小和电堆中的单体电池数量决定,而能量密度由电解质的浓度和体积等性质决定。这种特性的优点是可实现功率密度和能量密度的独立设计,便于模块组合设计和电池结构放置,容量便于扩展,使得液流电池具有丰富的应用场景;缺点是液流电池的能量密度仅为 12~40W·h/kg,且全钒液流电池在运行过程中对环境温度要求较高,同时还需要用泵来维持电解液的流动,因此其能量损耗较大,能量转化效率为 70%~75%,远低于锂离子电池。

随着可再生能源的渗透率不断提升,对储能时长需求也越来越长,长时储能在增强储电能力、保障电力系统调峰和稳定运行以及极端情况电力补充方面发挥着重要作用。全钒液流电池因寿命长、易扩容等特点,适用于放电时长 4h 以上、储能容量为数百千瓦时至数百兆瓦时的长时储能系统领域,尤其是风电场储能等大容量固定储能场景。

从资源的角度来看,我国锂原料对外依赖度较高,而钒资源丰富。据统计,我国钒矿储量的全球占比超过 40%,钒矿产量占比超过 60%,发展钒电池的材料成本低,且可以实现资源自主控制。尽管目前钒电池储能的初装成本高,是锂离子电池的 2 倍以上,但由于钒电池循环寿命长,可以至少循环 10000 次,部分技术路线甚至可以达到 20000 次以上,整体使用寿命可以达到 20 年或者更长时间,因此从全生命周期来看,钒电池储能的度电成本并不高,有望低于锂离子电池成本。

钒电解质溶液的成本占储能系统总成本的40%，但钒电解液在电池的全生命周期内不会失效，即理论上总钒量不会发生变化，具有回收利用价值高的优势。在建设储能电站时，可以采用购买电解液，到期回收模式，也可以采用电解液租赁模式运行，这样能够大幅降低初期投资成本，投资回报率更高。

全钒液流电池在长时间储能上的全生命周期成本已经具备竞争力，在我国已实现在智能电网、通信基站、偏远地区供电、可再生能源发电及电网削峰填谷等项目中的应用。当下，全钒液流电池正处于示范阶段转向商业化的过程中，主要受制于设备、产能以及高额的前期投入，随着技术进步和规模化应用，成本仍有进一步降低的空间。

6.4 基于氢电耦合二元网络的能源运输

6.4.1 大规模绿色电能传输

由于我国电力资源与负荷不均，我国80%以上的能源资源分布在西部和北部，而70%以上的电力消费集中在东部和中部，供需距离相距约800~3000km，而资源丰富区经济较落后，人口也比较稀少，产生的电能无法当地消纳，且电力资源不易存储，如果没有办法大规模输送，则会造成巨大的资源浪费。

输送同样的电功率，提高电压则可以减少电流，而电流减少就能减少电能在线路上的损耗，并可减少导线的截面积，从而减少导线的成本，因此，提高电压是大功率电能传输的不二选择。

我国的电压按等级可以分为低压、高压、超高压和特高压几种。其中，低压通常是220V和380V，高压指的是电压为10~220kV，城区内高压电一般是地下传输，野外一般是铁塔传输。超高压范围在330~750kV之间，通常是水力、火力发电等输送的电压。而特高压指的是1000kV及以上的交流电和800kV及以上的直流电。在我国，特高压一般用在西电东送等超远距离输电的渠道。

1 特高压输电

特高压的输电模式按照使用场景的不同可以分为直流输电和交流输电，目前，800km 以内都是交流输电更为经济，而超过 800km 则采用直流输电更经济，因此距离近时都是用交流电传输，跨省等超远距离传输则常采用直流电。

当直流电和交流电电压（有效值）相同时，直流输电系统的损耗会小于交流输电系统，因为通过交流输电系统输送电能时，因为电容和电感的存在，会使电压和电流的相位有一些差异，这就使传输的功率既包含了有功功率，也包含了无功功率，造成了交流线路上的电流要比直流线路大，而交流线路因电阻发热造成的损耗更多。此外，直流输电完全没有无功的各种问题和趋肤效应，电晕损耗和干扰也小一些。

此外，直流输电更省网络成本，输送同样的功率，三相交流系统需要三根导线，而直流输电系统只要两根（正负极），这就节约了大量的导线，也简化了杆塔结构。

直流输电适合两个电力系统的互联。直流输电没有相位差，没有稳定性问题，不会低频振荡，潮流控制更加简单，因此，直流输电更利于分布式发电的并网运行。以风电并网为例，由于风速的随机性，风力发电初始频率其实也是随机的，目前的方法是要对风电频率进行控制，比如都先变频至 50Hz 再统一并网，如果是直接整流成为直流电再并网，并网控制就可以大大简化。

特高压直流输电只能点对点输送，中间不可落点，输送功率大，距离远，适合远距离输电。要实现特高压，需要先给交流电升压，然后通过换流阀将交流电转变为直流电（整流），如果要降压，也要先把直流电转变为交流电（逆变）。

交流输电指中间可落点构成电网，输电容量大、覆盖范围广，线路中有串联，呈网络结构，可以兼具输电和组网功能，适合近距离输电。特高压主要解决西电东送问题，并将风电、光电与火电和水电进行打包外送，以减少可再生能源发电波动性对电网传输的影响，提高大功率高价值网络的有效利用率。

2 柔性直流输电

柔性直流输电（VSC HVDC）区别于普通的特高压输电，柔性直流输电指的是基于电压源换流器（VSC）的高压直流输电（HVDC），是继交流输电、常规直流输电后的一种新型直流输电方式。与采用基于晶闸管自然换相技术的电流源型换流器的传统直流输电不同，柔性直流输电是一种以电压源换流器、高频全控关断器件和 PWM 技术为基础的新型直流输电技术，这种输电技术能够瞬时实现有功和无功的独立解耦控制，能向无源网络供电，换流站间无需通信且易于构成多端直流系统。另外，该输电技术能同时向系统提供有功功率和无功功率的紧急支援，在提高系统的稳定性和输电能力等方面具有优势。

图 6-20 所示为柔性直流输电系统原理图，两端的换流站均采用 VSC 结构，它由换流站、换流变压器、换向电抗器、交流滤波器、直流电容器等部分组成。

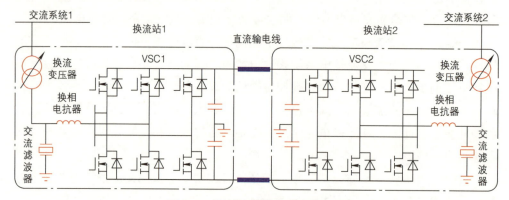

图 6-20 柔性直流输电系统原理图

柔性直流输电中 VSC 单相的基本工作原理如图 6-21 所示。由调制波与三角载波比较产生的触发脉冲，使 VSC 上下桥臂的开关管高频开通和关断，则桥臂中点电压 U_c 在两个固定电压 $+U_d$ 和 $-U_d$ 之间快速切换，U_c 再经过电抗器滤波后则为网侧的交流电压 U_s，如图 6-22 所示。

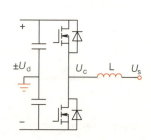

图 6-21 VSC 单相示意图

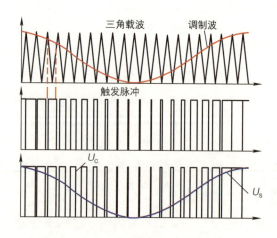

图 6-22 VSC 正弦脉宽调制原理及输出波形

柔性直流输电具有多种工作特点。

1）正常运行时，VSC-HVDC 可以同时而且独立地控制有功功率和无功功率，甚至可以使功率因数为 1，这种调节能够快速完成，控制灵活方便，而传统 HVDC 中的控制量只有触发角，不可能单独控制有功功率或无功功率。

2）VSC 电流能够自关断，可以工作在无源逆变方式下，所以不需要外加的换相电压,受端系统可以是无源网络,克服了传统 HVDC 受端必须是有源网络的根本缺陷,使利用 HVDC 为远距离的孤立负荷送电成为可能。

3)潮流反转时,直流电流方向反转而直流电压极性不变,与传统 HVDC 恰好相反。这个特点有利于构成既能方便地控制潮流又有较高可靠性的并联多端直流系统,克服了传统多端 HVDC 系统并联时潮流控制不便、串联时又影响可靠性的缺点。

柔性直流输电与特高压直流输电的特性对比见表 6-6。

表 6-6 柔性直流输电与特高压直流输电特性对比

输电方式	柔性直流输电	特高压直流输电
电流形式	直流电	直流电
电源形式	电压源	直流源
换流阀器件	IGBT	晶闸管
滤波要求	小型滤波器,谐波较小	滤波器+并联电容器,谐波较大
站间通信	不需要	需要
无功情况	不需要无功补偿	需要无功补偿
功率潮流	有功功率、无功功率分别控制	只可控制有功功率
交流并网	可支持无源交流系统	需要交流系统支持换相
换相问题	无换相失败	有换相失败
损耗	较大	较小

柔性直流输电在大规模可再生能源并网领域具有显著优势,基于柔性直流的直流电网可以实现风能、光能、水能等间歇性、波动性可再生能源的广域互补,是实现发电清洁转型的重要基础支撑。

直流输电是历史上最早的输电方式,但随着电压等级的升高,输电距离的增大,它未能很好地解决电压升降压的变化问题,而交流电的变压可用基于电磁感应原理的工频变压器很容易地实现,所以大规模电网中交流输电占据了主导地位。在以电力为代表的第二次工业革命过去一百多年后,直流输电近年来重新受到重视,一方面是由于电力系统中新型发电和储电技术的引入带来了不同于以往的新特性,如风力发电频率的不易稳定特性、光伏发电直流特性、电池储能的直流特征等;另一方面则是特殊的输电需求,如特高压传输、海底电缆传输等;更为根本的原因则是大功率电力电子器件在技术上有了重要突破,基于相控和斩波的直流电压变换自然应运而生。

综上所述,交流电和直流电之间的技术路线之争既是一个很深刻的技术问题,也是一个非常重大的标准问题,但人们谈到这个问题时往往会从爱迪生和特斯拉之间的争论和个人恩怨谈起,给百年来的"交直之争"增加了很多的故事性。

6.4.2　大规模绿色氢能的管道传输

目前可再生能源制氢示范项目分布主要集中在内蒙古、山西、甘肃、吉林、河北、四川等多个省区,但交通、钢铁、化工等氢能核心消纳产业多集中在华南、华东、华北区域,绿氢远距离运输成为绿氢消纳的最大挑战。

从目前氢气运输技术路线来看,应用最广的为高压气态氢运输,但存在单车次运量小、运输成本高等缺点;液氢在远距离运输方面被寄予厚望,但仍存在制冷需要消耗大量能量,保持低温困难等问题,且目前阶段受到运输装备成熟度等因素影响,尚不具备上路条件;液氨等手段也被寄予厚望,但存在变换过程复杂,需要集中在化工园区等限制。相比之下,管道运输虽然也处在起步阶段,但已经有中长距离管道运输项目落地运营,为远距离管道输氢项目积累了一定经验。

管道能够大规模、有效地运输高压氢气,但管线建设初期投资和时间成本很高,氢气管道的建设成本浮动程度较大,通常情况下,直径 2~4in(1in=0.0254m)的 6.9MPa 氢气管道建设成本估计为 329~590 美元/m,比同等规格的天然气管道高 10%~20%。

由于天然气管网目前已相对完善,并且天然气管道对于中、低压氢气的运输相对安全,因而采用天然气和氢气混输被普遍认为是一种可行的氢气运输方案,国际上也广泛认为掺氢天然气技术是解决"弃风弃光"问题的有效途径之一。该技术将风/光能转化的部分电能用于水电解制氢,并将氢气以一定比例掺入天然气,形成掺氢天然气,国际能源署研究了各种储能方式的电力成本,研究表明,掺氢天然气技术的电力成本最低。可见,向在役天然气管道掺入氢气能取得较好的经济效益,且大规模水电解制氢成本的降低将大大提高该技术的经济性。

我国天然气管网比较完善,管道规模大,分布范围广,向已有的天然气管道掺入氢气,有利于实现氢能的大规模输运,但目前相关示范应用项目经验较少。2022 年,我国发布的《氢能产业发展中长期规划(2021—2035 年)》中提出了"开展掺氢天然气管道、纯氢管道等试点示范",这意味着天然气掺氢的发展将迈出重要的一步。

目前,我国天然气管道与掺氢天然气的相容性研究已取得阶段性成果,但管材与真实掺氢天然气的相容性数据库仍不够完善,需要建立金属及非金属管材掺氢相容性测试评价方法和性能指标,研究管材在真实掺氢天然气环境下服役性能劣化规律和机理,提出掺氢天然气管道失效控制方法,同时加快掺氢天然气用压缩机、报警仪、混气撬等关键设备的研发，保障掺氢天然气管道输送系统的运行与安全。

掺氢天然气管网失效后的泄漏和爆炸问题较为复杂，需要针对掺氢天然气管道输送涉及的掺氢比例选取、管道监测检查、风险评价等问题提供理论依据，并形成泄漏监测与防护、量化风险评价、应急处置等系统安全保障成套技术。

我国纯氢管道研究处于初期阶段，长距离输氢管道项目不多，主要为石油炼化使用，目前投入运营的有"金陵—扬子氢气管道""巴陵—长岭氢气提纯及输送管线""济源—洛阳氢气管道""玉门油田输氢管道"等，已经初步形成了较为丰富的实践经验。

从国内外的实践来看，非居民区输氢管道设计和建设中的氢脆、泄漏检测等技术问题都已经解决，管道建设核心问题不是技术问题而是经济性的问题，其主要影响因素是输送量，输送量决定了纯氢管道的下一步建设和实施，由于氢气管道初始成本较高，在氢气输送量大于 2 万 t/ 年时，纯氢管道的发展将有更大的优势。因此，综合来看，配合我国大规模可再生能源发电建设，管道输氢是解决氢气分布式、远距离输送难题问题的一个重要突破方向。

6.4.3 氢电二元耦合的传输模式

氢电耦合的关键是燃料电池和电解池，电解水制氢是物质之间（水、氢气）借助电化学原理和电能进行的转换，效率低、速度慢但容量大。电化学储能是电能和化学能之间基于电化学原理进行转换，效率高、速度快，与电的传输速度相匹配，储能电池与电网结合是储输分离。可再生能源发电可以经过储能电池作为一级缓存进行存储及变换后，将较高质量的电能通过高压电网进行长距离、高速度、高效率输送到能源需求端，也可以在本地进行电解水制氢，注入管道传输，实现电转气（Power to Gas，P2G），不同于电网只有传输作用，氢能管道既有传输作用，又有存储作用，氢电二元耦合的传输模式是破解我国资源与需求错配的关键举措。

1 可再生能源资源与需求的空间错配问题

整体来看，用于制备绿氢的新能源资源、绿氢消费需求呈现逆向分布的基本特征。在绿氢生产侧，大型风光电基地集中在西北和北部地区，水电资源集中在西南地区，海上风电基地主要分布在东南沿海地区。因此需要以氢电融合的形式，统筹规模化输电和输氢网络布局，考虑终端用氢形式，在局部输氢基础设施建设的基础上，与特高压输电结合，共同构建氢电供应网络体系，破解新能源资源、用氢负荷需求空间错配问题。

对于受端是规模化稳定用氢需求，而送端具备大规模绿电制氢的风、光、水资源条件时，可在异地制取绿氢后通过"点对点"、规模化纯氢或掺氢运输到下游用氢环节。纯氢输送适合大规模稳定用氢、对氢气纯度要求较高的工业用户，纯氢输送管道本身具备一定的储氢功能，天然气掺氢利用经适当改造的已有的天然气管道输送，结合中长期天然气管网规划布局实施，更适合下游可直接采用掺氢天然气的用户。

2 可再生能源生产与消费的时间错配问题

新能源资源波动性对制氢波动性的传导与下游连续稳定用氢需求，二者存在时间错配问题。不同种类制氢设备的技术特点有差别，如碱性电解水制氢装置的负载上限可达120%，但对负载响应较慢，质子交换膜电解水制氢装置的负载区间为20%～150%，对负载响应较快。在上游制氢端，制氢设备为了适应新能源发电的间歇性和波动性，仅从绿氢生产侧出发难以保证规模化、连续稳定的氢能供应。在下游用氢端，化工、交通等重点领域在中长期逐步实现绿氢替代后，应用场景需要氢能的连续稳定供应，例如合成氨项目需要连续运行，年运行时间一般在7000h以上，在交通领域，燃料电池汽车的规模化发展同样需要依托加氢站建设可靠的供氢网络，保证氢气的连续稳定供应。

为了调节绿氢供需的时间错配，需统筹规划储氢基础设施，将之作为连接上游新能源波动性发电制氢、下游连续稳定用氢需求之间的缓冲器，在新能源发电的高峰时段，用余电制氢以充分发挥氢能的长时储能优势，实现上游制氢、下游用氢的解耦。

值得指出的是，相比于电储能，氢储能可将上游新能源资源转化为氢这种物质能进行存储，既可以直接对下游的化工和交通用户进行规模化、连续稳定供氢，或与电储能一样将氢能再转化为电能输出，甚至基于氢能供热或热电联产来满足下游用户供暖需求。电池储能可以解决分钟及小时级别的电能存储问题，而氢储能则可以解决天、周、月级别的储能问题，甚至可以跨季节存储，体现为离线的能源存储。

如图6-23所示，氢、电之间通过水电解和水生成两大电化学反应可以实现二者之间的相互转化，氢能网络可以吸纳电能网络的大规模不稳定输出并进行储存，当电能网络需求过剩时，通过水生成反应进行发电，实现电能向电网的反馈，虽然这种转换会带来效率的损失，但可以增加整个二元网络的稳定性。可再生能源发电和以电能为主的能量传输将大幅度提升能源传递的效率。氢电二元网络因此也有互补性，氢电二元能源结构体现出对可再生能源利用最大的包容性，转型有助于推动整个能源体系的结构优化。

第 6 章　氢电复合的零碳交通能源体系

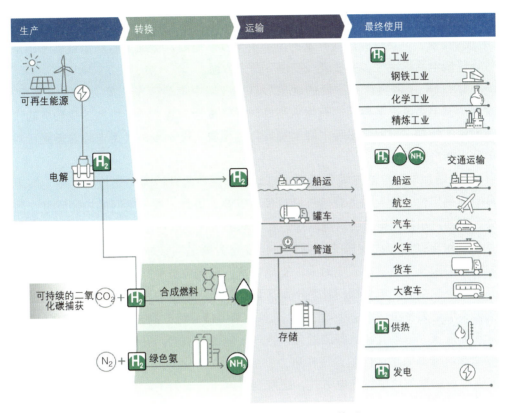

图 6-23　氢电二元耦合的交通能源体系

6.5　零碳交通能源网络

6.5.1　电动汽车的电氢补能

随着锂离子电池的能量密度逐年提高，纯电动汽车及插电式混合动力汽车的纯电运行模式逐渐可以满足人们日常出行的需要，乘用车将以电能网络补给为主要发展方向，满足私人用车充电的关键是打通充电桩进入社区的市场机制，而满足商业需求的核心是建立配套的快充体系。受制于成本、占地面积、安全等因素，加氢站在城市中发展需要利用现有加油站实现油氢合建，并在城市外围新建加氢站以支撑大功率长距离运行的燃料电池商用车。

大规模、不定点的、高并发的电动汽车接入电网,增加了电网负载的不确定性,降低电网稳定性,主要表现在以下两个方面。

1)加剧电网负荷不平衡的现象。目前应用中电动汽车负荷曲线体现为早、晚两个充电高峰,与电网固有用电高峰时间段重合,若不进行控制,随着电动汽车数量的增加,电网会出现"峰上加峰"的现象,进一步扩大用电谷峰差距,对电网平衡产生不利影响。

2)增加电网控制与规划难度。电动汽车用户用车行为和充电负荷在空间上具有不确定性,较大的负载随机性将使电压波动较大,增加电网的控制难度,另外,电动汽车接入电网会对电网规划和电网经济性造成一定影响。

针对电动汽车大规模充电问题,泛在电力物联网技术是可行的方案。电力物联网可采集电动汽车充电时间、充电功率、充电位置等具体信息,将信息传输到区域控制中心,电力部门针对不同区域配置相应的电力资源,优化电力配置结构,实现电力系统"源-网-荷-储"各环节"信息流"的末梢采集和归集处理,实现能量流、信息流和业务流融合,统一于能源互联网。针对电动汽车充电高峰与固有用电高峰重合问题,泛在电力物联网可控制区域自治电网采取接力充电、可变电价和限制功率等充电方式,缓解全局电网的电力不均衡问题,实现电动汽车入网有序充电。其中,智能电网技术和车网互动(Vehicle to Grid,V2G)技术将发挥关键作用。

智能电网就是电网的智能化,也被称为"电网2.0",是建立在集成的、高速双向通信网络的基础上,通过先进的传感和测量技术、先进的设备技术、先进的控制方法以及先进的决策支持系统技术的应用,实现电网的可靠、安全、经济、高效、环境友好和使用安全的目标,并由此解决了传统电网主要依靠电路定理进行调节、调节覆盖范围小、输电巡检难、配电盲调、新能源难以并网等问题,如图6-24所示。

如图6-25所示,V2G的核心思想在于实现电动汽车和电网的互动,利用大量电动汽车的储能源作为电网和可再生能源的缓冲。当电网负荷过高时,由电动汽车储能源向电网馈电;而当电网负荷低时,用来存储电网过剩的发电量。通过这种方式,电动汽车用户可以在电价低时从电网买电,电价高时向电网售电,从而获得一定的收益。

当电动汽车作为负荷时,可以通过技术手段和经济手段合理安排充电时间,实现有序充电管理,达到移峰填谷的效果,提高系统运行效率,减少对电网安全的影响,而另一方面,当动力蓄电池作为储能装置时,可以将其作为系统的备用容量,或者峰荷时向电网提供能量,优化电网运行。V2G双向充电技术支持电动汽车和电网之间互动，电动汽车将变成大型"充电宝"。电动汽车除了充电之外，也可以用换电模式实现对车辆能源的快速补充，同时减少对电网的冲击，换电模式要通过集中型充电站对大量电池进行集中存储、集中充电、统一配送，再于电池配送站内对电动汽车提供电池更换服务。

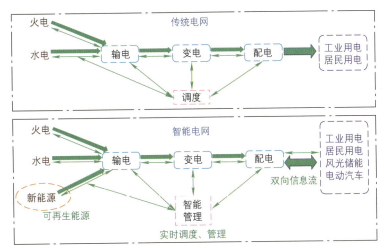

图 6-24　智能电网示意

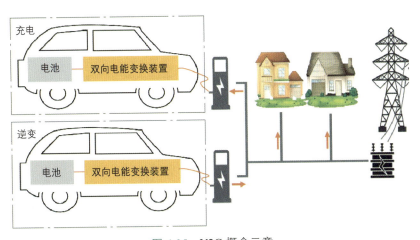

图 6-25　V2G 概念示意

除了用电池把电能存储，另外一个可能的方案就是站内制氢。站内制氢利用谷电或本地不上网的太阳能、风能发电就地制氢，再通过压缩机和加氢机供应给燃料电池汽车，也是一个有效的绿色能源终端消纳手段。

站内制氢需要在站内建设制氢系统，包括电解水制氢、干燥、压缩、存储及加注等步骤，如图 6-26 所示。其中，电解水制氢技术由于设备便于安装、自动化程度较高，因而在站内制氢加氢站中应用最多。由于质子交换膜电解槽运行电流密度高、体积小、启停速度快，且没有碱性电解槽的废液问题，更适合站内分布式制氢场景。当然，这种技术路线的落实也需要法规的支持，并需要风、光、土地、屋顶等资源的支撑。

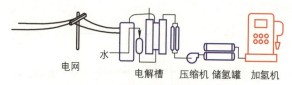

图 6-26　站内电解水制氢加氢站技术示意

部分国家已出台和发布氢能基础设施建设规划，加速推进氢能基础设施建设。随着我国燃料电池汽车产业的逐步发展以及国家政策方面的倾斜，未来我国氢能基础设施建设将发生跃变，为汽车工业的氢能转型及整个氢能网络构建奠定基础。

综上所述，不能仅将燃料电池汽车及电动汽车视为电网的负载，大量的燃料电池汽车和电动汽车也为电网提供了分布式大规模储能。在信息技术、储能技术、氢能技术、电力电子技术进步的推动下，能量可以在车辆和能源网络之间高效率双向流动，推动 V2G 技术进一步实用化，更可助力能源网络的绿色化和智能化。

6.5.2　氢电耦合的零碳交通能源模型

面对能源变革需求，未来能源网络需要从生产、传输、存储、变换和使用不同环节进行变革，以建立顺应生产侧适于可再生能源、使用侧适于交通电动化这一发展趋势的能源体系。

基于以上分析可以看出，复合电源的技术成熟将推动电动汽车迈向大规模产业化阶段，而交通能源体系发展仍然面临很大的挑战。我国有全世界最大的电网，电网的基础比较坚实，且可再生能源发电进展迅速，平价上网时代已经到来，电网能较好满足电动汽车发展的电力需求。通过合理建设布局充电桩及充电站，将解决充电难的问题。氢能网络是新型的能源网络。我国氢存储和输运等一些关键技术尚待改进，大规模氢能传输网络尚待建设。目前，煤制氢、天然气制氢及工业副产氢的基础较好，可以支持第一阶段的燃料电池汽车应用。能源行业具备了为汽车动力转型提供基础设施支撑的必要条件。氢电复合协同的能源存储将缓解可再生能源网络接入带来的不稳定性问题。为此，类比燃料电池汽车复合电源架构的思想，可在能源体系中提出"电-氢二元二次能源网络"的概念，即以电能和氢能两种二次能源为核心构建新的能源网络体系，如图 6-27 所示。整个能源网络划分为基于一次能源的能源生产，基于电、氢的能源传输、存储与变换及基于电动汽车的能源消费体系。

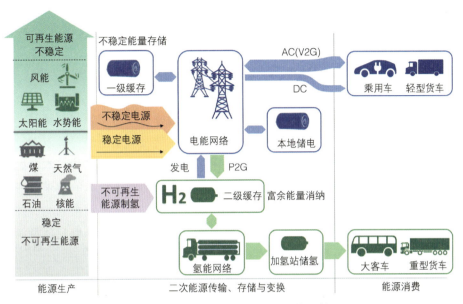

图 6-27　电-氢二元二次能源网络架构

在源端，太阳能、风能等可再生能源将促进能源生产侧的清洁化、低碳化，而电化学储能与氢能配合，形成二级储能网络，其中，电池储能为短时间周期、小容量、高效率储能，将电能平滑后输给电网；氢为长周期、大容量、低效率储能载体。

在能源传输端，电能可借助柔性直流电网及特高压交/直流实现大容量长距离输送，而氢能可以借助氢管道实现大容量长距离输送，辅以长管拖车、液氢，也可以借助氨、甲醇等氢基能源进行储运。在能源网络中，电能和氢能将在需要的时候相互转化，且分别起到短时间小规模以及长时间大规模的能源存储的作用，增加网络的鲁棒性。

在能源消费端，纯电动汽车和燃料电池汽车替代传统燃油汽车将促使能源使用侧的低碳化，并利用站内制氢、V2G、换电站等模式，借助智能电网的信息体系，灵活调配能源的消纳。

6.5.3　零碳交通能源网络发展与展望

混合动力汽车、纯电动汽车以及燃料电池汽车三类新能源汽车就动力系统技术性能而言，均已达到、接近，甚至超越了传统内燃机汽车的性能，为汽车动力转型提供了有力的技术保障。其中，混合动力汽车仍在一定程度上依赖内燃机，但纯电动和燃料电池汽车已经完全不依赖内燃机，实现了车辆运行过程中的零排放，尤其对于燃料电池汽车动力系统，依靠氢电复合电源的架构，动力性上和纯电动相当，但在续驶里程、环境适应性、补能速度方面和传统内燃机汽车相当。发展氢燃料电池车技术，可实现氢能在未来交通领域的大规模应用，有助于大幅度减少我国交通运输领域石油和天然气的消费总量，降低能源对外依存度。

新能源汽车未来的发展一方面取决于其动力系统在性能提高及成本下降方面的进展，另一方面也取决于电、氢汽车交通能源体系是否可以起到及时、有力的支撑作用。从总量而言，我国电能和氢能产业基础及其发展趋势可以满足汽车电动化对汽车交通能源网络提出的总量需求，但需要形成新的结构。本书提出的电-氢二元二次复合能源网络可以在能源消费端满足新能源汽车的需求，在能源供应端可以接入传统能源和可再生能源，并兼容能源供给由不可再生能源体系向可再生能源体系过渡，分阶段满足汽车电动化过程中对的清洁的电能及氢能的需求，解决了传统汽车交通能源体系存在的不安全、不环保和不可持续的问题。

综合来看，我国汽车交通业已经具备向二元二次能源网络转换的基础，但整个汽车交通的能源转型涉及多方面问题，动力系统及能源系统关键技术突破和基础设施有序建设是后续重点工作。未来，"电-氢二元二次能源网络"有望替代现有石化能源体系，成为汽车交通业下一个百年发展的能源供给体系，实现交通运输中全链条能量效率的优化和物质利用的封闭循环，最终实现零碳汽车交通体系，为我国践行低碳绿色发展探索先行发展的道路。

发展"电-氢二元二次能源网络"不仅对于汽车交通有重要意义，还可以由此撬动我国整个能源体系的结构转型，为实现全社会能源制取和应用零碳化、零排放的终极目标探索途径，对于我国能源领域发展和应对气候变化具有重要意义，具体体现在以下几个方面。

1）在优化能源系统方面，氢能作为一种二次能源，可从化石能源中获取，也可从其他二次能源中制备，可实现多异质能源跨地域和跨季节的优化配置，形成可持续、高弹性的创新型多能互补系统。

2）在促进能源革命方面，氢作为能源互联媒介，可通过可再生能源电力制取，实现大规模储能及调峰，耦合电网和气网，增加电力系统灵活性，解决电力不可存储问题，实现不同能源网络之间的协同优化，提升可再生能源利用率，促进清洁能源发展和能源革命。

3）在应对气候变化方面，氢气有望成为长距离输送可再生能源的重要载体，从而引导大量可再生能源从电力部门流向交通运输、工业和建筑等终端使用部门实现深度脱碳，履行《巴黎协定》碳减排承诺。

参 考 文 献

[1] 任艳君. 电机与拖动 [M]. 北京：机械工业出版社，2011.
[2] WANG Y，CHEN K S，CHO S C. PEM Fuel Cells：Thermal and water management fundamentals[M]. New York：Momentun Press. 2013.
[3] BERNARDI D M，VERBRUGGE M W. Mathematical model of a gas diffusion electrode bonded to a polymer electrolyte[J]. AIChE Journal，1991，37（8）：1151-1163.
[4] SPRINGER T E，WILSON M S，GOTESFELD S. Modeling and experimental diagnostics in polymer electrolyte fuel cells[J]. Journal of Electrochemical Society，1993，140（12）：3513-3526.
[5] BIRD R B，STEWART W E. Transport phenomena[M]. 2nd ed. New York：John Wiley & Sons，2004.
[6] DAI H，JIANG B，HU X，et al. Advanced battery management strategies for a sustainable energy future：Multilayer design concepts and research trends [J]. Renewable and Sustainable Energy Reviews，2021，138（3）：110480.
[7] 顾伟军. 车用锂离子电池寿命问题研究 [D]. 上海：同济大学，2014.
[8] 梁日荣. 基于多孔电极理论的动力电池内阻成分分析 [D]. 上海：同济大学，2014.
[9] 郭烈锦. 两相与多相流动力学 [M]. 西安：西安交通大学出版社，2002.
[10] SLATTERY J C，BIRD R B. Calculation of the diffusion coefficient of dilute gases and of the self-diffusion coefficient of dense gases[J]. AIChE Journal，1958，42：137-142.
[11] GURAU V，LIU H. KAKAC S. A two dimensional non-isothermal mathematical model for proton exchange membrane fuel cells[J]. AIChE Journal，1998，44：2410-2422.
[12] LARMINIE J，DICKS A. Fuel cell system explained[M]. New York：John Wiley & Sons，2000.
[13] SATHYA M，BECKE A J，WEIDNER J W. Diffusion of water in nafion 115 membranes[J]. Journal of Electrochemical Society，2000，147（9）：3171-3177.
[14] WILLIAMS M V，BEGG E，BONVILLE L，et al. Characterization of gas diffusion layersfor PEMFC[J]. Journal of Electrochemical Society，2004，151：A1173-A1180.
[15] KIM G H，SMITH K，LEE K J，et al. Multi-domain modeling of lithium-ion batteries encompassing multi-physics in varied length scales[J]. Journal of the Electrochemical Society，2011，158（8）：A955-A969.
[16] REN P，PEI P，LI Y，et al. Degradation mechanisms of proton exchange membrane fuel cell under typical automotive operating conditions [J]. Progress in Energy and Combustion Science，2020，80：100859.
[17] 张召丽. 燃料电池阻抗估计模型及含水状态识别方法研究 [D]. 上海：同济大学，2022.
[18] 何广利. 质子交换膜燃料电池内部两相流传递特性研究 [D]. 大连：大连理工大学，2007.
[19] DU R B，WEI X Z，WANG X Y，et al. A fault diagnosis model for proton exchange membrane fuel cell based on impedance identification with differential evolution algorithm [J]. International Journal of Hydrogen Energy，2021，46（78）：38795-38808.
[20] DU R B，WANG X Y，DAI H F，et al. Online impedance spectrum measurement of fuel cells based on Morlet wavelet transform [J]. International Journal of Hydrogen Energy，2021，46（47）：24339-24352.
[21] 杜润本. 燃料电池宽频阻抗建模、测量及故障诊断技术研究 [D]. 上海：同济大学，2021.
[22] YUAN H，DU R，WANG X，et al. Advanced online broadband impedance spectrum acquisi-

tion of fuel cells by S-transform [J]. IEEE Transactions on Industrial Electronics, 2023, 70 (4): 3740-3750.

[23] WANG X, WEI X, ZHU J, et al. A review of modeling, acquisition, and application of lithium-ion battery impedance for onboard battery management [J]. eTransportation, 2021, 7(2): 1-21.

[24] 康嘉骏. 车载燃料电池阻抗谱测量装置研究 [D]. 上海：同济大学, 2022.

[25] 於景琨. 燃料电池用具有谐波注入功能的四相交错并联双 Boost 变换器设计与实现 [D]. 上海：同济大学, 2022.

[26] TAO J, WEI X, MING P, et al. Order reduction, simplification and parameters identification for cold start model of PEM fuel cell [J]. Energy Conversion and Management, 2022, 274: 116465.

[27] XU J M, ZHANG C Z, WAN Z M, et al. Progress and perspectives of integrated thermal management systems in PEM fuel cell vehicles: A review [J]. Renewable & Sustainable Energy Reviews, 2022, 155: 1-23.

[28] TANAKA S, NAGUMO K, YAMAMOTO M, et al. Fuel cell system for Honda CLARITY fuel cell [J]. eTransportation, 2020, 3: 100046.

[29] SULAIMAN N, HANNAN M A, MOHAMED A, et al. A review on energy management system for fuel cell hybrid electric vehicle: Issues and challenges [J]. Renewable & Sustainable Energy Reviews, 2015, 52: 802-814.

[30] WANG X R, MA Y, GAO J, et al. Review on water management methods for proton exchange membrane fuel cells [J]. International Journal of Hydrogen Energy, 2021, 46(22): 12206-12229.

[31] JIAO K, XUAN J, DU Q, et al. Designing the next generation of proton-exchange membrane fuel cells [J]. Nature, 2021, 595(7867): 361-369.

[32] AFFAM A, BUSWIG Y M, OTHMAN A B, et al. A review of multiple input DC-DC converter topologies linked with hybrid electric vehicles and renewable energy systems [J]. Renewable & Sustainable Energy Reviews, 2021, 135: 110186.

[33] 丛铭. 多模块燃料电池能量管理策略研究 [D]. 上海：同济大学, 2023.

[34] 周艳新. 多时间尺度的动力锂离子电池阻抗建模及参数在线估计 [D]. 上海：同济大学, 2016.

[35] 曾雷. 考虑单体不一致的电池参数估计及功率预测研究 [D]. 上海：同济大学, 2016.

[36] YOSHIDA T, KOJIMA K. Toyota MIRAI Fuel Cell Vehicle and Progress Toward a Future Hydrogen Society [J]. The Electrochemical Society Interface, 2015, 24(2): 45-49.

[37] 余卓平, 杜润本, 王学远, 等. 汽车电动化与汽车交通电-氢二元二次能源网络构建 [J]. 汽车安全与节能学报, 2019, 10(3): 273-284.